〈大学〉再考　概念の受容と展開

〈大学〉再考

―― 概念の受容と展開 ――

別府昭郎編

明治大学人文科学研究所叢書

知泉書館

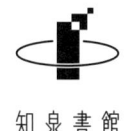

序　問題のありか

別府昭郎

本書のねらいは、日本が「大学」というシステムをはじめて導入した時期、すなわち東京大学が誕生した一九世紀後半に、オスマン帝国や日本の「大学」のモデルと目されるヨーロッパ各国の「大学」がどのような組織構造をしていたのか、という問題を実証的・比較史的に明らかにすることである。

そもそも「大学」という組織は、各国にア・プリオリに存在していたのではない。現在、世界のほとんどあらゆる地域や国において普遍的に見られる「大学」という組織は、一二世紀から一三世紀の「ヨーロッパ・キリスト教世界」において、具体的にはボローニャとパリにおいて自然発生的に生まれた。そういった意味において、「大学」は、ヨーロッパ・キリスト教文化を前提とした歴史的概念である。その後「大学」は、ドーバー海峡を越えてイングランドやスコットランドに、アメリカ合衆国に、そしてヨーロッパ大陸においてはスペインやドイツなどに伝播・普及し、「大学」としての基本的機能は残しつつも、ほぼ一六・一七世紀頃には、それぞれの地域ごとの特徴をも備えた「大学」へと変貌するにいたった。これは、キリスト教世界における「大学」の、一方では「国際化」現象、他方では「地域化」現象と見てよいであろう。

したがって世界史的視野で見るならば、一二世紀から一三世紀にかけて「中世」の「ヨーロッパ・キリスト教世界」において誕生した「大学」は、イングランド・フランス・ドイツの各地に普及し、ほぼ一六世紀頃に「地域化」し、その後一九世紀に至り、オスマン帝国および日本に取り入れられた。このように言うことができよう。

他方、インド、オスマン帝国、中国そして日本にも独自の人材養成機関は存在していたが、ヨーロッパの「大学」のように、学位授与権をもつ機関として発展させてきたのではなかった。オスマン帝国も日本も一九世紀の末に、否応なく、ヨーロッパ・キリスト教世界の「大学」というシステムに直面せざるをえなかった。ヨーロッパ・キリスト教世界では、長い時間をかけて成長・変化してきた「大学」が、一九世紀の後半に軍事制度や教育制度、政治制度、政治思想、キリスト教などと一緒に入ってきた。その時、オスマン帝国や日本は、長い間に形成してきた独自の人材養成機関に対して、全く伝統を異にするヨーロッパの「大学」を拒否して自己の伝統を守るか、あるいはそれを取り入れて自己の伝統的な人材養成機関と融合させて自己にあった組織を新たに作り出すか、または自国の伝統と無関係に、ヨーロッパ・キリスト教世界の「大学」に相当する組織を設立するか、このような悩みに直面せざるをえなかった。オスマン帝国も日本も、侵略を免れた独立国であったことが幸いして、それぞれ自律的に自己の国に合致した「大学」を創設することができた。自分たちの伝統や考え方に合わせて、ヨーロッパ・キリスト教世界の産物を主体的に変容させ、自己にあった組織を作ったのである。こうして、独立国であれ植民地であれ、「非ヨーロッパ・キリスト教世界」にも「大学」は広がっていった。現にわれわれが「大学」のことを考えるとき、「学部」、「学科」、「学位」、「学長」、「評議会」などの範疇を用いている。それらはいずれもヨーロッパ・キリスト教世界が生み出した概念の翻訳語という性格を脱していない。

考えてみると、ヨーロッパ・キリスト教世界で誕生した「大学」というシステムは、土台もヨーロッパ・キリスト教世界である。しかし土台はそうであるにしても、一定の形態は崩さずに、何処の国でも定着できる融通無碍性をもっている。H・ラシュドールは「あらゆる国あらゆる大学が、実際上は一つの同じ制度の、様々な条件に適合したもの」であると言っている（横尾壮英訳『大学の起源（上）』三九頁）。これは、まさに大学のもっている融通無碍性を言ったものと解されるであろう。さらに、ラシュドールは、「今日、『大学』と呼ばれるもののうち、最も現代的、最も実際的、最も色彩に乏しいものに残存する役職・称号・儀式・機構すら、その意味の十分に理解されるためには、かつて存在した、最も古い大学の初期への遡及が必要であり、（中略）、主な大学の歴史的跡づけが必要だ」（同上）とも言っている。イギリスのようにカレッジ制をとる国もあれば、ドイツのように学部制をとる国もあり、学問を基礎にする教授内容は国ごとの特殊性があったとしても、大学の持つ基本形態は崩さなかった。現在でもその事情は変わらない。世界各国で使用されているドクター（博士）、マスター（修士）、バチェラー（学士）という学位の呼称、プロフェサー（教授）という称号、学長や学部長などの役職は、実は中世ヨーロッパの発明であるという事実に思いを馳せてみればいい。

では、このように「大学」が「ヨーロッパ」域内において、次いでそれを越えて「非ヨーロッパ世界」において拡大したとき、そこではどのような組織構造を形成していたのであろうか。換言すれば、ラテン語とキリスト教という文化的な共通性を有する「ヨーロッパ世界」における普及と、そのような共通性を持たない「非ヨーロッパ世界」におけるそれとは、異なっているのであろうか、それとも類似していたのであろうか。こうした問題意識を背景として、歴史地図を実証的に作ってみたいのである。本書は、そのためのささやかな試みである。

日本における「大学」史研究は、平安時代から幕末に至る大学寮の系譜にあたる伝統的な高等教育機関の研究と、一九世紀の後半にヨーロッパから導入された「近代大学」に関する研究、この二つから成り立っている。前者は、明確な教育目標を持ち、教育内容があり、人材の養成を受け持ってきたが、学位は授与されなかった。しかし民衆教育がほとんど普及していなかった当時、少なくともレベルにおいては「大学」に匹敵する機関であったと見なすことができよう。後者、すなわちヨーロッパ的意味における「近代大学」は、一八七七（明治一〇）

年文部省所管の東京大学や工部省、農商務省、司法省、開拓使などの中央諸官省による専門教育機関の創立をもって、日本での嚆矢とする。本研究で言う「大学」とは明確に後者に限定される。ここでいう「近代大学」とは、①学部やカレッジから成り立ち、大学の中であれ外であれ、明確な意思決定機関をもっている、②マスターやドクターなどの学位を授与する、③教授される学問や教授内容がデカルト、ヴォルフ、ニュートンなどの哲学に立脚している、④明確な教授目標と教授内容、教授段階を持っているなどの特徴のある組織を言う。

本研究は、このような研究視角からオスマン帝国や日本の「大学」の縦の変化を時系列に論ずるよりも、横からの刺激に対応する国内的条件や制度モデルの学習や導入意思といったさまざまな契機の分析を狙いとするものであった。縦の変化より横の比較を重視した所以である。

時代区分で言えば、われわれは、「大学」の成立から「大学」が地域化するほぼ一六世紀までを、一括りとしてとらえている。大学史研究における地域化・土着化とは、「大学」というシステムが、イングランド化してカレッジ制度ができあがったり、ドイツ化して学部（Fakultät）になったり、その地域の言葉で「大学」の授業をするようになることを意味する。イギリスではF・ベーコン（一五六一―一六二〇）が英語で書かれた最初の哲学書『学問の進歩』を公刊し（一六〇五）、フランスではR・デカルト（一五九六―一六五〇）が『方法序説』（一六三七）をフランス語で書き、ドイツではC・ヴォルフ（一六七九―一七五四）が哲学書をドイツ語で書き、C・トマジウス（一六五五―一七二八）がラテン語ではなくドイツ語で授業をはじめた。それぞれの地域（国）ごとの特徴が前面にでてくるようになり、模範となった「大学」とは異なった構造をとるようになってきた。このような現象が生じた時期が、地域（国）ごとの相違はあれ、ほぼ一六・一七世紀のことであった。したがって、一六・一七世紀までを一括りとしてとらえても、大学史的には大きな間違いではないと考えた所以である。このように、中世ヨーロッパ・キリスト教世界で誕生した「大学」というものが、各地域や国に伝播していった。本研究ではヨーロッパの国（地域）ごとの大学の実態を歴史的に明らかにしたうえで、一九世紀に大学を導入したオスマン帝国と日本を比較検討することによって、再度大学とは何かを考えてみたい。

さて、『〈大学〉再考』と題する本書は、歴史的実態から帰納された概念レベルと各地域の「大学」の比較、この双方の問題を考察するために編まれたものであり、以下の構成をとっている。

まず、第一章「起源としての『大学』概念」（児玉善仁執筆）において、「大学」に関する基本的な概念、すなわち universitas や studium generale や collegium といった基本概念が歴史的事実にそって整理され、次章以下の理解を助ける。このような基本的概念の整理をわれわれの研究の劈頭に置くことによって、各国における大学叙述の論理性を確保する構成になっている。

こうした整理を承けて、第二章以下の諸章においては、フランス、イングランドおよびアメリカ、ドイツにおける「大学」の概念と実態が、とくに一九世紀に焦点を当てて考察される。第二章「フランスの大学」（玉井崇夫執筆）においては、中世にヨーロッパ大学の輝かしい模範であったフランスの大学が、カトリシズムと近代自然科学の狭間で硬直沈滞し、フランス革命以後、どのような経過を辿ったか、その理想と現実が論究される。第三章「十九世紀を中心とする『アングロ・サクソン』の大学」（立川明執筆）においては、イングランドとアメリカ合衆国の大学の実態と変容を取り上げることになる。まずその前半では、合衆国の大学を一部参考にして設立されたロンドン大学が、宗教条項や（科学）教育組織等の面で、オックスフォードとケンブリッジに対しどのように変革を迫ったかを論じる。後半では、ヨーロッパ文化から隔たった合衆国に固有な民主主義の成立条件と、両者に共通な産業化とが衝突する中で、一九世紀から二〇世紀への転換期、アメリカ的な大学がどのように出現したかを解明する。そして第四章「ドイツ・ベルリンにおける大学と学部概念」（別府昭郎執筆）においては、ベルリン大学（一八一〇）における大学・学部概念、学位、ハビリタツィオン、講義目録などが歴史的実態にそくして論究される。このように、諸章からは、「ヨーロッパ」地域内における「大学」・「学部」の伝播と、そこにおいて見られる「大学」・「学部」の各国ごとの特徴が、解明される。

第五章以下においては、日本における「大学」の受容とそれに関する諸問題を中心的テーマとして扱うが、本書では、それを比較史的な視野のもとで行うために、オスマン帝国の事例をも検討して、日本の特徴をつかみたいと思う。既に述べたように、オスマン帝国と日本は、列強の植民地になることなく、政策決定者の意思に基づいて「ヨーロッパ」の「大学」を主体的に導入した経緯を持つ。したがって、日本における「大学」の受容を考察するにあたり、オスマン帝国は重要な比較対象となり得よう。第五章「アンカラ大学言語・歴史・地理学部の創設と国民統合のイデオロギー」（永田雄三執筆）は、そのような比較史的な問題関心のもとで叙述されたものである。続く第六章「日本近代における大学の成立過程とその特色──古代大学寮との比較を通して」（吉村日出東執筆）においては、明治維新期から明治十年に東京大学が創設されるまでの時期を中心に、近代日本が大学をどのように理解し、その設立に向けてどのように制度設計を行ったかについて捉えようとする。

そして第七章「『学部』と『学位』を見なおす」（寺﨑昌男執筆）においては、欧米大学史の中で基本的な位置を占める「学部」と「学位」の制度が明治期の日本にいかに導入され、その後いかに変遷し、また現在どのような課題に直面しているかを考察する。最後に、理解を助けるために、年表を附ける。

本書は以上のような構成をとっている。すなわち、大学概念の整理・検討に始まり、欧米諸国の「大学」の検討を経て、オスマン帝国と日本における「大学」の受容を考察する。本書が、日本の「大学」を「世界大学史」

のなかに位置付ける小さな試みとして、大学史という学術界に寄与できることを願っている。

目次

〈大学〉再考

――概念の受容と展開――

第一章　起源としての「大学」概念

Ⅰ　「大学」という言葉と概念

ある文化に属する一つのモノを異なる文化が導入するとき、そのモノが持つ概念に対して異なる文化の言葉を充てざるを得ない。当然、その言葉は異なる文化の伝統を含んだものである。この時点ですでに、充てられた「言葉」とそのモノの持つ本来的「概念」が乖離する危険が生じる。そして、導入されたモノとその「概念」に充てられた「言葉」すなわち「訳語」には、本来の意義とは異なったその文化固有の特徴が、しだいに付与される。その結果、「訳語」は本来の概念とは異質のものを表すことさえするようになる。それも、同じ「言葉」によって表されるが故に、結果的に異なった「概念」を表象するようになったことにしばしば気づかない。輸入文化は、常にこの危険から逃れられない。

明治の初期に、西洋から輸入された「大学」なるものも同様である。日本で、西洋的概念とその概念に基づく組織としての大学を輸入したとき、「大学」や「大学校」という言葉をその概念に充当した。おそらく、古代の大学寮や『大学』から「大学」という言葉を採ったのである。「大学」という言葉だけではない。「博士」などという言葉も、ここから採用されたものと思われる。

しかし、これは単に過去に使われた言葉を借用しただけであって、日本の大学寮と西洋の大学が全く異なる組織であることは言うまでもない。唯一の共通点は、その時代の高等教育の学校という点だけで、両者は全く異質のモノである。おそらく、西洋の大学は日本で言えば大学寮に相当するという観点から、「大学」という言葉が借用されたにすぎないだろう。

しばしば、こうした曖昧な類比から、高等教育の学校が「大学」と称される。もともと「高等教育」という概念にしてからが、近代の初中高等の区分に基づいた高等教育概念であるにもかかわらず、単なる比較概念をあらわすものとして中世や古代に対してもその概念が使われる。そのため、近代以降の高等教育概念がなかった時代にその概念をあてはめるというアナクロニズムに陥る危険が生じる。

かりに単なる比較概念としての「高等」教育の学校という捉え方をするなら、たしかに、古今東西を問わず、その種の学校は多様に存在した。古代ギリシャのプラトンのアカデメイア、アリストテレスのリュケイオン、イスラム世界のマドラサ、そして、我が国の大学寮や綜芸種智院など。これらを当時としての比較概念で「高等」教育機関と称することはできるが、厳密な意味で「大学」と称することは決してできない。

ある書物で、日本の種智院大学は綜芸種智院を復興したものだから、最古とされるボローニャ大学よりも三百年も古い、という乱暴な記述を目にしたが、大学史への厳密な視点を欠如した言及である。問題は、日本が古いとか、西洋が古いとかではなく、この種の意識の根底にある「大学」概念の曖昧さと研究の水準である。「大学」をどう捉えるかという基本概念に関わる研究上の厳密さを保持するなら、綜芸種智院や大学寮は高等教育機関ではあっても、決して「大学」ではないと捉えるべきであろう。

かつて、マドラサをイスラムの「大学」として捉え、西洋の大学への影響を認める論調が西洋でも見られた。

それは主にイスラムを経由したギリシャ哲学やイスラムの科学が、西洋の文化に多大の影響を与え、西洋の大学で教えられたため、大学そのものについても、イスラムの高等教育機関であるマドラサとの連続関係が指摘されたからである。しかし、マドラサの教育はその認定に象徴的に見られるように個別的で組織化されてはおらず、西洋の中世の大学への連続性を想定するには無理がある。つまり、アラビア文化の中世大学への学問的影響を認めることはできるが、高等教育機関としての組織的関連を認めることはできないのである。その意味でマドラサも「大学」ではない。

われわれが厳密な意味で「大学」と称するのは、一二世紀末から一三世紀初期のヨーロッパで誕生し、学部のような専門分野ごとのセクションを持ち、団体による試験や学位による学業の認定、テキストの使用や講義・討論の方法といった、現代にまで繋がる共通の制度と機能の枠組みを作り上げた組織である。この組織は、中世に誕生して以降、コルポラチオ（自治法人団体）からアンシュタルト（行政的組織）へ、学生主体から教師主体へ、組織の地方化・国家化、それに伴う学そのものの普遍性の喪失と国家化、近代科学の組み込み、大学拡張などの変化を起こしながら多様に発展してきたが、基本的な大学組織そのものは根源的な変化を被らなかった。

たしかに、中世の大学が持っていた普遍性は近代になって喪失されたが、それは同時に地方的あるいは国家的な特徴が大学に付与される過程でもあった。あたかも、中世のウニヴェルシタスが、英語でユニヴァーシティ、独語でウニヴェルジテート、仏語でユニベルシテなどと称されるようになったように、基本的な大学概念に地域や国家ごとの特徴を加えて発展してきたのである。

つまり、一三、四世紀の普遍的な中世大学は、一五、六世紀に地方化・国家化して数量的な拡大がなされたが、一七、八世紀には科学革命などの影響によって衰退した。それが、近代大学として再生したのは、一九世紀前半のことである。この時代に、大学は近代国民国家の特徴を持って再生した。いや、ヨーロッパ全体に、大学の変容した新しい概念が出現した時代であったとさえ言えるだろう。ナポレオンが「帝国大学」を設立したのが一八〇八年、二年後の一八一〇年にはフンボルトがベルリン大学を創設し、一八三六年には従来のオックスブリッジ型と異なったロンドン大学が設立されて、オックスブリッジも改革を余儀なくされた。

このような変革の時代に、日本は、ユニヴァーシティ、あるいはウニヴェルジテート、あるいはユニベルシテをモデルとしながら、西洋のウニヴェルシタスというものに「大学」という言葉をあてて受容したのである。

Ⅱ　日本における「大学」概念受容時の問題

(1)「大学」か「大学校」か

日本において初めて、上述の西洋的な意味での「大学」が導入された可能性を探ることができるのは、おそらく明治二年の「大学校」以降であろう。ただ、厳密にいつ「大学」が導入されたのかという問題は、後の章で言及されるように、「大学」そのものの概念を踏まえて多様に検討しなければならない複雑な問題である。

この「大学校」は、昌平学校、医学校、開成学校の三校を統合して作られたもので、昌平学校を本校とし、他の二校は「分局」とされた。昌平学校では国学と儒学が教えられたから、日本の最初の「大学校」なるものは、東洋学を中心として構想されていた。それがその後の展開において洋学中心の大学へと展開していくのは、興味深い変遷である。

当時の西洋の大学は、伝統的な四学部組織を変更して、近代の自然科学や技術に直面した新たな大学として再生せざるをえなくなっていた。学問的にも、人文学の演繹的論理による学の記述的方法化に対して、近代科学の帰納的論理による方法的法則化が進んでいた。それは次第に、「二つの文化」の分離した方法論的基盤の対立となって、高等教育の世界においても分断された不安定な学的構造を抱えるとともに、それに応じた、大学に対するホッホシューレ昇格などの大学制度の問題となっていく。

そのような時代の西洋の大学を日本に取り込んでいく過程で、当初の国学や儒学、漢方医学などの東洋学をじょじょに排除して、西洋的な分断されて不安定な学問を取り込んだ結果として、日本の大学教育は日常的知性と乖離したものとなった。東洋学の排除に加えて、西洋学の「二つの文化」の分断をも抱え込んでしまったのである。日本の大学を考える際には、この「二重苦」を十分に念頭に置いておくべきだろう。

明治二年の「大学校」は、同年一二月の太政官達によって、「大学校」から「大学」へと改められ、開成学校が大学南校、医学校が大学東校と称された。

なぜ「大学校」が「大学」となったのかは定かでないようである。実際、その後の『学制』や『教育令』でも「大学校」が使用されている。この問題は、太政官制との関わりや、国学・儒学派対洋学派の対立などの見地からは考究の価値はある。ただ、西洋の大学概念の受容の観点からすると、あまり大きな意味を持たなかったようにも思われる。この点も後の章で日本の観点から論及されるであろう。

たとえば、明治九年の『文部省雑誌』に収録の「英国教育新聞抄訳」（現代漢字表記に変更）によると、「ユニヴェルシチー」も「アカデミー」も「コルレーシ」も、「大学校」と訳されている。「東京大学」誕生の前年明治九年の段階でも、「大学校」が訳語として使われていたもかかわらず、またそれが洋学派の勝利の結果であるにもかかわらず、「東京大学」には、皇漢学派の「大学」が使用された。ユニヴァーシティの訳語としては「大学校」も「大学」もそれほど厳密に区別されていなかった可能性を示す事例であるのかもしれない。

ただ、多様な概念を持つ西洋の言語ユニヴァーシティ、アカデミー、カレッジなどを、その概念にしたがって明確に訳し分けるのは容易なことではない。その難しさは明治以来今日に至るまで乗り越えられていない。

明治二年の「大学」については、「新たな首府東京に中央学府としての唯一の『大学』を設け、これをもって、日本の学校教育のすべてを中央集権的に統制しようとしたもので」、「フランスの、ナポレオンの帝国大学制に端を発するフランス方式にならったものである」と梅根悟が指摘している。この見解は論証されたものではないが、明治五年の『学制』と合わせて考えると、妥当性の高いものである。

たしかに、フランスのナポレオンによる大学制度は、中央に行政組織としてのユニヴェルシテを置いて、その長グラン・メートルが、学区ごとに設置されたアカデミー（地方教育行政組織）の下に置かれたファキュルテ（実質的な大学）以下の教育を統括するものであった。このようなナポレオン大学体制に、日本の最初の「大学」が類似したものであったことは否定できない。

ただ、八百年――あえて九百年とは言わない――におよぶ大学の歴史全体から見ると、ナポレオンの「ユニヴェルシテ」は極めて特殊な「大学」概念であって、むしろ伝統的な「ウニヴェルシタス」概念を否定するかのような異質なものであることに留意しておかねばならない。

(2) 「ウニヴェルシタス」は「総合大学」か

明治二年に創設された「大学」は翌年に廃止され、生き残った開成学校と医学校が合併されて、明治一〇年に「東京大学」となった。前述の西洋の伝統的な「ウニヴェルシタス」概念の受容という観点からすれば、この東京「大学」が、日本で初めて「ウニヴェルシタス」の概念を取り入れたのだろうか。「東京大学」では、旧開成学校に文学部、理学部、法学部を置き、旧医学校には医学部が置かれた。予備門を別にすれば、この四学部によって、ひとつの「大学」が構成されたわけである。

それに、開成学校と医学校が基盤となったから、あくまで洋学派が主体となった。法学部に本邦古代法律、文学部に和漢文科が置かれたものの、それを昌平学校の復活と捉え得るにはあまりに弱体で、国学や漢学などの東洋学が「大学」に次第に地歩を失っていく契機となったと見るべきだろう。

医学校お雇い教師ベルツは、この「大学」をドイツ式の「総合大学」の実現であると日記に書いているが、いかにも当時のドイツ人らしい感想である。というのも、一九世紀頃のドイツとその影響を受けた日本では、「総合大学」が深刻な問題となったが、アメリカやイギリス、フランスやイタリアではそれほど問題とはなってこなかったように思われるからである。この点は後述するが、実際、語義そのものからしても、ユニヴァーシティという英語などには、「総合」大学という概念が無条件に前提されているわけではない。

梅根悟は、ベルリン大学創設当時のドイツで、総合専門学校を作る案とウニヴェルジテートを作る案との二つがあり、結果的に後者が実現されたが、総合専門学校は後進専制国家型の高等教育機関でユニヴァーシティとは全く異なるものであるとする。そして、この「東京大学」もまた、ユニヴァーシティではなく、総合専門学校であったと断言し、以後の日本の大学は戦後の新制になるまですべてそうであったとまで確言している。

しかし、ユニヴァーシティの本質を独立自治団体にあるとし、総合専門学校を専制国家型のアンシュタルト的教育機関として二者択一的に捉えるのは、いささか早計に過ぎるように思われる。

後述するように、中世以来のウニヴェルシタスの本質が自治法人団体（コルポラチオ）にあったことは否定できないが、それとて普遍権力や地方権力から完全に独立していたわけではないし、近代に至ってはコルポラチオ的性格が次第に失われて、ウニヴェルシタスそのものも国家のアンシュタルト的性格を持つに至った。そしてその後、新たに専門学校が大学へと昇格したり、あるいは大学に次第に組み込まれていって、新しいウニヴェルシタスの概念が形成された。それは、伝統的なコルポラチオ的理念の喪失と喪失への抵抗の歴史であるからこそ、中世大学的コルポラチオ理念が近代になって過度に理想化された面があるとも考えられる。

近代大学の祖とされるベルリン大学も、コルポラチオ的自治権を理念として掲げ、その理念を哲学部に求めようとしたにしても、それはすでにアンシュタルト化して喪失されたコルポラチオ的理念の再興の試みであったのではないだろうか。それに、本来教育に限定されていたウニヴェルシタス機能を、自治権も含めて研究にまで拡大していった。その拡大は、やがて生み出された研究中心主義を土台としながら、あたかもベルリン大学が研究・教育の理想的形態であったかのような幻想を生み、研究こそコルポラチオに支えられた本来的ウニヴェルシタス理念であったかのような誤解を生み、ひいては研究に比べた教育の軽視に繋がる深刻な変容すらもたらしたと見ることも、できなくはない。

このような大学概念の史的観点からすれば、前述の対比から、「東京大学」が自治団体的性格を持たず、国家機関化された専門学校の寄せ集めであったから、ユニヴァーシティではなかったというのは、当時のドイツをはじめとするヨーロッパの変容する大学の歴史的状況を無視したステロタイプなものではないかと思われる。

これに関連して、「東京大学」において注目すべきことは、文学部や医学部といった「学部」という言葉が初めて使用されたことである。

この点について、寺﨑昌男は、当時の学部は独立性が極めて弱く、当時の太政官制を反映して法「学部」ではなく法学「部」のように、「政府がつくり文部省が所轄する東京大学という一「大学校」の中で」単なるセクションとしての「部」を意味した、と述べている。すなわち、この「学部」は西洋的な意味でのウニヴェルシタスの学問的セクションを意味するのではなく、太政官制のセクションであったことになる。

この「大学」が『学制』の五年後に作られたものであることを考慮すれば、依然としてナポレオンの教育行政機構としての大学体制に類似した体制が続き、「東京大学」は太政官制下における一つのアンシュタルトとして、セクションである「部」を持ったのである。とすれば、この点でも、「ファクルタス（学部）」を持たなかったことになり、これは「学校」であって「大学」ではないと捉えるべきなのだろうか。この問題は、自治権などを含む「学部」概念に関わる問題であって、単純な対比からではなく、後述されるような歴史的状況を踏まえて考えねばならないだろう。

（3）「ユニヴェルシテ」か「ウニヴェルジテート」か

「東京大学」の状況が変化するのは、明治一九年の帝国大学の創設以後である。

同年の『帝国大学令』は、以下のように定めている。

第一条　帝国大学ハ国家ノ須要ニ応スル学術技芸ヲ教授シ及其蘊奥ヲ攻究スルヲ以テ目的トス

第二条　帝国大学ハ大学院及分科大学ヲ以テ構成ス

大学院ハ学術技芸ノ蘊奥ヲ攻究シ

分科大学ハ学術技芸ノ理論及応用ヲ教授スル所トス

すなわち、その目的として学術技芸の教授と研究の二つが掲げられ、その機能はそれぞれ「分科大学」と「大学院」に割り振られているわけである。

『学制』や『教育令』では「大学」は教育機関とのみ位置づけられたのに対し、「帝国大学」には研究が付加された。ベルリン大学のような教育と研究という二つの軸が導入されたことになるが、教育は「分科大学」、研究は「大学院」という明確な分離がなされたのである。

この「帝国大学」には The Imperial University、「分科大学」には Colleges、「大学院」には University Hall の訳語が充てられた。まさに帝国の有する唯一無二の university なるものは、複数の college と、一つの university hall からなると明言されたわけである。しかしこの英訳版からは、すでに日本なりの大学概念が存在し、それに無理矢理英語を当てはめたような印象を受けなくもない。

その典型が university hall である。当時の文相森有礼の秘書官は、「分科大学」はドイツ流に則り、「大学院」はイギリスのユニヴァーシティ・ホールに則ったと述べている。しかし、この「大学院」は固有の教師を持たなかったにしても、帝国大学総長によって学生の「入学」と「卒業」という概念の下に語られており、graduate school などと訳すのならまだしも、アカデミックサロン的な university hall とは明らかに異質のものであった。この点は、「大学院」の概念に絡めて後の章で検討されるであろう。

さらに、「分科大学」を College として、それをドイツ流だというのもいささか腑に落ちない。当時のドイツ大学を模倣したとすれば、Fakultät に相当する英語 faculty を使用してもよかった。しかし、帝国「大学」と分科「大学」を区別しなければならなかった。おそらくそのために、university と区別して college を使用したものであろう。この問題は当時のドイツにおける Kollegium と Universität や Fakultät の概念上の関連などの観点からも考えねばならない問題であろう。

この「帝国大学」にもそれ以前のフランスのナポレオン大学体制的な考え方が継続していたとの見方があるが、これも再検討の余地がある。すでに『学制』が廃止されて『教育令』が発布されていたし、何よりも『帝国大学令』そのものが、「帝国大学」を教育と研究の機関として明確に位置づけていた。もちろん、依然として文部省直轄のアンシュタルト的性格を留めていたが、ナポレオン体制のような教育行政機関としての「大学」に位置づける意図は窺われない。

それに、森の秘書官が述べているように、「分科大学」はドイツ流に則って作られている上、ドイツ流の大学の自治を主張した帝国大学総長加藤弘之の影響などによって、教職員任免に関する文部大臣への総長の具状権が次第に確立され、さらには「分科大学」による自治権が拡大されているのである。「大学」概念における自治権の問題は、「学部」概念との関わりで後述する。

つまり、この「帝国大学」の成立期は、それまでのナポレオン体制的な教育行政機関としての性格を色濃く持つユニヴェルシテから、ドイツ的なウニヴェルジテートへと、「大学」のモデル概念が変容した過渡期ではないか、と考えられる。

この点については、なぜ東京大学の「学部」から「分科大学」に変わったのかという問題に絡めて、寺崎昌男は、「ドイツ流の専門学科《ファッハ・ヴィッセンシャフト》の考え方が採用されたのかもしれない」と述べ、「分科大学とは、専門学科に対応する教育組織」という意味であって、総合大学の一部ではなく、独立した大学だったと主張している。

実際、なぜ「学部」ではなく「分科大学」なのかという問題は、「総合大学」概念に関わる問題である。そして、この問題が先鋭化するのは、「分科大学」にかわって再び「学部」が導入された大正七年の『大学令』によってである。

（4）「分科大学」か「学部」か

『大学令』では、以下のように定められている。

第一条　大学ハ国家ニ須要ナル学術ノ理論及応用ヲ教授シ並其ノ蘊奥ヲ攻究スルヲ以テ目的トシ兼テ人格ノ陶冶及国家思想ノ涵養ニ留意スヘキモノトス

第二条　大学ニハ数個ノ学部ヲ置クヲ常例トス
但シ特別ノ必要アル場合ニ於テハ単ニ一個ノ学部ヲ置クモノヲ以テ一大学ト為スコトヲ得（以下略）

第三条　学部ニハ研究科ヲ置クヘシ
2　数個ノ学部ヲ置キタル大学ニ於テハ研究科間ノ聯絡協調ヲ期スル為之ヲ綜合シテ大学院ヲ設クルコトヲ得

この条文が、『帝国大学令』と大きく異なっている点は、まず第一に、「大学」が教育のみならず研究の機関でもあることが明示された点である。『帝国大学令』では「大学」は教育機関で「大学院」が研究機関であるという区分がなされていたが、ここでは、「研究科」とその総合態としての「大学院」が置かれることになっているにもかかわらず、「大学」が研究機関とされたのである。なぜこのような変化が起こったのか、この点はきわめて重要と思われる。本来、教育機関であった「大学」を、研究機能を重視して教育・研究機関として明確に位置づけたのがフンボルトであったとするならば、『大学令』は一九世紀ドイツのベルリン大学的ウニヴェルジテートの理念を取り込んだことになり、それまでのナポレオンのユニヴェルシテ的な大学概念から大きくそのモデルを変化させたことになるだろう。

第二に、「国家ニ須要」の教育研究のみならず、「人格ノ陶冶」や「国家思想ノ涵養」が目的とされ、見方によってはドイツ的な領邦国家における教養主義に類似の考え方が窺われる。

第三に、「大学」は複数「学部」より構成されるのが本態とされ、例外的形態として単一「学部」による「大学」が認められた点である。つまり、当時存在していた官立の四つの帝国大学を本来的大学とし、公立や私立の単科大学も承認したわけである。その根底には、「単科大学」に対する官立「総合大学」の優位性の認識があった。

寺﨑昌男によると、東京帝国大学内部では「分科大学」の廃止論は出ておらず、枢密院の審査委員会で議論されたとし、その議論の要点を以下の三点に要約している。

（1）　意味の異なる分科「大学」と総合・単科「大学」に、おなじ「大学」を使うのは不適切

（2）　「分科大学」は法人格を持たないが、「大学」は法人格を持ち、法理上おなじ「大学」は使用できない。

（3）　分科大学を college や faculty と訳して混乱が生じている。

こうして、「分科大学」の名称が消えて、「学部」となったとされる。そして、臨時教育会議において盛んに「総合大学」の観点から議論がなされた。実際、その議事録を見ると、議論は「総合大学」を擁護する帝国大学側に対して、私学や高等師範の側が反論するという推移に終始している。「総合大学」擁護論の背景には、ドイツ人法学者ロエスレルによる「大学」を国家的な「公共営造物」と捉える単科大学不可＝総合大学本位論があったとされている。

おそらく、ここには、とりわけフンボルトの研究と教育を軸にした「総合大学」的理念が窺われるだけでなく、後に科学技術系のホッホ・シューレが「専門大学 Fach Universität」への昇格を果たすに至るまでの、一連の過程の中で「総合大学」概念が強調されるほぼ同時代ドイツの状況が反映していると見るべきではないだろうか。

本来、「大学」は単一の universitas によって成立するものとされてきたが、一九世紀のドイツで複数の universitas からなる「総合大学」概念が成立し強調され、それを日本は帝国大学の優越性の根拠として利用しようとしたものと考えられるのである。

（5）日本型「講座」

日本で、仮に「総合大学」が「大学」の拡大概念と捉えられていたとするなら、逆に「大学」を構成する単位概念は「学部」であり、その最小単位は「講座」ということになるだろう。「総合大学」―「分科大学」ないし「学部」―「講座」という組織のピラミッド構造である。したがって、まずは「分科大学」にしろ「学部」にしろそれが導入されるときには、内部組織として「講座」というものが意識されるのは当然であったろう。

その最初の導入は、明治二六年に帝国大学の各分科大学に合計一二三の「講座」が置かれた時である。その実現には、それ以前から文部省内に存在した「大学令案」を復活した井上毅の役割が大きかったとされる。

この日本の最初の「講座」は、寺﨑昌男によればまず第一に、本俸に加えて「職務俸」が付けられた点で、現代の講座と異なっていた。この「職務俸」を付けた「講座」制は、帝国大学教官の待遇改善をねらったものであった。

第二に、この時期は「一人一講座」であった点。近年まで日本では、教授・助教授・講師・助手という階層構造をもって「講座」としてきたが、その組織が出来上がる一九二〇年代後半までは「一人一講座」であった。

寺﨑の指摘するこの二点は、日本の初期「講座」制をめぐる極めて興味深い問題点である。

本来、ヨーロッパでは、「講座」というものは「一講座一教授」であって、これは中世に大学が成立して以来、最近まで基本的に変化していない。日本の明治期に「一人一講座」を採ったことは、この西洋の伝統に忠実に従ったことになる。逆に言うと、なぜ二〇年代後半にこの形式が崩れて、日本独特の階層構造的講座なる概念が生まれたのか、これは考究に値する興味深い問題である。

また、俸給ないし給与と各講座との関係も、初期ヨーロッパでは、それがポストに対して与えられたのか、人に対して与えられたのか、必ずしも確定的ではなく、各講座の重要性等によっても多様であるのが本来的姿であって、それが俸給として画一化ないし序列化されるのは、大学が近代化し官僚組織化したことの証である。したがって、「職務俸」によって給与の個別化を図るのは、教官の待遇改善をねらいながらも、「講座」そのものの評価と位置づけを可能にする方策でもあったことに留意すべきであろう。

以上に見てきたような、明治期の日本で問題となった「大学」、「分科大学」、「学部」などの概念の一種の混乱は、本源的な大学概念の複雑さを反映すると共に、その時代の西洋諸国の大学をめぐる諸概念の変容をも反映していることを忘れてはならない。

日本語で展開された「大学」、「分科大学」、「学部」などの概念には、英語の university, college, faculty が想定されていた。「帝国大学」では、法人格を持つ一つの university が法人格を持たない複数の college を持つと考えられたが、『大学令』では法人格を持つ university が複数の faculty からなると捉えられた。

これらの言葉の西洋における本源的な概念を、ラテン語の universitas, collegium, facultas によって表すとすれば、universitas は学生（あるいは学生と教師）の自治法人団体、collegium は教師（あるいは学位取得者）の法人団体、facultas は専門分野ごとの区分を示す概念に相当する。そして、パリでは universitas が facultas を包含していたが、ボローニャに関しては、法学のuniversitasやcollegium、神学のuniversitasやcollegiumはありえても、法学や神学や医学すべてを包含する総合的universitasはありえなかった。そして、universitasは学生のみの一つの専門分野によって構成されたものに他ならない。その一つの専門分野のuniversitasあるいはcollegiumあるいはその両者が、一つのfacultasを構成すると考えられたのである。

この点に加えて、近代後期に至るまで、universitasの概念には「総合大学」という概念が含まれていなかったことにも注目すべきである。中世から近代初期に至るまで、universitasと並んで、studium generaleという大学を表す概念が使用された。この言葉が消滅してuniversitasが生き残ったのは後述するように興味深い問題であるが、このgeneraleが「総合性」を表すと捉える考え方がかつてあった。しかし現在では、それは誤りであって、studium generaleは「総合大学」を示すものではないとされている。generaleは「総合性」を示すのではなく、学としての、あるいは「大学」としての、「普遍性」を示すものに他ならなかったのである。

universitasの「総合性」が問題になるのは、近代科学技術の発展に伴って、universitasとフランスの科学Academieやドイツの技術的Hoch Schuleなどとの関係を位置づけたり、新興の科学や学問をuniversitasに取り入れる必要が生じたときであろう。

その対応は、それぞれの国でかなり異なっていたが、日本に大きな影響を与えたドイツでは、哲学部を基盤とした「総合大学」理念によって、この新しい動向に対応しようとしていた。カントは『諸学部の争い』において、国家の要請に応じる法学部などに対して、理性による自由に基づく哲学部を核とした「大学」理念を打ち出した。それは大学内部に向けられたものであると同時に、哲学的教養を持たない新興のホッホ・シューレなどに対する言明でもあったと言えるだろう。

「学部」概念もまた、その本源的意義からすれば、ボローニャの場合は一つの専門分野の universitas や collegium を、パリの場合は一つの専門分野の collegium を表しているに過ぎず、universitas=facultas であったり collegium=facultas であって、これを「大学」と捉えようと、「分科大学」あるいは「学部」と捉えようと、本質的には同じことである。したがって、本源的概念のどの側面を強調して「大学」と、あるいは「分科大学」と、あるいは「学部」と訳したのかは、おもに当時の日本の状況に依存する問題である。それゆえ、日本の状況に合わせた大学概念の分析が必要となる。実際、今日に至るまで西洋の研究者たちがあまり「学部」概念を問題にしてこなかったのも、このような西洋の歴史的な状況があったからである。

以上のように、これらの universitas, collegium, facultas, cathedra の概念は、ヨーロッパにおいて一二世紀頃から形成され、今日に至るまでそれぞれの国や地域において微妙に変容しながら今日に至っている。そして、一九世紀の後半に、各国で特徴的に変化した大学概念を日本は受容したのである。

以下本章においては、まず、中世から近代初期においてこれらの概念がどのように形成され、どのような内容を持っていたのかについて明らかにすることとなる。次章以降では、近代以降の各国におけるこれら「大学」諸概念などの受容と変容について論じられるだろう。そして、最後に日本に帰って、一九世紀受容当時の西洋における「大学」に関する諸概念をふまえて、それらがどのように日本に導入され、どう変容させられたのか、日本の側からより深くかつ包括的にまとめられることとなる。これによって、いわば、単なる組織や制度の受容ではなく、「大学」概念の全体史をふまえた日本の「大学」概念の位置づけが可能となるだろう。

Ⅲ　universitas 概念の成立と展開

（1）　universitas と studium generale

西洋中世において、「大学」の意味で使用された言葉は、前述のように universitas と studium generale（以下 st. gen. と略記）の二種類があった。この二種類によって、おなじ「大学」を意味しても、それぞれ異なった概念を強調したからである。基本的に、

universitas は、学生ないし教師と学生の団体組織、

st. gen. は、高度の知識を教授する教育機関、

を意味した。st. gen. はただ単に studium とのみ表記されることもあった。

universitas も studium もローマ時代から使われた言葉であるが、それが一三世紀以降に「大学」の異なった局面を意味するものとして頻繁に使われるようになったのである。

いずれの用語がより頻繁に使用されたか、すなわちいずれの言葉の示す概念がより重要であったかという問題は、様々に議論されてきた微妙な問題である。おそらく、中世の「大学」の団体的本質をよりよくあらわす言葉として universitas が使用され続けたため、st. gen. は結局消滅してしまい、今日でも universitas から派生する各国語が使用されるようになったと考えられる。

しかし、st. gen. の持つ generale な性質、すなわち「普遍性」は、中世大学の概念として極めて重要な意義を持っていた。この言葉が使われなくなったのも、後述するように中世大学の「普遍性」が近代になって徐々に失

われていったことと関係している。

（2） universitas の基本概念

中世に、universitas という言葉が、collegium、congregatio などと共に組合などの団体組織を表す言葉として使用されていた事実は、比較的知られている。デニフレは、それを単に様々な団体を意味する一般的な法概念にすぎなかったと捉えた。この概念が、一二世紀末から一三世紀にかけて、教師や学生の団体にも使用され始めた。ボローニャでは「学生のウニヴェルシタス（universitas scolarium）」、パリでは「教師と学生のウニヴェルシタス（universitas magistrorum et scolarium）」という形式で一般的に使用された。ボローニャのそれが学生のみによる法人団体であったのに対して、パリのそれは教師と学生の法人団体であったからである。

したがって、universitas は、基本的に法人格を有する自治団体組織を表し、現代のように複数学部による「総合」大学という意味は持ってはいなかったことに留意しておきたい。

最初に出現したボローニャとパリのそれは、当初は暗黙のうちに後には公式に、教皇権や神聖ローマ皇帝権から承認され、その団体の成員による自治と法人格が保証された。そのため、universitas は法人の規約（statuta）と代表権者としての学頭（rector）を持ち、法的代理人（procurator）や全学秘書官（bidellus generalis）、指定写本商などの「職員」を抱えていた。

しかし、この団体を他の職業組合と同等に捉えるのは、危険である。

一般に職業組合は都市などの地方権力下に置かれていたが、universitas は普遍権力である教皇庁や神聖ローマ帝国と関係しながら、都市などの地方権力とも密接な関係を持っていた。また、ボローニャの場合には、universitas は法学生のみによって構成され、教師が排除されていたため、徒弟よりも親方によって構成された職業組合とはかなり異質なものであった。

ボローニャでは、法学生による生活上の協同・防衛のための国民団（natio）という組織が作られ、その連合組織として universitas が、教師と教育上の契約を結んで教育行為をおこなわせるための法人団体組織として形成された。そのため、universitas から教師は排除され、別に collegium を作った。その形成は一二〇〇年頃とされるが、正確な時期は確定されていない。また、universitas の前段階組織として societas（英語 society などの語源となったラテン語）が形成されていた。この societas と natio と universitas の関係もいくつかの議論がなされているが、一般的には、societas から直接 universitas が形成されたのではなく、まず societas が消滅して natio が形成され、それが連合して universitas となったと考えられている。パリでも、教養諸科は natio の組織を持っていたが、法学、医学、神学の上級学部の学生の多くが教養諸科の教師でもあったから、都市権力や司教座の参事会に対して彼らの権利を擁護する際には教師が中心となって組織化がなされていた。

このことから、ボローニャが法学生による universitas、パリが教師主体の教養諸学を土台とした神学の universitas という対比がなされるようになった。そして、他の大学は学生型のボローニャか教師型のパリのいずれかから派生するか、それをモデルとして大学を創設するか、あるいは、トゥールーズ大学のように両者の混合型を採用した。

ただ、付言したいことは、ボローニャで形成された universitas は当初二つあったことである。アルプス以北出身の法学生による universitas ultramontanorum とアルプス以南出身の法学生による universitas citramontanorum がそれである。そして、一三世紀後半には、この二つの universitas に第三の教養諸学の universitas が加えられた。この事実から注目すべきことは、universitas は学問分野ごとに形成されただけでなく、構成員の出身地ごとにも形成されていることである。すなわち、当初の universitas は学問分野ごとのセクションに従って構成されただけではなかったことに留意しておく必要がある。

(3) 用語としての universitas

教育のための法人自治団体という意味での universitas という言葉が、いつ頃から使用されたのかという問題は、史料の状況に依存する論争のある問題である。

まず、ボローニャでは、前述のように universitas が特定地域の出身者のための団体区分としても使用されたため、一三世紀にはしばしば natio と混同して使用された。一二一六年のボローニャ都市規約では、universitas scholarium の表現が町の学生の組織について使用された。一二一七年にはホノリウス三世が、universitas の言葉をロンバルディア以外の地域の出身学生に使用したし、一二二四年の教書の中でも universitas scholarium の表現を使っている。ボローニャから派生して成立したパドヴァ大学では、一二二八年の著名なヴェルチェッリとの契約文書にこの表現が見られる。

パリの場合は、教皇インノケンティウス三世が一二〇八年から一六年までの複数の書簡で、universitas 単体や、vestra universitas などの表現を使用している。この「汝たちのウニヴェルシタス vestra universitas」という表現はしばしば使用されたが、その後に使われるようになる定型的な表現としては前述の「教師と学生のウニヴェルシタス」があり、一二一五年のロベール・ド・クールソンの規約は、この表現を使用している。一二二一年の文書のように、大学団自らが自らをこの定型を使って、「我ら、パリの教師と学生のウニヴェルシタス

（nos. universitas magistrorum et scolarium Parisiensium）」と述べている例もある。

早期に医学のuniversitasが形成されたモンペリエでは、一二二〇年の文書に、「ドクトルの、また学生の医学のウニヴェルシタスもまた（necnon universitatis medicorum, tam doctorum quam discipulorum）」と表記されている。神聖ローマ皇帝フリードリッヒ二世が創設したナポリ大学に対抗して、教皇グレゴリウス九世が設立したトゥールーズ大学では、一二二九年の文書に「教師と学生のウニヴェルシタス」の定型的表現が使われている。

イングランドでは、オックスフォードのチャンセラーであったジョフリー・ド・ルーシーに関わる一二一六年の文書で、初めて「オックスフォードのウニヴェルシタス（universitas Oxoniensis）」の表現が使用された。ヘンリー三世も、一二三一年にオックスフォードとケンブリッジの学生の宿舎の賃貸料を統制した際にuniversitasの言葉を使っている。universitas scolariumの表現は、ケンブリッジに関しては一二三三年の教皇グレゴリウス九世の文書に、オックスフォードに関しては一二三五年の文書に見られる。また、「教師と学生のウニヴェルシタス」の表現は一二三八年のオックスフォードのチャンセラーの書物にも見られる。

以上に概観したように、史料上は一三世紀の初期からuniversitasが使用されているが、単独で使用されることは少なく、多くの場合には「学生の（scolarium）」ないし「教師の（magistrorum）」、あるいは「教師と学生の（magistrorum et scolarium）」という属性が付加された。これは当然に、universitas単独では学生や教師による教育のための自治団体であることが明示されないからである。もちろん、オックスフォードの例に見られるように、ボローニャやパリでも地名を付加することによってさらに限定される場合もあった。

しかし、ここに挙げた例ではオックスフォードの場合が当てはまるが、「オックスフォードのウニヴェルシタス」とか「ボローニャのウニヴェルシタス」といった表現は、その町に存在する他の法人団体と区別するのが困難である。

さらに、universitas という言葉が単体で使用される場合には、それが明確に法人団体組織を意味するのか、それともこの言葉が持つ本来的な意味である「総体」といった意味で使用されているのか、この区別もまた容易ではない。

それは結局、多様な史料の検討から帰結する団体組織としての成立の時期に関わる問題であって、universitas が団体規約や代表者を持った時点から、この言葉が法人団体組織を意味すると捉えることになる。しかし他方で、ボローニャにしてもパリにしても自生的大学の宿命として厳密な団体組織の成立時期を確定するのは困難であり、せいぜいが一二世紀末から一三世紀初期の漸進的形成を前提として、universitas に言及する個々の史料を批判検討する以外に道はないこともまた確かである。

(4) universitas 概念の展開

そこで、universitas の語義、あるいはその言葉によって表象される概念の歴史を少し振り返ってみよう。

ローマ法では、物件のカテゴリーを示す場合に、universitas は非物質的と同様に物質的なモノ、すなわち物権と権利からなる総体を示すとされた。たとえば、財産（patrimonium）がこれにあたる。いわば、「集合性」と「全体性」ないし「総体性」の概念である。そして、ここから collegium などと並ぶ団体の一類型であると考えられ、res publicae が「国家」に関わるモノを意味したのと同様に、様々な都市に属する物件を意味する res universitatis のようにも使用された。これは「共通性」ないし「公共性」の概念であるといえよう。

こうして、universitas は、「私」に対する「公」の概念をはらみつつ、部分に対立するすべてという概念を前提として、なんらかの「公共性」を持つ人間の「全体」ないし「総体」を表すものとして使用されるようになった。

そして、古代から中世にかけてのキリスト教会における重要な集団に対しても使用され、キリスト教の教義上では、universitas rerum のように古代と同様にモノの全体を表す言葉によって、教義特有の宇宙や全世界を意味するか、人間の普遍性や共通性を示すものとして使用された。

中世都市においては、さまざまな集団に対して使用されている。イタリアの歴史用語事典によると、まず、都市のすべての民衆を示す場合、ことに民衆の多様性でなく一つのまとまりを示す場合に使用された。ここから、自治都市組織としてのコムーネやコムーネに構成された民衆を universitas と称したり、その代表である行政司法官を表す場合もあった。そして、都市内部に存在する様々な「個人の権利や性質を持つ人間の連合体」すなわち法人団体を示し、時に collegium などと同義的に使用された。「大学」もその一つである。

そこでも、ローマ法の概念に含まれた一種の「集合性」と、部分に対する全体という抽象的かつ一般的な「全体性」の概念が内包されている。そしてそれが、法人格を持つ団体として認識されるに至っている。

そのため、しばしば universitas は generalitas（普遍性）あるいは communitas（共通性）と併置されて同義的に使用されると共に、specialitas（特殊性）などと対比的に使用された。この対比は、中世を通じて様々な形で表出している。たとえば、いわゆる普遍論争における「普遍」と「個別」、ius commune（普遍法）としての市民法に対する ius proprium（局地法）、そして後述する studium generale に対する studium particulare の対比などに。

「大学」が成立する一二世紀から一三世紀にかけての法学論議の中でも、universitas の言葉は議論され、定義された。たとえば、バッシアーヌスの定義では、universitas はすべての人間集団に適用され、その法的位置は正義において代表させる権力であると定められた。こうして、この言葉は法的な規約を有するすべての人間の集合体を示すものとされ、都市の職人や商人の団体はむろんのことキリスト教会の宗教上の諸団体にまで適用されるようになった。

ローマ法の影響を受けたカノン法の領域においても、著名な教会法学者であったインノケンティウス四世などが、universitas の持つ本質的な特徴を定義した。それによると、universitas は内的には団体における共通の絆と意志の存在、外的には関係する権力による公的承認によって特徴づけられる。そして、自然発生的な宗教上の団体、場所（都市、町、村）の共同体に基づいて作られる団体、専門職的活動の区分による団体が区別される。

これらの法学論議においても、universitas は、ローマ法の「集合性」と「全体性」を土台としながら、個人の集合体すべての一般的な概念として適用され、成員共通の一般意志による団体の意志と、公的承認による法的権利主体である一個の法人団体を意味するようになった。

こうして、中世都市の諸団体の形成動向の中の一つとして表れた、教育のための法人団体にも、universitas という言葉が使用された。この教育のための universitas は、おおむね一二〇〇年頃にいくつかの都市に表れ、ボローニャとパリのものが生き残って繁栄した。しかし、それは universitas 単体では教育のための法人団体を意味することができず、universitas に scolarium や magistrorum の形容詞を付けることによって、教育法人団体としての性格を明示しなければならなかったのである。

他方で、同時代には、教育組織を意味する言葉としては studium が使用されていた。この studium には「普遍性」を示す generale の形容詞が付加されて使用されるようになり、やがて universitas と同義的に使用されるようになった。にもかかわらず、法人団体的性格を表す universitas が生き残って今日に至るまで使用され、

studium generale は用語としては消滅してしまった。それにまた、団体を示す用語としては、collegium や conventus などの用語も「大学」に関わって使用されたが、これらも「大学」そのものを示す言葉としては universitas に道を譲ったのである。

（5） Studium と Studium generale

実は、中世に限定する限りでは、universitas よりも studium の概念のほうがより重要な位置を占めていた。人的団体を指す universitas に対して、広く教育機関を示す言葉として使用されたのが studium であるからである。studium は一般の学校などに対して使用されていたが、やがてそうした学校とは区別して、より高等な教育機関を示す st. gen. という表現が出現した。したがって、「大学」そのものが studium と表記された後、st. gen. の名称を採ることとなった。ただ、教育機関としての st. gen. は人的団体としての universitas を伴っていたので、この二つの言葉は一五世紀以降には同義的に使用されることになった。

元来、studium という言葉は教育機関を意味する言葉ではなかった。一二世紀の注釈学派のパピアスが理解していたと言われるように、「学問、知識」そのものを意味するか、ウグッチョなどが「学ぶこと（studere）」という意味で使ったように、学問をする行為を意味していた。ところが、一二世紀末頃から、スコラ（scola, 学校）という言葉と並列的に使われるようになり、さらに locus studii（勉学の場）を意味する gignasium と同じ意味で使用されたために、一三世紀には教育機関を表す言葉として studium が使われるようになったのである。

そしてこの時期に、大学に対しても studium の表現が使われるようになる。たとえば、フリードリッヒ二世はボローニャとナポリの大学をこの表現で言及しているし、前述のように一二二八年のパドヴァ大学とヴェルチェッリの町の契約においても studium の表現がみられる。したがって、studium という言葉は基礎教育、高等教育を問わず一般的にすべての教育機関に適用されていた。

しかし、一三世紀の間にこの一般的概念は二つに分化して、studium という言葉も、particulare（個別的）と generale（普遍的）という二つの形容詞を伴って出現するようになる。それは、一般の studium からより高等な教育機関を区別する st. gen. の表現が使用されるようになって、一般の studium が particulare として弁別されたためである。

st. gen. という言葉の最初の使用例は、史料で確認される限り、一二三三年から四年のフランチェスコ会の僧侶の文書にみられ、そこではヴェルチェッリの大学が st. gen. であると述べられている。教皇文書では、インノケンティウス四世が一二四四年から五年にローマ教皇庁の st. gen. に言及したのが最初である。この表現が普及した結果、一三世紀後半には、同義的表現であった studium commune, studium solempne, studium universale と共に、大学に対して頻繁に使用されるようになった。

実際、アテネからローマ、ローマからビザンツ、そしてビザンツからパリへの translatio studii（学府の転移）の論理は、一二、三世紀の間に流布していた。そして、ラシュドールも言うように、一三世紀にはあらゆるキリスト教世界で認められた二つの基本的権威、教会当局である sacerdotium、世俗当局である regnum に、知的な権威である studium が加えられた。そしてそれは「普遍性」をもつ studium として、第三の普遍権力としての地位を得るに至ったのである。

したがって、中世大学を他の教育機関から区別する最も重要な概念がst. gen.であることになる。とすれば、一般のstudiumから中世大学を区別するgeneraleという形容詞の意味、すなわち普遍性の概念はいかなるものであるのかが問われねばならない。

(6) Studium generaleの概念

ラシュドールは、曖昧な形ではあるが、st. gen.の特性として、以下の三点を挙げている。①あらゆる地域から学生を集めたこと、②高等諸学（法学、医学、神学）の最低一つが教えられたこと、③複数の教師がその学科を教えたこと。すなわち、学生出自の地理的普遍性、教育内容の高度化、教師の多数性の三点であるが、ラシュドール自身は学生の地理的普遍性をより重要な特質と見なしている。

カウフマンもまた、学生が形成した大学団に教師が従属するようになり、大学団に従属する公的学校としてのst. gen.と、個々の教師の保持したstudium particulareとが区別されたと捉える。すなわち、大学団に結集した学生の地理的出自の国際性によって大学団が認定する学校の普遍性がもたらされると考えるのである。このカウフマンの捉え方は、大学団の認定する学校を「公」として捉え、個別的な学校を「私」と捉える考え方を前提としている。

いずれにしても、まず留意しなければならない点は、st. gen.のgeneraleが、今日の「総合」大学という概念のように教授学科目の総合性を意味したのではないことである。ローマ法における総合性が継承されたとしても、それはuniversitasの持つ人的な総合性であって、サヴィニーの言うように、この時代にはstudiumにおける学問の総合は重要なものとは見なされていなかったのである。

そして、ラシュドールなどによる普遍的に学生が集まる複数の学校による高等教育機関という定義もまた、そういうものとして st. gen. が出現した、すなわち慣習的に（ex consuetudine）形成されたという現象形態による定義にすぎないことにも、留意しなければならない。学生がヨーロッパのあらゆる地域から集まるようになって大学に普遍的性格がもたらされたという現象を示しているだけである。かりに、現象として大学の普遍性が主として学生出自の地理的普遍性からもたらされるようになったとしても、普遍性そのものが保証される法的内実は問われるべき問題として残される。

そこで、st. gen. を、一二二四年に神聖ローマ皇帝フリードリッヒ二世によって創設されたナポリ大学のように、皇帝や教皇によって特権が与えられ、すべての人々のための教育機関として設立された中心的学校として位置づける見方が出現した。このデニフレの見解は、皇帝や教皇の普遍権力によって設立されたところに学生の普遍性の根拠が存し、法的には特権の付与によってその普遍性が保証されると捉えるものである。すなわち、普遍性の根拠として普遍権力による諸特権の付与、とりわけ教区外で学ぶ僧侶が聖職禄を得る権利や、学位＝普遍的教授権（ius ubique docendi）の付与を考えるのである。

ただ、このような見解は、皇帝や教皇さらには領邦君主によって設立されたドイツ語圏などの中世大学には適合するとしても、ボローニャやパリなどの自生的な大学やこの両母胎大学から派生した大学には必ずしも該当しない。それらの大学は、少なくとも初期には、普遍権力から明確な大学としての特権を得ることなく、慣習的に st. gen. となったからである。

そのため、イタリアのエルミーニは、イタリアの諸大学、とりわけボローニャにきわめて有効な見解を提示した。すなわち、一〇世紀以降に神聖ローマ帝国とローマ教会を統一するため出現した普遍的君主制（monarchia universale）の理念と、それに法的基盤を与えようとする普遍法（ius commune）による政治権力と法の普遍化の傾向が、文化特に学問分野においても普遍権力下における学問の統一的普遍性を追求させ、一三世紀に至って普遍的性格を持った学校（studium generale）を生む。この学校は、studium particulare が地方的利益のための学問を提供するのに対して、普遍的利益のために学問――特に法学――を提供する。したがって、その普遍性は普遍的君主制の理念と普遍法の下に生じ、そこから諸特権がもたらされるという見解である。

確かに、ボローニャの場合、神聖ローマ皇帝による法源探求の刺激によってローマ法研究が隆盛して、普遍法としての市民法とカノン法が成立し、その学習活動から中世大学が誕生した。いわば、普遍的な学問の成立とともに、st. gen. が誕生した。普遍権力を基盤とした学問の普遍的有用性が、その学問を教える教育機関に普遍性を付与したのである。したがって、普遍的性格を持つ学問の教授権は、ことさらに特権を与えられなくとも、あらゆる地域で有効な教授権となる。デニフレの見解のように普遍権力による諸特権によって普遍性がもたらされるのではなく、学的普遍性によって諸特権がもたらされたわけである。

その意味で、エルミーニの見解がボローニャ大学にはもっとも妥当な見解と考えられるが、問題となるのは普遍性からもたらされる諸特権の内実であろう。それらの内で、教区外で学ぶ僧侶が聖職禄を得る権利については、ラシュドールはカノン法ないしは慣習によって st. gen. にのみ認められたと述べているが、一二〇七年にインノケンティウス三世がこの特権を授与したときには st. gen. に限定して認められたのではなかった。また、次代の教皇ホノリウス三世も、教区外で神学を学ぶか教える僧侶が聖職禄を五年間継続して享受できると規定したが、これもすべての神学を教える学校に適用され、st. gen. のみに認められたわけではない。この特権が st. gen. にのみ適用されたと理解されるのは、一三世紀中葉に枢機卿ホスティエンシスがホノリウス三世の勅書を限定的に解釈したためであるが、後のインノケンティウス四世はローマ教皇庁の studium にこの特権を認める一方で、当時st. gen.と見なされていなかったナルボンヌの学校にもこの特権を認めている。したがって、この特権はかならずしもst. gen.に固有の特権であったとは考えられない。

むしろ、普遍性から派生する諸特権のうちで重要となるのが、普遍的教授権とその授与権である。その権利にこそ、st. gen.が他のstudiumと区別される最大の特徴がある。一般的に言うならば、普遍権力を背景としたボローニャの法学やパリの神学の学問の普遍性こそが、その学位の普遍性を生み、その授与権を有するst. gen.の普遍性を生んだと言えるであろう。

こうして、普遍的に有効な学位の授与権がst. gen.すなわち「大学」の固有にして最も重要な機能として位置づけられていく。

一五世紀以降にuniversitasとst. gen.が同義的に使用されるようになったことは、universitasの持つ教育法人自治団体としての概念と、st. gen.の持つ普遍的な学位授与権が、共に「大学」の概念として使用されるようになったことを意味する。すなわち、以後universitasと表記される「大学」は、普遍的な学位授与権を持つ高等教育のための法人自治団体という概念を持つようになったのである。

しかし、近代になって大学の地方化・国家化によってその普遍性が喪失されると共に、普遍的な学位授与権の意義が失われた。その結果、用語としても普遍性の意義を持ったst. gen.が消滅して、高等教育の法人自治団体という概念が残り、universitasが使用されるようになったのである。

とはいえ、学位に象徴される大学の普遍性だけでなく、高等教育のコルポラチオ（自治法人団体）という概念も、近代における大学が国家的なアンシュタルト（行政的組織）へと変容していく過程において、変容せざるをえなくなるのではあるが。

Ⅳ　collegium の概念

universitas と並んで、今日に至るまで大学概念に関わって使用され続けたのが collegium である。大学の草創期における collegium の概念は、おおむね三つあった。第一に universitas とおなじ人間の集合団体、第二に一つの facultas のドクトルの団体、第三に学生とりわけ貧困な学生のための「学寮」、がそれである。このうち、最後の学生のための「学寮」は、ボローニャでもスペイン学寮などが存在したが、パリの学寮がイギリスに入り、そこで独自の発展を遂げてカレッジ・システムが生まれることになる。その発展については別の章に譲って、ここでは前二者に着目しよう。

第一の団体としての collegium という概念は、ローマ法に由来する。ローマ法では、共和制末期までは完全に団体結成の自由が認められていたのが制限されるようになり、一部の corporatio のみが法人団体として認められるようになっていた。この corporatio の代表が collegium で、明確に法人格を持つ団体として規定された。各種の職業団体がこれに当たる。ガイウスによると collegium は「共有財産、共有金庫、それによって共通の事柄が管理される一人のプロクラトーレか管理者を」持つとされ、奴隷を解放する権限や訴訟代表権などが認められ、団体としての訴権を持つとされた。すなわち、目的と機能を定めた規約、法的な代理人であるプロクラトーレないし管理者、共有財産と財政、法的な代表権などの法人格としての資格を完全に備えた団体組織であったのである。

その意味では、すでに見た universitas と団体としての性格や権利にはほとんど変わりがなかった。そのため、復興したローマ法に基づく市民法やカノン法によって規定された中世都市社会でも、universitas や collegium はあまり厳密に区別して使用されなかったとされる。ただ、中世になってからは、collegium が教会や修道院の諸団体に多用されたため、collegium は一種の共住的な集合体をも意味するようになった。大学に関わる第三の「学寮」の概念は、ここから派生したものと考えられる。

もちろん、それはやや特殊な概念が付加されたということに過ぎず、そのことが第一の概念である共通の目的で集まった法人団体という意味での一般的使用を妨げたわけではない。大学が成立する一二世紀頃には、collegium は教会制度に位置づけられた法的団体と見なされるようになっていたし、世俗世界でも universitas などと同様に一般的な法人団体として使用されたのである。

パリ大学においても、一二五三年の文書に、「我らがウニヴェルシタスにおける教師のコレギウムあるいはコンソルティウムに（ad collegium magistrorum vel consortium universitatis nostre）」の表現が見られるし、一二五五年には「教師のコンソルティウムに、……ウニヴェルシタスのコレギウムに（ad magistrorum consorcium [...] ad universitatis collegium）」の表現が見られる。これは大学内部の教師あるいは教師と学生の団体を意味している。そして、しばしば、「コレギウムないしウニヴェルシタスの団体（corpus collegi sive universitatis）」の表現すら見られ、collegium と universitas は同義的に使用されている。

これに対して、イタリアでは状況は異なっていた。イタリアでもパリと同様に、universitas と同様の一般的団体概念として使用されることもあったが、第二の概念であるドクトルの団体として使用された点が特徴的である。

ボローニャでは、法学生たちが教師と契約を結んで教授させるために universitas を作った。そのため、教師たちはuniversitasから排除されていた。かれらは独自に試験を統制し、のちに「学位」と称される一定の資格を認定するための暫定的な委員会的組織を形成した。この委員会的組織が一三世紀後半に法人格を持つ団体collegiumとなった。

このcollegiumについては、二つの点に留意しておかねばならない。まず第一に、この団体が厳密には教師の団体というよりも教師の有資格者であるドクトルの団体であったことである。すなわち、学生に試験をしてドクトルという「学位」を授与するための、ドクトルたちの団体であったのである。このドクトルたちの中から教師を選出したのは学生のuniversitasであったから、この団体は教師有資格者のそれも一部の代表による団体に他ならなかった。

第二に留意すべき点は、この法学の学位授与団体とは別に、法曹家の職業組合が存在し、同じcollegiumの名称をとっていたことである。そのため、旧来の研究者の多くが同じcollegiumの名称を持った二つの団体を混同して、さらにはドクトルと現職教師を区別することなく、学位授与団体を法学の「教師組合」のように捉えてきたのである。

しかし、法学のドクトルによる学位授与団体であるcollegiumと、法律家の職業組合であるcollegiumとは明確に区別しておかねばならない。

そして、学位授与団体としてのcollegiumは、市民法学者のそれと、カノン法学者のそれと、二つのcollegiumが存在し、それぞれが法人団体としての規約と代表者を持ったのである。その後、この二つの法学のcollegiumに加えて、教養諸学者のcollegiumが成立し、やがて教養諸学者のcollegiumは医学者・教養諸学者のcollegiumとなった。

この意味における collegium は、パドヴァなど他のイタリアの大学にも見られたが、パリでは、教授たちが universitas を形成したためにこの意味での collegium は存在しなかったと言ってよい。もちろんパリでも、第一の意味、すなわち完全な法的権限を有する法人団体という意味での collegium は使用された。その場合、上述の文書にも見られるように、facultas ないし universitas を代表する教師の団体という意味である。したがって、必ずしも現職教師の団体ではなかったイタリアの collegium とは異なっている。

しかし、同じフランスでも南仏のモンペリエでは、ボローニャの影響を受けて、市民法と教会法の両法のドクトルの collegium が一四世紀には形成された。イングランドでは、パリの影響を受けたため、この collegium は導入されていない。

ボローニャにおいて、学生の団体が universitas とされたのに対して、ドクトルの学位授与団体が collegium とされた理由については、明らかとなっていない。ラシュドールのように偶然だと捉える見解や、学生団体が都市の学生の総体性を強調するために universitas を使用したのに対して、その専門分野、居住地、成員数の限定性を持つドクトルの集団は collegium が適切であったとする見解などがある。

しかし、これらの見解に加えて留意すべき点は、collegium がその機能においては地域的な限定性を持ち、universitas が普遍性をもった事実である。実際、世俗教育機関として教師たちが都市と密接な関係を持ったボローニャ大学では、都市権力下において collegium が形成されたのに対して、教皇庁と密接な関係にあったパリ大学では、collegium はあまり使用されず、universitas が多用されていた。それは、用語としての collegium の限定性と、universitas の普遍性を暗示している。一二世紀頃のこのような事実が中世的用語としての collegium と universitas の概念とどのように関わっていたのか、この問題は今後解明されるべき問題として残されている。

Ⅴ　facultas の概念

中世以来今日に至るまで、universitas や collegium と並んで、大学を構成する重要な概念となってきたのが、「学部 facultas」である。

現代の日本では、一つの universitas の中に一つないし複数の facultas が存在し、それぞれの facultas が自治的組織として独立しているというのが、一般的な概念であろう。しかし、大学の起源における facultas は、一三世紀半ばにその言葉が使用され始めたパリ大学の場合、あえて単純に図式化して言うと、神学・法学・医学・教養の「教師と学生のウニヴェルシタス（universitas magistrorum et scolarium）」が存在し、各分野ごとの facultas に分かれていた。この四つの facultas が全体としてパリの studium generale を構成したことになる。

ボローニャでは、facultas の言葉は初期には使用されなかった。facultas が使用され始めるのは、一三六二年に神学部がパリに倣って設立された頃からである。それ以前の時代は、強いて言えば facultas に該当するものを学生の universitas と捉えるか、教師の collegium と捉えるか、あるいはその両者を合わせて捉えるかのいずれかである。

それは結局、facultas という言葉が持つ概念と関係している。facultas を単なる studium の下位区分と捉えるなら、一つの universitas や collegium が facultas であったと捉えることができる。しかし、facultas をその自治権の内容との関わりで捉えるなら、universitas や collegium の権限の成立史から詳細に検討する必要に迫られる。

その検討を多少なりともおこなう前に、現代において、「学部」概念がどのような権限を持つものとして考えられているかについて、整理しておこう。

『国際高等教育百科事典』では、「ファカルティ（faculty）」の定義として、アメリカ合衆国とヨーロッパを分けて、アメリカでは「通常高等教育の一つの組織の教授メンバー」を指すとし、ヨーロッパでは、「総合科学や政治科学、健康科学などのような関連する学科目の一つのグループ」を意味するとしている。アメリカ合衆国で使用される教授メンバーとしてのファカルティの意味は、国際的に見ると特殊であり、むしろヨーロッパ的な意味で使用される場合が多い。その場合、この事典の「関連学科目の一つのグループ」という定義も曖昧であり、学科目の集合体なのか、その人的集合体なのか、研究組織なのか教育組織なのか、学生を含むのか否か、などが明確に定義されていない。

イタリアの百科事典では、大学組織としての「学部」を三つに分けて定義している。基本的に「学部（facoltà）」は「大学組織において、その内部に特定の学問分野に属するすべての教育が集められている教育上の単位（unità didattiche）」であると定義づけて、特定分野のグループという曖昧な形ではなく、「教育上の単位」であると明確化している。その上で、付随的定義として、「教育上の単位」の「場」と「教師たちの団体」という人的構成内容の意味とを付加している。

したがって、イタリアなどヨーロッパの大学における「学部」は、大学組織において特定学問分野の教育上の区分を意味すると共に、そこに属する教師の団体とその教育が行われる場を意味することになる。このような定義は、一応中世から現代に至るまでのヨーロッパの大学に妥当性を持つ定義であると言える。事実、現代のイタリアなどでも、「学部」は教育組織であり、「学科（dipartimento）」は研究組織であると区別している。

しかし、ラテン語の facultas という言葉は、元来このような意味で使用された言葉ではない。この言葉は、古典的には「能力」、「自由」、「所有」などの意味で使用された。それが、「学問」や「学科目」といった意味で使用されるようになるのは、中世大学が出現した一二世紀以降のことである。

たとえば、初期の事例ではモンペリエの「モンペリエでは彼は自然学の科目の学校を開いている（scolas regat in Montepessulano in facultate fisice discipline）」という例や、ボローニャの「文法の科目を私は教えないだろう（in gramatica facultate non regam）」という例が見られるが、いずれも facultas が「学問」ないし「学科目」を意味する言葉として使用されたと考えられている。これらの文脈では、特定の学問ないし教育的区分としての学科目を意味するようになっているとしても、その根底には特定の学問を教える能力という、それ以前の時代の「能力」という意味とその後の「分野」という意味の二重の意味をもって使用されているように考えられる。いわば、過渡的な用法である。

それが、一三世紀になると、より明確に「大学組織の行政的な下位区分」として使用されるようになって、パリ大学などでは「カリキュラムや学習段階の認定などの教育権と教師の任命の人事権を有する現職教師の会議」を明確に意味するようになったとされる。確かに、パリ大学の場合、「教師と学生のウニヴェルシタス」という表現に明示されるように、大学団が教師と学生によって成立し、大学団の管理・運営権は、教養諸学の教師によって構成された国民団の長（rector）と、法学、神学、医学の上級学部との合議によって行使された。その意味で、いわゆる四学部は正しく「studium の行政的下位区分であり、教育組織に結び付いたものであった」（ヴェルジェ）、と言える。

パリ大学の場合、公的な形で facultas が「現職教師の会議」ないしは団体を意味するものとして初めて使用されたのは、一二五五年の医科・教養諸科 collegium の規約とされている。しかし、それ以前の事例である一二三一年のグレゴリウス九世の教書でも、facultasが「学部」の意味で使用されていると考えることは可能である。その教書では「教養諸学および医学の教師たちのファクルタスに（magistri artium et phisice facultatis...）」という表現が見られ、これを「学部」と捉えられるからである。他方で、一二一五年の枢機卿ロベール・ド・クールソンの規約においては、まだこのような用例は見られないことから、一三世紀の三〇年代頃から「学部」を表す言葉としてfacultasが定着し、一二五五年には決定的な組織化に到達していたと考えられる。

これに対して、ボローニャ大学は、少なくとも史料によって確認される時代には、法学生のみによるuniversitasとして出現し、完全に教師を除外していた。そして、この学生のuniversitasとは別個に学位取得者達は独自の組織であるcollegiumを形成した。そのため、facultasという言葉も概念も初期には使用されなかった。その後おそらくcollegiumが法的組織として成立し定員を限定するようになってから、facultasの用語が使用されるようになったと考えられるが、ボローニャにおいてfacultasが恒常的に「学部」を意味するようになるのは、一三六二年にパリ型の「神学部（theologica facultas）」が創設されて以後のことである。

すなわち、初期の法科においては学位授与委員会的組織が形成され、これが後に学位授与collegiumとなった。そして、次第に現職教師のcollegiumの性格を強めていった。と同時に、教養諸科のcollegiumが成立してその学生を統制するようになってから、はじめてfacultasの用語が使用され始めたことになる。したがって、イタリアにおいてはまさに現代に繋がる「学部」という概念は、医科を含んだ教養諸科collegiumの成立の時代から使用され始め、「神学部」の創設以降に一般的となったと考えねばならない。

そのため、当然のことながら、初期の法科のcollegiumは大学団に対する管理・運営権を全く持たなかった。パリでは教師が大学団を管理・運営したが、イタリアでは、その権限は学生大学団の学頭とその国民団から選出された評議員が掌握し、教師選出権すら学生が行使していた。すなわち、初期には、collegium は大学における管理・運営権を持たず、唯一保持していたのは学業の認定としての学位授与権だけであった。

学位取得者による学位授与のための団体という collegium の本質的性格は、一四、五世紀にも基本的には変化していない。厳密に言うならば、教授しない学位取得者をも含んだという点で、現代の「学部」とは異なっていたのである。ただ、一三世紀後半以降に定員が限定されるようになり、やがて実質的には現職教師の団体に等しいものに変容したことは事実である。その変容の契機となったのが、教養諸科 collegium の成立であった。そこでは、従来の法科 collegium とは異なって、学生に対する管理・運営権を保持するようになったからである。その意味で、この組織は学位授与権以外の諸権限をある程度まで獲得し、近代以降の「学部」に近いものとなったと考えられるのである。

「学部」概念をめぐっては、権限や機能の点から簡単に付言しておきたい。前述の「学部」概念は、学問分野、人的構成員、場といった要素によって定義されたものであるが、その組織的権限や機能を含むものではないからである。唯一、パリの場合の定義には「カリキュラムや学習段階の認定などの教育権と教師の任命の人事権」が含まれているが、組織的な権限や機能としては十分とは言えまい。

そもそも、すでに考察したように、universitas にしても collegium にしても、それが団体として公認されるということは、一定の法的権限を持つ法人格が認定されるということに他ならなかった。したがって、collegium を「学部」として捉える場合、それがいかなる法的権限を持ち、どのような法的機能を果たしたのかを明確化しなければならない。

「学部」なるものが成立しうる最も基本的な条件は、それを独立した組織として運営しうる諸権利、すなわち自治権の獲得である。パリ大学の collegium は、組織運営のための役職者とその役職者による統制権を得ることによって成立した。そして、その目的は学生の教育内容の決定と教育段階の認定にあった。これに対して初期のボローニャ大学にあっては、学生大学団が講座の決定権を持ち、教師は教育段階の認定をおこなったにすぎなかった。学生の universitas が教師と契約を結んで教えさせ、その成果の認定を、すなわち学位を学位取得者の collegium が授与したのである。ところが、collegium が学位取得者ではなく現職教師を主体とした組織に変容し、講座の決定権をも有するようになれば、はじめて教師組織としての「学部」が成立したことになる。いわば、大学内部においてどのような講座を開いて教育をおこなうかを決定する権限、これを大学の内的教育権と呼ぶなら、それを当初は学生大学団が保持していたところにイタリア中世大学の特色の一つがある。これに対して、社会的に認知される教育の段階的修了認定、すなわち、これを大学の外的教育権とするなら、それは教皇権などの普遍権力や後には都市などの地方権力から大学の教師に付与されたものであった。学位授与権はこの外的教育権の最高の権限であったと言えるであろう。

こうして、すでに獲得していた学位授与権を代表とする外的教育権としての教育段階の認定権に加えて、内的教育権としての教育内容の決定権と組織の人事権を含む自治権を、イタリアの中世大学の collegium がじょじょに獲得することによって、近代に繋がる「学部」へと変容することになったのである。

Ⅵ　cathedra の概念

英語の chair などの語源であるラテン語の cathedra が、本来「椅子」を意味することは比較的知られている。

もともと、ギリシャ語のkata＋hedra「椅子の上」に由来するラテン語であるが、古代ローマでは具体的な座る道具としての「椅子」という意味以外に、すでに「教師の椅子」が「教職」を表すものとして使用されていたようである。おそらく、単なるモノとしての「椅子」と、教える場を意味する「教壇」ないし「講座」との間、そしてこの「講座」と「教師としての職務ないし職業」との間では、cathedraの示す意味の抽象化がかなり進んでいた。ただ、最後の「教職」の意味は、その後廃れたようである。

しかし、キリスト教の普及と共に、この言葉は司教がすわるべき権威ある「椅子」、と同時に場所である「座」を意味するようになり、そこからcathedraleが「司教座教会」を意味するようになった。もちろん、この言葉は最高位の司教でもある教皇座に対しても使用された。

こうして次第に、cathedraは位置、地位、権威ある場所という抽象化された一般的意味で、博識者や「教師」に対しても使用されるようになった。その例は、著名なイシドールスの『語源誌』における「ドクトルのカテドラ（cathedrae doctorum）」、ラバヌス・マウルスの『宇宙論』における「ドクトルのカテドラすなわち座（cathedrae enim sedes doctorum）」などに見られる。ただ、注意すべきことは、ドクトルやマギステルの名称は教会の教父たちにも与えられたものであって、その場合、彼らのcathedraは教育活動を含む布教活動を抽象的に意味していたことになるだろう。

とはいえ、大学が出現する一二世紀頃には、司教座教会が当該司教区の教育権を掌握していったから、司教座のカンケラリウスが、任命した聖職者の教師や、認可した世俗の教師たちの「座」や地位を示すときに、cathedraが使用されるようになっていた。

こうして大学が出現するときにも、cathedraはきわめて自然な形で、教師が権威をもって座るべき「講座」、さらには威厳ある教師としての「地位」を示すものとして使用されたのである。その意味では、cathedra という概念は、大学の誕生とともに始まったものではない。それ以前から使用されていた概念がそのまま大学に転用されたものである。

しかし、大学において cathedra が使用された時に、いくつかの特徴を持って使用されたことも確かである。その第一は、単なる教師としての「地位」を示すだけでなく、ドクトルないしマギステルの学位と関わって、学位を取得したものが占める「地位」という意味が多少なりとも付加された。それは、パリの学位授与式などでマギステル学位の志願者が cathedra に座る儀式に象徴的に表れている。そのため、大学関係史料には、「マギステルのカテドラ」や「ドクトルのカテドラ」という表現が多く見られる。

実際、ラテン語には cathedra から派生した言葉として、cathedrarius という、学位を持って講座を担当している教授といった意味の言葉があったし、イタリア語やスペイン語では、cattedratico という言葉が威厳のある、時には尊大さを持った大学教授という意味で現代に至るまで使用されてきた。

第二に、初期のボローニャの大学団規約では、『学説彙纂』の cathedra とか、『教令集』の cathedra というように、講義すべき書物名で「講座」を表記していた。ここでは、教授のポストである「講座」が、担当すべき授業内容と不可分の関係を持って示されている。すなわち、cathedra は教授のポストを示すだけでなく、授業内容を示すものでもあった。それも、極めて中世的な特徴であるが、初期には市民法や教会法の書物によって授業内容が示されていたのである。

ちなみに、大学団規約では cathedra が使用されることが多かったが、史料によっては殆ど同義的に『学説彙纂』の lectura という表現も見られた。これは、cathedra が特定の講義内容の教授のポストを示したのに対して、

lectura が「講義」という授業の形式を示したものに他ならない。

このことは、cathedra が具体的な教師が座る「椅子」から、権威を持って教師が講義をおこなう場というやや抽象化された意味へ、そして教師の権威ある「地位」へ、さらには教師がその「椅子」でおこなう授業の種類を示すまで抽象化されたことを示している。

当然一つの「講座」は一人の教授によって占められ、複数の教授によって占められることはなかった。もちろん、時代とともに同一の講義に複数の「講座」が開かれるようになったが、これらは「対立講座」と称された。ただ、一講座一教授が原則であったが、著名な教授の場合には複数の講座を担当している例が見られ、一教授一講座ではなかった。

また、初期には特定の「講座」だけに、都市による給与が与えられ、その額は「講座」の重要性と担当教授の名声などによって多様であった。これら給与付き「講座」以外の「講座」を担当する教師は、学生の支払う授業料（collecta）のみに依存したのである。

Ⅶ　大学概念の起源と変容を問うということ――その脱構築の可能性

今日に至るまで「大学」を構成してきた基本的な組織概念、universitas, collegium, facultas, cathedra について、ここまでその本源的概念を整理してきた。この本源的概念が、その後フランス、ドイツ、イギリス、さらにはアメリカにおいて独自に変容しつつ発展し、日本にも流入してきたのである。

中世から近代初期まで、大学は普遍性を持ったコルポラチオとしての universitas の性格を何とか維持しようとしたが、次第に学生や教師は地域や国家の出身者に限られていき、組織そのものが国家的制度に位置づけられるとともに、授与する学位も汎ヨーロッパ的普遍性を持たなくなった。こうして、大学は普遍性を喪失して、studium generale ではなくなり、国家的アンシュタルトとしての universitas となっていった。

その universitas に転機が訪れたのは一八世紀後半以降であろう。「大学」が多様化していったのである。いや、厳密には「高等教育機関」が多様化し、その中で「大学」もまた変容せざるを得なくなった。一九世紀前半のフランス、ドイツ、イギリスの一連の改革は、全く新しい universitas を創造するか、昔の衣を仕立て直してモダンなものにするか、新たな方向を模索した影響で伝統を変えるか、その変容が頂点に達した現象ではないだろうか。

多様化した「高等教育」概念と変容した「大学」概念の錯綜から、多くの誤解や錯誤が生まれてきた。たとえば、いずれも universitas とは異なったナポレオン体制以後のグランド・ゼコールとユニベルシテの二重構造を、教育を主体とする「学校」と研究を主体とする「大学」の対比で捉える考え方があるが、教育を主体とした「大学」の発展の歴史を無視するだけでなく、ナポレオン的ユニベルシテと universitas の違いをも考慮しない、現代的概念から見た時代錯誤的な見解である。変容する以前の universitas は、教育のための自治団体であって、研究のためのものではなかった。したがって、universitas すなわち studium generale が単なる studium（学校）と異なっていたのも、そこで教授された学問と学問の認定である学位の普遍性によるものであって、決して研究によるものであったのではない。

また、近年再考されている「フンボルト理念」なるもの——これも何を指すかは人によって異なっているようだが——の中に、universitas の本源的観念を見て、「学校」でおこなわれる教育とは異なった研究をおこなうための教師と学生の自治的団体性を探るのも、現代から見た「理念」の過度の理想化ではないのだろうか。フンボルトは、中世以来の大学の理念に加えて、「研究」を新たな大学の機能として意図的に位置づけようとしたのである。にもかかわらず、研究の自由にコルポラチオの本来的自由を結びつけて中世以来の大学の伝統が語られるという、大きな時代錯誤がしばしばなされる。近代になって意識された「研究の自由」という幻想は、その幻想をもたらす現実を考えるには有益であるかもしれないが、「研究の自由」を中世大学にまで遡ることを可能にするものではない。

同様に、カントが実学的な上級学部の神学部・法学部・医学部に対する下級学部の哲学部の争いを、著名な逆転概念である理性の「公的」使用から位置づけたのも、歴史的に見ればアンシュタルト化した上級三学部に対して、大学本来のコルポラチオ的自由、すなわち批判的理性の「公的」使用の自由を哲学部において取り戻すための幻想ではなかったか。だからこそシェリングが、カントを批判して、そのような哲学部は存在しえないと否定したのも、本来的と見なされるコルポラチオ的自由はアンシュタルト化した大学に存在しえないという歴史的発展の現実を踏まえた言説に他ならなかったのである。

こうした問題は、自然に生成したコルポラチオとしての大学の伝統の基に、次第に普遍権力や国家によって作られる大学の概念が生まれ、「生成する大学」と「作られた大学」の二つの概念が相克していく大学の歴史から生まれた現象である。

デリダが人文学の再生による「条件なき大学」を主張する背景には、そうした大学の歴史への痛烈な自覚がある。現実には存在しない「条件なき大学」は、「人文学」による脱構築によって可能とされる(「かのようである」)。それは一方でカントに立脚して「すべてを公的に言う権利」として要請されるとともに、他方で中世以来の職業（profession）としての大学教師（professeur）の「公言すること（professer）」と結びつき、単なる仕事と異なった自由な「労働＝公言」に可能性が求められる。そのため、あくまで「かのような」ものとして「公言された責任へのアンガージュマン」が語られる。デリダは明確に「近代の大学」を問題としながらも、中世以来の手技（artes mecchanicae）と自由学芸（artes liberales）の区分に立脚する大学の本質への認識、おそらくそれは哲学部を他の学部から区分したカントにも窺われるものと同様の、認識に立脚している。だからこそ、結論として彼は第一に「人文学」は「人間本性」を対象とするとし、さらに「職業＝公言」、「教職（professorat）」の歴史を取り扱うとするのである。

こうした姿勢を思想とは位置づけず、「信仰告白」であるとする彼自身が、その活動においても伝統的な「近代の大学」に距離を置いて、国際哲学コレージュの創設に関わり、大学やグランゼコールの外部から大学を批評したのは当然であろう。おそらく「生成する大学」を前提としない限り「条件なき大学」を語ることはできないであろうし、みずから「作られた大学」と距離を置いて新しい高等教育の形態を模索したのも彼自身の言説と行動の不可分の関係性を示している。

この言説を「知」の側からの変動、ないし変動への始まりであるとするなら、大学外部からの制度的な変動もまた現在急進的である。

ＥＵに統合されつつある「大学」を生んだヨーロッパは、一方でボローニャ・プロセスに見られるように、地方化した「大学」を共通の学位制度や単位互換制度などによって「統一的高等教育圏」に一体化しつつ、他方で、エラスムス計画によって人的な国際的流動性を引き起こして、あたかも中世に実現されていたような「大学」の普遍性を再構築しようとしている。時に「帝国」に比されるＥＵが、かつてのローマ帝国、あるいは「大学」が誕生した時代の神聖ローマ帝国のある意味での再来を期するものであるとするならば、草創期へと「大学」の理想を求め直すのも当然である。それは、本来の姿を失って各国の特徴を持つに至ったuniversitasが、再び普遍的なstudium generaleへと回帰する試みであるかのように見える。しかし、その普遍性は単なる回帰ではない。これまでにない全く新しい普遍性への可能性を秘めているのである。その意味で、今、ヨーロッパの大学概念は大きく転換しつつある。

「作られた大学」の歴史しか持たず、「生成する大学」の歴史を持たないわが日本でも、「知」と、「作られた現前」としての制度とからの脱構築の可能性を含めて、必要から生じる「生成する大学」の意義を捉えなおし、「生成する大学」の観点から「作られた大学」の再構築の可能性を模索する必要があるだろう。

その意味でも、本書で試みるような大学概念の歴史的再検討は、喫緊の課題と言えるのではないだろうか。

（児　玉　善　仁）

参考文献・史料

日本関係

寺﨑昌男『東京大学の歴史』講談社学術文庫、二〇〇七年（『プロムナード東京大学史』東京大学出版会）
同　『日本における大学自治制度の成立』増補版、評論社、二〇〇〇年
中山茂『帝国大学の誕生』中公新書、一九七八年
梅根悟『私の大学論』誠文堂新光社、一九六六年
谷本宗生「一八九〇年代の帝国大学改編構想」教育学雑誌、第三〇号、一九九六年
古屋野素材「帝国大学大学院の誕生をめぐって」『大学史研究』一号、一九七九年

東京大学百年史編集委員会編『東京大学百年史　通史二』東京大学出版会、一九八六年
海後宗臣編『臨時教育会議の研究』東京大学出版会、一九六〇年
臨時教育会議「諮問第三号　大学教育及専門教育ニ関スル件」、国立教育研究所編『資料臨時教育会議』第四集、一九七九年
「大学校及学位称号」、『文部省雑誌　合本』明治前期文部省刊行誌集成、第一〇巻、一九八一年

西洋関係

本論に記載のイタリアとフランスに関する文献・史料は、拙著『イタリアの中世大学――その成立と変容――』名古屋大学出版会、二〇〇七年に含まれている。フランスとイギリスなどに関しては、Weijers O., *Terminologie des universités au XIIIe siècle*, Edizioni dell'Ateneo, 1987 に、史料のみならず、用語法の問題など多くを依っている。本文中で直接引用した史料は、*Chartularium Universitatis Parisiensis*, I, ed. Denifle H. et Chatelain A., Paris, 1899 と *Les Statuts et privilèges des universités françaises depuis leur fondation jusqu'en 1789*, ed. Fournier M. Paris, 1890–2 のものである。以下、本文中に著者名や書名を明記した文献についてのみ、挙げておく（初出順）。その他に関しては、拙著と Weijers を参照されたい。

Rezasco G., *Dizionario del linguaggio italiano storico ed amministrativo*, Forni, 1881
Rashdall H., *The Universities of Europe in the Middle ages*. vol. I. II, Ed. Powicke & Emden, Oxford, 1895（邦訳、横尾壮英訳『大学の起源』（上・下）、東洋館出版、一九六七年）
Kaufman G., *Geschichite der deutschen Universitäten des Mittelalters bis 1400*, Stuttgart, 1888（rep. Graz, 1958）
Savigny F.K. von, *Geschichte des Römischen Rechts im Mittelalter*, V.III, Hermann Gentner, 1956.（*Storia del diritto romano nel Medio evo*. trad. E. Bollati, Torino, 1863. vol. 1）
Denifle H., *Die Entstehung der Universitäten des Mittelalters bis 1400.*, Graz. (Nachdruck 1956), 1885
Ermini G., Il concetto di < Studium generale >, in *Archivio Giuridico*, s.v. VII, 1942
The International Encyclopedia of Higher Education, Jossey–Bass. 1978
Dizionario Enciclopedico Italiano, Istituto della Enciclopedia italiana. 1955–61
Labbé–Mansi, *Sacrorum conciliorum nova et amplissima collectio*, Firenze, 1759–98
J. Verger, Les universités au Moyen Age, Quadrige, 1973（ジャック・ヴェルジェ『中世の大学』大高順雄訳、みすず書房、一九七九年）
I・カント『諸学部の争い』角・竹山訳「カント全集18」岩波書店、二〇〇二年
J. Derrida, *L'Université sans condition*. Galilée 2001（デリダ『条件なき大学』西山雄二訳、月曜社、二〇〇八年）

第二章　フランスの大学

I　序　論

どの時代にも、フランスの高等教育が安泰であった例はない。パリ大学がイタリアのボローニャ大学と並んで最古の学寮であったことは、周知のとおりである。しかし、その中世の輝かしい伝統は、一五世紀に入り科学革新を迎えるや光彩を失っていき、大学の近代化は遅れてしまった。一八世紀、ディドロがロシアの女帝エカテリーナ二世のために書いた『ロシア大学案』は、祖国フランスの大学に警鐘を鳴らしたものでもあった。歴史家ガブリエル・モーが「フランスには高等教育は存在していない。」と言い切ったのは、一八七四年のことである。その後、今日いうところの総合大学 Université がフランスに見られるのは、一八九六年の「高等教育構成法」の成立を待たなければならなかった(1)。ドイツにベルリン大学が創立された一八一〇年から見ると、四分の三世紀も経った後のことである。

フランスでもっとも馴染み深い一般教養文庫のひとつ「クセジュ」Que sais-je? で、モーリス・バイエンの名著『大学の歴史』が絶版になって久しい。一九九四年、クリストフ・シャルル（執筆時、パリ第一大学教授）とジャック・ヴェルジェ（執筆時、高等師範学校助教授）が、同書を新たに書き改めた際、序文で、フランス語で書かれた大学史が案外少ないことを残念そうに吐露している。見るべきものは、バイエンの前掲書とそれに先行するステファン・ディルセーの『大学史』があるのみで、しかも、歴史研究が飛躍的に進捗し、大学史の分野でも再検討が求められている今日、もはや両氏の労作だけで事足りる状況でなくなったという。それが、同じ題名で新規執筆しようと思い立った強い理由のようである。(2)

ところで、この序文で述べられているように、大学とは、「高い水準で諸科目の教育を保証するため、教師と学生が連帯した多少なりとも自律的な共同体である」とすれば、確かに、大学というモデルはヨーロッパ文明の固有な産物だといえる。一三世紀初頭にイタリア、フランス、イギリスで誕生した大学は、やがてヨーロッパ全土に定着し、一六世紀にはヨーロッパ以外の国々に、一九世紀には世界中に広まっていった。この大学モデルは、今日まで、時代と地域によって外容（つまり名称）と内容（実態）を変えながら、高等教育機関としての体裁を保ってきた。発生も目的も大学とは差異化されるべき教育機関が、大学の関連的な組織の下で、大学モデルを補完したり競合したりした事例も多く散見される。この点で、大学が置かれた社会や国家の歴史的な背景から切り離して論じることはできない。大学モデルは時代的な要請によって深刻な変容を経験してきたのである。

温故知新という。中世の時代をルネサンス運動によって抜け出し、アンシャン・レジームの時代をフランス革命で切り抜けてきたフランスの大学の近代化の歩みを検証することにする。

Ⅱ　ルネサンスと宗教改革

一四世紀から一六世紀にかけて、ヨーロッパ近代化の呼び水となったルネサンス運動は、一四五三年、東ローマ帝国の滅亡を機にその歩みを加速させた。中世の封建社会に大きな風穴が空き、それまで異端視してきた古代ギリシア・ローマの古典文化の薫風が吹き込んできた。キリスト教の権威的な規範から解放された人間中心主義、いわゆる人文主義 humanisme の気運である。地中海の地理的および交易的な優位から、ルネサンスはまずイタリアの地に開花し、ついでアルプスを越えて伝播していった。

フランスのルネサンスは、一五世紀末にシャルル八世、ルイ一二世のイタリア遠征に始まるが、なんといってもフランス・ルネサンスの父と呼ばれるフランソワ一世（在位一五一五—四七）の存在を等閑視することができない。当時、ハプスブルク家のカルロス一世（後に神聖ローマ皇帝カール五世）と覇権を争っていたフランソワ一世は、一五一五年と一五二五年、フランス軍を率いてイタリアへ進攻した。戦争の勝敗はともかく、これがフランス人の決定的なルネサンス体験となった。遠征隊はイタリアの各都市で、建築、美術、工芸などの絢爛たる異文化を目の当りにして、強烈な印象と共に家族や恋人に土産物を携えて帰国した。国民レベルでのルネサンス文化の移入である。フランソワ一世もまた、膨大な絵画や古代彫刻のコレクションを所有して、イタリアの芸術を賛美し、古代の学芸を敬慕し、宮廷はフランスのルネサンスの発信地となった。また、多くの芸術家をフランスへ招き入れ、その代表がレオナルド・ダ・ヴィンチで、ロワール河畔のアンボワーズに館を与えた。そこでダ・ヴィンチは晩年を過ごし、名画「モナリザ」をフランスの国庫に遺して亡くなった。それより何よりも、フィレンツェのメディチ家から、アンリ王子（後のアンリ二世）の妃にカトリーヌを迎えている一事に、フランソワ一世の先見性が窺われよう。

ところで、ルネサンス運動の歴史的な意義は、単なるギリシア・ローマの古典文化の復興ではなく、古代の再生を契機にして現代を見直そうとする新しい精神運動にあった。この人文主義の気運は、アルプスを越えた各地でそれぞれの民族的な要素と結びついて発展し、ドイツにおいては文芸活動よりも聖書研究に向かった。その結果、世俗化したカトリック教会に対する疑念と異議が、原始キリスト教に立ち戻ろうとする改革運動となった。たちまち東欧、北欧諸国に広がり、ルネサンス運動はフランスで辿った道とは別の方角へ向かっていた。

この時代、フランスやイギリスは王権の伸張とともに統一国家を次第に形成し、一方、民衆の側にも国民意識が生まれていく。その反面、ローマ教皇のかつての超国家的な支配力は弱まっていく。この点、ドイツは領邦君主が対立を続けて国家としての統一を欠いていた。そのぶん教皇の権威的な影響力はなお強く存続し、いわばミルクの搾り取れる「ローマの牝牛」のままであった。これに対する不信と不満が、かねてより東欧の都市を中心に潜在していたのであった。

宗教改革は、一五一七年、ルターの「九五条の論題」の公示に始まる。これによって、千年にわたりヨーロッパの精神を涵養してきたカトリシスムは、根幹を揺すぶられることになる。その端緒は、上述の現実問題として、ローマ教皇がサン・ピエトロ聖堂の新築のために乱発した贖宥状（免罪符）に対する批判であった。贖宥の効果が贖宥状の購入によって得られるとすることへの疑念であった。つまり、神の恩寵が信徒の善行によって得られ、また聖職者の施す秘蹟によって信徒に分与されるとするカトリック教会の教義に疑問が投じられたわけである。ルターの宗教改革の基本的理念は、この二点にある。一つは聖書主義で、聖書を伝承によって解釈するカトリック教会の伝統に対して、聖書を神の言葉、信仰の源泉と見做して唯一無二の拠り所としようとする理念である。もう一つは万人司祭主義で、信仰において聖俗界に関係なく、万人は平等であるとする理念である。

一五一八年のアウグスブルグの審問、一五一九年のライプツィヒの論争を経て、ルターは自らの信仰の立場を明確に意識した行動を取るようになる。一五二〇年、いわゆる三大宗教改革論『キリスト教会の改善についてドイツのキリスト教貴族に与える書』『教会のバビロン捕囚』『キリスト者の自由』を公表すると、当時発明されたばかりの印刷技術によってドイツ国内、周辺諸国へたちまち流布していった。ローマ・カトリックはルターを異端と断じて破門し、ルターの方も教皇を反キリスト者と断じて絶縁宣言した。一五二七年には、ルターの異端はドイツの半分の地域で正統信仰となっていた(3)。

マルティン・ルター（一四八三―一五四六）は、当時ドイツでもっとも人文主義的な校風のエルフルト大学で学び、アウグスティヌス派の修道院で修行を終えた後、司祭に叙品された。一五〇八年、中世大学としては新しいヴィッテンベルク大学（ザクセン選帝侯領、一五〇二年創立）へ迎えられ、教養学部でアリストテレスの道徳哲学を講義した。一五一二年、神学博士の学位を得た後、神学部教授に就任して聖書講義を担当し、終生この職にあった。彼が「九五条の論題」を公示したのは、この五年後のことであった。一五一八年、教皇がルターに召喚状を発してローマに出頭するよう命じた時、ヴィッテンベルク大学教授団は秀抜な同僚ルターを支持する旨の決議文を選帝侯に送っている。

前述の『キリスト教会の改善についてドイツのキリスト教貴族に与える(4)』は、二七項から成り、教皇の占有的な権限から自主的な世俗権力を取り戻すように、ドイツ貴族に呼びかけた論争的な文書である。第二五項は「大学もやはり適切で大幅な改革を必要としている」の書き出しで始まる。矛先はまず教養学部に向かい、聖書主義に基づく改革案が展開される。アリストテレスを「もっぱら盲目的な教師」と決め付けて、スコラ哲学の否定からその著作が攻撃される。認められるのは学生の弁論や説教の訓練に役立つ『論理学』『修辞学』『詩学』のみで、他の『物理学』『形而上学』『霊魂論』『倫理学』などはすべて廃止すべきだと説く。医学部の改革は医者に任せるとして、次の矛先は法学部に向かって、「教会法、とりわけ教皇令集は冒頭の文字から最後のものまで徹底的に抹殺してしまうのがよい」と言う。教会法は教皇の「胸の小箱」に閉じ込められた、つまり教皇の勝手気儘な法規であり、そんな教会法の研究は「まったくの貪欲と驕慢のにおい」がするだけで、聖書の理解を妨げると論断する。最後に神学部について、教会が金科玉条とする『神学命題論集』は学生の入門書として用いられるべきで、神学者の研究対象とするのは「神の言たる聖書」でなければならないと説く。ところが、現状はあべこべで、しかも神学に関する解説書が流布しすぎている。学生の学究的な興味をもっと聖書に向け、聖書に関する知識を深めるべきであるとして、そのための教科目の改革が必要であると結論する。

大学改革を激しく呼びかけたものであった。各地のドイツのプロテスタントに同調する領邦では、大学が共鳴した。一方、カトリックを奉じる領邦では敵対した。いずれにせよ、宗教改革が大学改革に一石を投じた事実は重く、宗教改革は大学にも決定的な影響を及ぼした。中世大学の大きな特徴である汎ヨーロッパ主義を横断的に担保してきたのがローマ・カトリック教会であったが、宗教改革はこの精神風土的な統合を破壊したのである。これについて、島田雄次郎が「この破壊運動が実に大学から起ったものであることは、充分に注意されてよいことであろう。マルチン・ルーテルはドイツのヴィッテンベルク大学の教授であったが、その先駆者ウィクリフはオックスフォードの、フスはまたプラーグの教授であった。中世の世界観に学的大系をあたえたのも大学であり、それを破壊したのもまた大学であったのである。[5]」という時、この「大学」からパリ大学を除かなければならないだろう。

特にドイツにおいては、いわゆる宗派主義の時代で、大学の宗派的な対立が諸侯の政治的な対立でもあった。カトリシスムとプロテスタンティスム、さらにルター派とカルヴァン派に対立して、大学はそれぞれの宗派の牙城となった。大学の宗派化は国家権力との密接な結合によるものだった。宗教革命はそれを決定的にした。大学は国家の機関となり、教授はその官僚となって、大学の団体的独立は失われ、形骸化された組織が残ったにすぎない。そして、大学の教育目的も国家官僚の養成を第一とするに至ったのである。

フランスではどうだったか。パリ大学を中心とするフランスの大学は、国家と共にカトリシスムに踏み止まった。歴史的経緯に沿った頑迷さで身を守ったといってよい。だが、それは自らなる宗派主義の堅持であったが、学問的には時代錯誤の謗りを免れなかった。

ところで、イタリアに倣ったフランス国王の熱心なルネサンスの普及については、すでに述べた。先頭に立って、古代の学問を振興し、人文主義者たちの知的活動を支援した。フランスの人文主義の代表的な学者として、ギヨーム・ビュデ Guillaume Bude（一四六八―一五四〇）とルフェーヴル・デタープル Lefèvre d'Etaples（一四五〇―一五三七）の二人の名前を挙げることができる。

ビュデは古代社会の研究やギリシア語の復興に貢献し、フランスのエラスムスと呼ばれた評判の高い碩学である。フランソワ一世の厚い信任を得て、王室図書館長を務め、王立印刷所を設立し（一五二六年）、人文主義の学芸書やラテン・ギリシア語の翻訳を多数刊行させた。一五三〇年、王立教授団 Lecteurs royaux の創設を具申し、パリ大学のあるラテン区のど真ん中に、国王直属の人文主義の教育機関として開校した。ラテン語、ギリシア語、ヘブライ語の三つの語学が講義され、やがてギリシア・ローマの哲学、東洋学、数学、医学が増設された。後年、コレージュ・ド・フランスと改名され、今日なお大学組織とは別個の公開講座が開かれている。

ルフェーヴル・デタープルはヘブライ語を学び、聖書を原点に遡って研究し、「新約聖書」を仏訳した。一五一二年に著した「パウロ書簡註解」は、ルターが「九五条の論題」を公示する五年前で、ここには宗教改革の基本原理である万人司祭主義と聖書主義がすでに読み取れる。彼の隠棲したパリ郊外のモーに、多くの福音主義の支持者が慕い集まった。

一方、パリ大学、特にソルボンヌ（神学部）は、ルネサンス運動に背を向けた。政治的には国王の権力の傘下にあったが、人文主義に対してかたくなに身構え、排撃した。ルターが宗教改革運動を起こしてからは、それに連動した大学改革の問題を含めて激しい反感を示し、前述のルターの破門宣告（一五二一年）に両手を挙げて教皇に賛同した。さらに、ルフェーヴル・デタープルを異端視して、彼の著作を告発した。

王立教授団の創設の際にも、ソルボンヌは同じ強硬な態度で高等法院に告発した。聖書が神学者ではない者によって論議されるのは不当だという理由であった。そもそも王立教授団は大学と対抗する組織体ではなく、あくまでも人文主義の殿堂であった。パリの学寮の中には人文主義を受容しているところもあり、教養学部と共有できる科目もあり、必ずしもパリ大学全体が異を唱えていたわけではなかった。高等法院はソルボンヌの告訴を却下した。実際、王立教授団の講座はどれも聴衆が演壇の周囲まで溢れた。当初は古代の三言語の講義であったが、古典哲学、東洋学、医学と講座を増やしていった。成功の要因は、講座を固定せず、聴講者の関心の動向を見定め、講座の新設の場合は科目より講師のキャラクターを優先したことにあった。今聴いてみたい詩人や学者、いわば旬の講師が演壇に立ったのである。二一世紀の今日まで存続している理由がそこにある。反対に、パリ大学の象牙の塔は風化して、人心が離れていくばかりであった。

ハプスブルク家と覇権を争うフランソワ一世は、ドイツのルター派諸侯と同盟を結び、そのため当初、宗教改革に迎合的な外交政策を取っていた。その結果、国王はルネサンス運動の学問的な面でパリ大学と対立する一方、宗教改革運動の面でカトリック教会やパリ高等法院と対立した。大学に視点を移して言えば、パリ大学はフランソワ一世の国策的な人文主義の教育と反目し、ましてソルボンヌは対外的にプロテスタントを容認する国王に承服できなかった。こうした情勢の下で、守旧派と改革派の対立は激しさを増していった。ルター派から独自の教義を打ち立てたカルヴァンの新教は、フランスで多くの共鳴者を惹きつけ、その勢いは王の寝所にまで及ぶところとなった。この檄文事件（一五三四年）を切っ掛けに、フランソワ一世は改革派の弾圧に踏み切り、ソルボンヌとパリ高等法院の守旧派も一斉に反撃に転じた。カルヴァンはバーゼルへ逃れ、『キリスト教綱要』（一五三六年）を刊行して、聖書の福音に基づく新しい教会のあり方を説き、救魂予定説を唱えた。これらユグノーと呼ばれるカルヴァン派が、一五四〇年代よりフランス改革派の中核を形成し、一方、パリ高等法院には火刑裁判所が設けられ、異端の排斥はいっそう過酷なものとなっていった。やがて双方の宗教的な対立は政治的な権力闘争となって、フランス全土で激烈な抗争を展開し、ついには聖バルテルミーの虐殺（一五七二年）にまで至る一本道は、歴史が明かすとおりである。

ところで、ソルボンヌはカルヴァンの『キリスト教綱要』の仏訳出版に抗議し、それは一五四三年の勅令で裁可された。パリ高等法院も印刷出版の検閲に関する布告を出し、ラテン語版『キリスト教綱要』の廃棄を命じた。一五四四年、ソルボンヌは最初の焚書目録を公示した。大学は、共通の敵である新教主義に対して、王権とパリ高等法院と固く手を結んだのである。

Ⅲ　イエズス会とガリカニスム

(1)　イエズス会

イエズス会 Société de Jésus は、スペインの貴族イグナチウス・ド・ロヨラ（一四九一―一五五六）が反宗教改革運動を目的に創立した旧教徒の修道会である。一五四〇年、教皇ポール三世によって公認され、フランスに於いては、一六〇三年、アンリ四世がコレージュの設立を許可した。ルイ一四世（一六三八―一七一五）の保護の下で、パリ大学にも進出するが、王の死により勢力を失い、フランスから追放されることになる。

一七六二年、パリ高等法院は、イエズス会のフランスにおける一切の活動に禁止の判決を下し、地方の一二の高等法院もこぞって同調した。これによって、イエズス会へ入会することもその学寮へ入学することも禁じられ、またイエズス会修道士の教授資格は剥奪された。さらに一七六四年、ルイ一五世の勅令によりイエズス会のフランス全土からの追放が宣告された。この一連の騒動は、底流にガリカリスムの問題が絡んでおり、フランス国王・高等法院とイエズス会との対立関係が一応の決着を見たものであるが、大革命後の公教育制度を展望する時、国家的な教育改革の前哨戦であったといえる。

松島鈞は『フランス革命期における公教育制度の成立過程』の序論で、次のように記している。

「イエズス会の追放は教育をめぐる論議を活発に展開せしめる契機を提供することとなった。というのは、同会は、創立以来終始教育に強い関心と深い理解を示し、教育事業に大きな努力を傾注してきた結果、次第に教育界に進出するに至り、事件当時においては、フランス最大の教育団体としての地位を確立していたがためである。つまり、同会の追放が教育界に大きな空白と混乱とを惹起せしめ、教育の再建を緊急の問題として日程に上らしめることになったからである。(6)」

一七六〇年当時、フランスには一五〇余のイエズス会の修道院があり、生徒数は約一〇万人、卒業生はすでに二〇〇万人を超えていた。この実績を見て、また当時の教育組織はコレージュによる中等教育が中核となっていたことを考えると、イエズス会の教育界に占めてきた存在は甚だ大きい。イエズス会を国外追放した後の教育現場の空白と混乱は想像に難くない。一刻も早い再建が急務となったはずである。

「しかしこの場合、再建論議の焦点となった問題は、教育の体質改善であった。教育の世俗化であった。ここにイエズス会の追放が、空前の教育論争を惹起するに至った所以が存するのである。すなわち、中世以来フランスを支配してきた教会専管の教育体制の打破と、これに代わる世俗的教育体制の確立とを求める声が、旧教育体制の中核的存在であったイエズス会の追放を機として澎湃として起こったのである。こうした意味において、イエズス会事件はすぐれて教育的な事件であったということができる。[7]」

イエズス会の追放がフランス革命の二五年前に起こったという事実は、大きな意味を持つ。つまり、時代は教育の世俗化に向かう流れにあった。実際、大革命後、教育の三原則のひとつに「非宗教」が謳われることになる。ところで、この脱イエズス会の時代的な流れは、ドイツのカトリック諸侯国で大学改革に注がれていくが、フランスに於いてはまったく変わることはなかった。パリ大学は、イエズス会を排除すると同時に、時代の潮流からも背を向けた。人文主義と宗教改革を拒絶し、デカルト哲学を拒否し、アカデミーの出現を無視した。各学部の旧態依然たる現状は、箇条書きすると次のとおりである。

○教養学部　ドイツのように哲学部として発展的に充実されて、大学の中核的な地位に転じる気運はまったく見られなかった。精神諸科学は、すべて神学部に委ねられた。講義にフランス語が使用されたが、他の上位学部（神学、法学、医学）では、依然としてラテン語万能。

○神学部　神学部（ソルボンヌ）が大学の支配的な学部とする体制を堅持し、新しいものに対して敵愾心を燃やした。

○法学部　教会法一点張り。パリ大学の法学部にローマ法とフランス法が取り入れられたのは、ルイ一四世下の一六七九年のこと。中世以来の伝統が一七世紀を生き続けていた。まして一八世紀には、自然法学の採用、国際法の導入、法律学各分野の専門講座の設置など、他の国々の大学法学部は目覚しい躍進を遂げていた。パリ大学では古来の講座制が温存され、しかもそこに教授が一人もいないことがしばしばだった。却ってブールジュ、ヴァランス、アヴィニョンなど地方の大学の方が先取の気風に富んでいた。

◯医学部　近代自然科学を受け入れず、パリ大学医学部の伝統的特権を固持する。医療や厚生に関する行政・監督の権利を主張し、新しい医療法を統制した。

このように、パリ大学は、時代錯誤した中世的特権団体であった。しかも、このパリ大学のあり方がフランス全土の大学に影響を及ぼし、変改と発展を阻んだ。フランス諸大学の頽廃は必然といえよう。一七世紀以来蔓延していた学位の闇取引はもう公然の秘密であった。二二のフランスの大学は、このような旧套墨守の状態で大革命を迎えることになる。

ただ、特筆しておくべきことは、ストラスブール大学（唯一のドイツ的大学）の例外的な存在である。ストラスブールは一六八一年、フランスに占領され、その際、都市当局はルイ一四世から「ストラスブール大学とすべてのドクトル、教授、また学生もその身分と条件を問わず、現状のままにおかれること」の約束を取り付けた。教養学部はドイツ風に「哲学部」と呼ばれ、精神科学、自然科学のすべてが講義された。ドイツ諸大学との緊密な交流が維持され、学問的活動も他のフランスの大学に見られない活発さを呈して、特異な地位を誇りえた。

(2) ガリカニスム

フランスのルネサンスは激しい新旧宗教戦争のさなかにあって、大学はプロテスタンティスムを排撃し、中世的な教条主義を墨守したことはすでに述べたとおりである。が、これが必ずしも、ローマ教皇に恭順であったためというわけではない。フランスはしばしば「ローマ教会の長女」と呼ばれる。十字軍の遠征、カタリ派の撲滅など、軍事的、政治的にローマ教会を支えてきた。しかし一方、フランス国王がローマ教皇と激しく対決した事例は、一四世紀のバビロニヤの捕囚だけに限らない。

ラテン語から派生した同じロマンス系言語のヨーロッパ諸国の中で、フランスはキリスト教との係わりに於いて、独自の国家形成を遂げた歴史的な事実がある。一二、一三世紀、カペー朝は、聖俗両界に王権の確立を目指し、例えば空位司教座の権益を奪取して、直轄領を拡張していった。一五世紀の教会大分裂時代、パリ大学は教皇の権威的な専断に対して公会議（世界司教会議）の優位を提唱した。一四三八年、シャルル七世は「ブールジュ国事詔書」を発布して、公会議至上主義を国是とすることを承認した。公会議をカトリック教会の最高意思と認めて、その決議には教皇も従うべきとする見解である。教皇と公会議のいずれが首位とするか、この論争は中世教会よりの長らくの懸案であった。殊に、フランス教会には、教皇庁に対して連帯意識や共感を持つと同時に、強い独立志向があった。それに王権としても、教皇権の及ばない自由裁量の権限が望ましかった。ガリカニスムgallicanisme はフランスのラテン語古称ガリア Gallia に由来した造語で、「ガリア主義」「ガリカン教会主義」「国家教会主義」などと訳されている。フランスのカトリック教会がローマから離教的な自立を希求する心情と意志である。

一六世紀以降、パリ高等法院はガリカニスムの牙城となった。一七世紀、ボシュエの王権神授説を信奉してフランス絶対王政の頂点を築いたルイ一四世の治下で、ガリカニスムは最盛期に達した。ルイ一四世のローマ教皇に対する政策や外交は、パリ大学神学部の判断と決議に基づいて行われた。

しかし、このパリ大学の政治的な介入は、自らに皮肉な結果を呼び込むことになる。一六六八年、教皇クレメンス九世はソルボンヌ教授団の分断工作を図るため、特命使節をパリに送ってきたのである。急先鋒となって活動したのが、イエズス会であった。教授団からガリカニスム派が排除され、ローマ教会のウルトラモンタニスム派が大半を占めるまでに勢力を伸ばした(8)。

やがて、高等法院によってイエズス会の一切の活動が禁止され、一七六二年、フランス全土から追放が宣告された後、苦境に立ったのはパリ大学であった。教授団の欠員によって、大学教育は麻痺状態に陥ってしまったのである。

Ⅳ　大革命前後

(1)　時代的な啓蒙運動

一八世紀はリュミエール(理性の光)の時代と呼ばれる。中世のヨーロッパにおいては、キリスト教が唯一の社会的な規範であり、思想的な支柱であった。現世は来世の手段としてのみ意義があり、目的や価値を持つものではなかった。人間は原罪を負って生まれ、ひたすら神の恩寵を乞うしかない。現世は試練と贖罪の場であった。そこに、真の幸福とか究極の目標とか、いわば人間存在としての完成は望めなかった。ところが、ルネサンス以降、特に一八世紀の百科全書的知識と自然科学の発達によって、中世の宇宙観はことごとく合理精神の光に晒されることになった。宗教的盲信や専制的誤謬を露呈し、旧体制の権威と教会への離反を促し、人間性の覚醒となった。

ディドロ Diderot（一七一三—八四）の『百科全書』Encyclopédie の刊行は、人間の知性を飛躍させ、新しい知識の再構築をなすべき契機であった。だが、この運動は、フランスにおいては大学と一切関係なく、ダランベール D' Alembert（一七一七—八三）の指導下にあったアカデミーと結びついた。ドイツ、イギリスではアカデミーと大学との交流が盛んで、大学に新しい息吹を注いだが、フランスではむしろ敵対的な関係を強めていった。大学は学問や思想の進歩に背を向け、時代錯誤的存在から脱皮しようとしなかった。

『百科全書』の精神は、教育に当てはめて敷衍すると、こう言えよう。——人間は誰しもすべて理性を自然から授かっている。この理性は年齢と経験によって自然に発達するものであるが、教育によって発達をさらに著しく促進することができる。教育は自然の条理に逆らうことなく、人間理性の完成を目標としなければならないと。いうなれば、自然主義、合理主義の教育がこの時代の標語であった。『百科全書』には「科学、芸術、技能の合理的事典」Dictionnaire raisonné des scienes, des arts et des métiers の副題が添えられているのである。この点で、ディドロのロシア政府のための『大学計画あるいは科学全般にわたる公教育』（一七七六年）は、特筆に値する。(9) 中等教育・高等教育を中心に、小学校からの教育計画が組織、管理、運営、教科目などすべてにわたりダイナミックに構想されている。ロシアの女帝エカテリーナ二世のために書いた公教育論であるが、その底流にフランスの学校制度、特にコレージュに対する批判が込められている。数学を基礎とした自然科学の諸階層を経て、哲学に達する教育計画は実証主義を予見させ、その模範をフランスでなく、ドイツに仰ぐことを勧め、ライプツィヒ大学のエルネスティ教授を名指しで推挙している。今、「ロシア大学案」を詳述する紙数はないが、少し概要を垣間見ておこう。

まず冒頭の「教育について」において、総論を次のように述べている。

「国民を教育するとは、国民を文明化することである。国民の知識を消し去るとは、国民を野蛮な元の状態に戻してしまうことである。かつてギリシアは未開だった。教化され、繁栄した。今日、どうだろうか。無知と未開。かつてイタリアは未開だった。教化され、繁栄した。科学と技芸が離れていったとき、どうなったか。未開。アフリカやエジプトの運命が然り。地球のすべての地域において、未来のすべての時代において、どんな大国の宿命もまた然り。無知は奴隷と野蛮人の宿命である。教育は人間に尊厳を与える。[10]」

無知は奴隷や未開人の証左で、その対極に明知（文明）がある。無知は教化されて明知となり、人類に繁栄をもたらす。教化を助けるのが教育である。教育が人間を作り、人間に尊厳を与える。その根幹となるのが理性と知識＝百科全書であり、それを妨げるのが宗教である。図式的にいえば、以上のとおりである。ディドロは理性と宗教を対立的な関係で捉えている。「国家以外に絶対的な監督者は存在しない。」「大学に関するすべての問題の最終決定は、国王陛下あるいは陛下の評議会がこれを行う。」「教育課程や学校規程に関する変更は、すべて君主の認可を必要とする。」と記している。神学部以外で、聖職者の教育的参加を認めないということである。つまり、宗教が一般教育へ介入するのを禁止している。

また、次のように平等な皆民教育を提唱している。「国民のすべての子供たちに〈区別なく〉門戸の開かれた学校であり、そこでは国家に雇われた教師たちが、彼らにあらゆる学問の基礎知識の手ほどきをするのである。私は〝区別なく〟といった。というのは、社会の下層階級を無知の状態に放置しておくことは残酷で、不合理であるからである。いかなる階層であれ、奪われてはならないのが知識である。」

この大学計画が、大革命の起こる一昔も前であることを考えると、ディドロの先見性に感嘆するばかりである。「大学教育全体図」（次ページ）を掲げておこう。[11]

ディドロの「大学教育全体図」

第1学部あるいは教養学部

第1課程	第2課程 第1課程と併行して，同じ期間継続して学習	第3課程 第1・第2課程と併行して，同じ期間継続して学習	第4課程 第1・第2・第3課程と併行して，同じ期間継続して学習
第1級 算数 代数 組合せあるいは確率計算の基礎 幾何	第1級 形而上学の基礎（二つの実体の区別，神の存在，この真実の派生的定理） 道徳 宗教	第1級 デザイン （この学級は全学生に共通）	第1級 音楽 ダンス
第2級 物体の運動と落下の法則 遠心力と引力 力学 水力学	第2級 歴史 地理 年代学 経済学の基礎（時間と才能の有効利用） 家政と蓄財		第2級 フェンシング 調教あるいは乗馬 水泳
第3級 地球と天体 宇宙の体系 天文学および日時計製作法などの応用			
第4級 博物学 実験物理学			
第5級 化学 解剖学			
第6級 論理学 批判学 一般理性文法			
第7級 ロシア文法とロシア語の基礎 スラブ語			
第8級 ギリシア語とラテン語 雄弁術と詩学			

第2学部	第3学部	第4学部
医学部	法学部	神学部

政治あるいは国政の学校　工学あるいは兵法の学校　海洋の学校　農業と商業の学校　遠近法，デッサン，絵画，彫刻，建築学の学校

ところで、『百科全書』の寄稿者の一人に、エチエヌ・ボノ・ド・コンディアク Etienne Bonnot de Condillac（一七一五―八〇）がいる。ロックから先進的な思想の影響を受け、彼の二元論をさらに超え、感覚の絶対的優位を主張して、人間精神のすべての活動を統一的に理解できるものとした。一八世紀のフランス啓蒙思想に与えた影響は大きく、コンディアクの創始した観念学（感覚論的認識論）は社会や道徳の問題に新たな局面を開いた。ドルバック、エルヴェシウスなど唯物論者たちに受け継がれ、文学の世界でも、スタンダール、テーヌに影響を与えた。旧体制のリセが宗教的なカリキュラムを中核としたのに対して、大革命後、コンディアクを継承するカバニスやデスチュット・ド・トラシーたちの観念学派が高等教育の基盤を築き、彼らの主唱する社会科学的な教科が大幅に増強された。ナポレオンに対しては批判的な立場を貫いた。一派は自らをイデオロジスト idéologistes と称したが、ナポレオンは彼らにイデオローグ idéologues の蔑称を投じて、反撃した（この蔑称をマルクスが空論家の意味で用たことは周知のとおりである）。後年、ナポレオンが「帝国大学」構想の中で、彼らイデオローグを徹底的に排除して、社会科学系科目を大幅に削減した理由のひとつがそこにある。

（2）フランス革命

フランス革命は、一七八九年七月一四日、絶対王政の象徴であったバスティーユ牢獄の襲撃によって火蓋が切られた。立憲議会は農奴身分、領主裁判権、狩猟権、十分の一税などの封建的特権の廃止を決定し、人権宣言を採択した。アメリカの独立宣言を範にラファイエットが起草した「旧体制の死亡証明書」であった。一七九一年九月、待望の憲法が公布され、それに基づく新しい立法議会が発足した。立憲君主政を理想とし、議会は一院制で、議員は二五歳以上の直接納税者の選ぶ選挙人によって選出される制限選挙であった。明らかに新興勢力のブルジョワジーに有利な変革であって、民衆の側にも国王の側にも不満を残した。この不満が激震あるいは余震となって、ブリュメールの執政政府樹立までの十年間、フランス社会の地殻変動を引き起こしていくのである。教育制度についても同じことがいえる。

ステファン・ディルセー『大学史』によると、大革命以前、フランスには二二の大学が存在し、大学間に著しい格差が見られたという[12]。これら大学の数を多いと見るか少ないと見るか、またどのように評価するか、見方はさまざまであった。一七八九年、諸方から寄せられた陳情書 cahiers de doléances には、幾多の相反する意見が満ちていた。大学数の削減の要求。消滅した大学の復活の要求。法学・医学の教育の拡充、またその反対の廃止や苦情などである。議会には、具体的な改革案があったわけでなく、ともかくまずは既存の公的教育組織の解体に着手した。旧体制の税制の廃止によって大学は収入を絶たれ、「教師は離散し、生徒は学校に行かず、無為な日々を送っている。上級学部は混乱し、教授は収入の途をふさがれ、もはや大学に進級も登録もない」という状況で、大学の機能は停止状態となった[13]。早急に、国内の公教育の組織化とそれに基づいた大学改革が望まれた。一七九〇年、立憲議会は教育計画の立案を憲法委員会に付託し、その報告者にタレーランを選出した。

(3) タレーラン案

シャルル・モーリス・ド・タレーラン・ペリゴール Charles Maurice de Talleyrand-Périgord（一七五四―一八三八）は、二五歳でオータンの司教となり、一七九〇年の三部会には僧侶代表として出席した。革命運動に積極的で、僧俗教会財産国有化の法案に賛成してローマ教会から破門宣告された。ナポレオンの帝政下でも要職を占め、王政復古でも外相を務め、ウィーン会議で振るった外交的辣腕は有名な故事となっている。政治家・外交官として、鋭い洞察力と機敏な行動力を備え、大革命の激動期に日の当たる場を常に歩いた。彼の人間に対する評価は、毀誉褒貶半ばする。

タレーランは一七九一年九月一〇日・一一日・一九日の立憲議会で公教育案を提出したが、その直後に議会が解散し、審議未了となった。次いで、九一年憲法で設立された立法議会は、直ちに公教育委員会を立ち上げ、コンドルセを議長に指名した。公教育委員会は、タレーラン案をいったん否決し、これを素案とした教育計画を再考することになる。

ところで、このお蔵入りとなったタレーランの公教育案は、九一年憲法の「教育施設は王国の行政区画に応じて配置されるべきである」の規定を前取りしたものであった。この点は、コンドルセの再考案も同じであり、県départements、郡districts、小郡cantonsの行政区画を前提にして、四段階の教育組織が構想される。つまり、小郡ごとに初等学校écoles primairesを置き、郡ごとに「郡の学校」中学校écoles moyennesを置く。県にも「県の学校」（専門学校）écoles spécialesを一校ずつ置く。県によってはそれ以外に、医学校collèges de médecine、法学校écoles de droit、兵学校écoles militairesなどを置く構想であった。そしてパリに、教育組織全体を統括する国立学院Institut Nationalが設置されている。

（4）コンドルセ案

コンドルセの「公教育の全般的組織についての報告」は、一七九二年二月の公教育委員会で承認され、四月二〇日・二一日の立法議会で報告された。が、翌日の議会で、オーストリアに対する宣戦布告がなされたため、審議されず、半年たった一〇月一七日、公教育委員会にて修正可決されたが、結局、施行されることはなかった。

だが、先走っていえば、その後、次々と議会に提案される公教育論の基調となり、一七九五年十月、総裁政府の成立の後、国民公会で採決されたドヌー案に良くも悪くも反映されることになる。

コンドルセ侯爵 marquis de Condorcet（一七四三—九四）。数学者、政治家、教育改革者。フランス北東部の農村の貴族に生まれ、パリのコレージュ・ド・ナヴァルを卒業後、二十二歳で書いた「積分論」がダランベールの称賛を受けて数学者として名をなし、科学アカデミー会員になった。財務総監のテュルゴの下で造幣局総監を務める一方、社会科学に情熱を傾けた。大革命を機に政治家（ジロンド党）に転じ、「憲法友の会」や「黒人友の会」に属し、一七九〇年にはシエースらと協力して「一七八九年協会」を結成して、合理的な政治の確立に力を注いだ。立法議会においては公教育委員会の中心メンバーとして、公教育案をまとめ、国民公会においては、憲法制定委員会の重鎮となった。一七九三年五月末から六月初め、パリ民衆は国民公会を包囲し、二九人のジロンド派議員を逮捕した。コンドルセはこの不法な実力行使とそれを煽動したモンターニュ派を激しく非難した。それによって翌年三月にパリ郊外の小村で逮捕され、牢獄で自殺した。逃亡中に執筆した『人間精神進歩の歴史の素描』は、彼の啓蒙哲学者としての遺言ともいうべき著書である。一九八九年のフランス革命二百周年記念行事の際に、公教育と女性解放に関する功績によりパンテオンに祀られた。(14)

ところで、コンドルセ案は四段階のタレーラン案を下敷にしてたものであるが、次のような五段階の教育組織を構想している。(15)

初等教育　（1）初等学校 école primaire　（2）第二初等学校 école secondaire

中等教育　（3）アンスティチュ institut

高等教育　（4）リセ lycée

（5）国立学芸会 Société nationale des Sciences et des Arts

前述したように、一七九一年の憲法は、旧体制の州 provinces を廃して、フランス全国を八三の県 départements に分け、県の下に郡 districts を置き、その下に小郡 cantons を置いた。この行政区分の下で五段階の教育組織を構想したものである。それでは、各段階の教育組織がどのような内容であったか概観しておこう。

（1）初等学校

人口四百人の集落に一校、教師一名。これを基本として、それ以上の人口比によって学校数と教員数を決める。従って、学校が一つしかない村においては男女共学となるが、二つ以上ある市町村では男女別々の学校として、女子の学校は女教師が担任する。読み書き、算数の四則計算と日常生活で用いる簡単な度量衡や測量・測定の知識、地方の産物や農工業の技術について初歩的な説明、基本的な道徳と規律、社会秩序の原則。六歳から、四学年（貧しい家の子供が徒弟奉公に出る前までに適当な就学期間）。日曜日には、地域の住人を対象とした公開講座を開く。

（2）第二初等学校

各郡の首邑と人口四千人から六千人の集落に一校、教員は一名。これを基本として、それ以上の人口比によって教員を二名から三名とする。子供を就労におく必要のない経済的余裕のある家庭の子供を対象とする。数学・博物学・応用科学に関する基礎知識、技術に必要な数学、博物学・化学の基礎知識、道徳と社会科学の原理について広範な説明、商業の基礎的な講義。小図書館、気象観測用具・機械や機織りの模型・博物学の標本などを展示した陳列室を設置。毎週、市民に開かれた講演会を開く。

（3）アンスティチュ

八三県に各一校とフランス各地方の特色をいかした二七校、合計一一〇校とする。五学年。普通教育がここで修了。公職に就くための準備教育、初等教育の教員の養成や研修を行う。月に一回の公開講座を開講。コースは次の四分野から成る。

第１部　数学および自然科学
第２部　精神科学および政治学
第３部　科学技術の応用
第４部　文学および美術

自分の目的と能力に合せて、一つの分野だけを受講することも、四つの分野を同時に受講することもできる。五年間かけてすべての分野を習得することも、一定の年限で中退することも可能である。

（４）リセ

第三段階のアンスティチュまでを普通教育として、第四段階にリセ lycée と名付けた最高学府を設ける。目的は、「学識者」すなわち「精神の陶冶と自分の能力の完成を生涯の仕事とし、一つまたは幾つかの科学の深い学問を究め、それによって大きな成功を収めることのできる職業に従事する者」を養成するためである。アンスティチュやリセの教授の養成もここで行われる。旧制度における大学 universite に当たる。

リセの数は九校。これはイギリス、イタリア、ドイツなどの大学数と比べ、フランスの人口に見合った数であり、フランス全土に配したのは、パリの一極化を避けるためである。複数の教育拠点による知識の広域化こそ、憲法の平等な教育が目指すところである。行政官や裁判官の任用は任用の県ごとで行われなければならず、アンスティチュの教授の養成も、パリの一校だけで負うわけにいかない。「要職に就く者の教育を受ける手段が唯一つの都市にしかないとすれば、……フランスのような広大な国で、自己を形成する場所が唯一つしか見つけられないとすれば、どうして才能を磨く手段を皆に提供しているといえようか。」

リセの配置については、まず外国の若者を呼び込むため、国境に近い都市を選ぶこと。国内においては、相互の距離が不均衡にならないように配慮すること。首都のパリは例外として、大都市よりも中都市の方が教育環境として概ねふさわしい。理由は、大きな都市でない方が住民の身近な関心を惹きやすく、一方、教育が地方的見地に隷属させられたり、科学の精神が利害問題で圧し潰されたりする虞がない。それに大都会は物価が高く、誘惑が多い。以上の点から、九校は次の都市を候補地とする。ドゥエ（北部）、ストラスブール（北東部）、ディジョン（東部）、モンペリエ（南東部）、トゥールーズ（南西部）、ポアティエ（西部）、レンヌ（北西部）、クレルモン・フェラン（中央部）、パリ。

コースはアンスティチュを継承して四分野から成る。今日ならば、「第1部　数学および自然科学」は理学部、「第2部　精神科学および政治学」は社会学系学部、「第3部　科学技術の応用」は医学・薬学・農学・工学などの学部、「第4部　文学および美術」は文学部および芸術学部に当たる。ここでは、旧来の神学部、法学部、医学部、文学部といった伝統的な学問体系が壊されている。何より顕著な点は、筆頭学部であった神学部が廃絶されていることである。それぞれ四分野のカリキュラムはどうなっているのだろうか。

第1部　数学および自然科学

①高等幾何学、解析学　②力学、水力学、天体力学、物理的事象に対する解析学の応用　③精神科学と政治学への計算の応用　④数学、地理学　⑤天文学　⑥物理学　⑦化学　⑧鉱物学、地質学　⑨植物学、植物物理学　⑩動物学　⑪昆虫学

第2部　精神科学および政治学

①科学の研究法、感覚と観念の分析、道徳、自然法　②社会学、経済学、財政学、商学　③公法学、法律学概説　④フランス法律学　⑤年代学、地理学、哲学史、政治史

第3部　科学技術の応用

①解剖学、生理学　②薬学、薬品　③理論医学　④内科学、外科学　⑤産科学、婦人科学、小児科学　⑥獣医学　⑦医学史、医学研究法、法医学、衛生学　⑧農学、農業経済　⑨採鉱学　⑩兵学理論　⑪海兵学　⑫分体学、建築製図、工芸製図　⑬工芸力学、工芸物理学　⑭工芸化学

第4部　文学および美術

①美術概論、詩学理論、雄弁術理論　②古美術品学　③東洋語学　④ギリシア語学、ギリシア文学　⑤ラテン語学、ラテン文学　⑥近代外国語学、近代外国文学　⑦絵画、彫刻、建築　⑧音楽理論、作曲理論

コンドルセ案の高等教育の世俗化として、神学部の廃絶、公教育から聖職者の排斥についてはすでに触れたが、宗教教育の消滅、ギリシア・ラテン語学習の削減がそれを反映している。それと反対に、社会科学の教科が増強されている。コンドルセ自身がダランベール門下の百科全書派であり、アカデミー・フランセーズの会員で、その入会演説に「社会数学」を演題にした経歴を持つ人物なのである。この革命期に時代的な思想地盤を成したいわゆるイデオローグ（観念学派）の登用を想定したのであろう。それにもう一つは、数学と自然科学の重視である。これらの点で、リセのカリキュラムは啓蒙主義的な色彩の強い内容となっている。前世紀の古典主義の理想的な人物像が「紳士」honnêtes hommes であったのに対して、一八世紀の明知の時代が求めたのは「開化された人間」hommes éclairés の養成なのである。

ところで、中世以来、大学は神学・法学・医学の三学部を専門課程とし、その前課程として一律に自由七科septem artes liberalesと呼ばれる一般教養を履修した。自由七科とは古代ギリシア・ローマの学芸に由来して、人文科学系の文学・修辞学・弁証法（論理学）と自然科学系の数学・幾何・音楽・天文学であった。だが、例えば、修辞学が単にレトリックの意味に止まらず、公文書の作成法、歴史や法律の知識まで含んでおり、現代の分類と必ずしも合致するものではない。算数は教会暦の作成に祝祭日を算定するために必要だったからで、音楽も聖歌の祈唱法と作曲法が目的で、天文学も占星術が目的であったからである。つまりは、何を教えるか、何を学ぶかは時代の要請に従っているということである。

（5）国立学芸会

リセを頂点とする学校教育全体を指導監督し、公教育を統轄する国立学芸会をパリに置いた。同時に、国内外に学術を振興し、知識の普及を図る使命を担った研究機関でもあった。組織はリセのコースと対応した四つの部会に分かれ、部会はさらに専門科学の分科会に分かれる。各部会の会員は、部会ごとの互選によって候補者を挙げ、分科会の選考によって指名される。いずれも各分野の代表的な学識者である。定員は、パリ在住者と地方在住者がそれぞれ同数を占め、それに外国人通信会員が加えられる。各部会は個別に開かれ、議長の下でリセの人事その他一切の指導監督の権限が与えられている。研究発表や講演も催され、他の部門の会員の参加と発言が認められた。

以下は、国立学芸会の組織である。（各部の後の（　）内の数字は、パリ会員・地方会員・外国人通信会員）

第1部　数学および自然科学（四八名・四八名・八名）

①解析学　②力学、天文学　③物理学　④化学、鉱物学　⑤植物学　⑥動物学、解剖学

第2部　精神科学および政治学（三〇名・三〇名・八名）
①形而上学、道徳感情論　②自然法、国際公法、社会学　③公法学、法律学　④経済学　⑤歴史学
第3部　科学技術の応用（七二名・七二名・二名）
①医療物理学、外科学　②衛生学　③獣医学　④農学、農業経済　⑤建造法　⑥水力学　⑦航海学　⑧機械学
⑨工芸　⑩応用化学
第4部　文学および美術（四四名・四四名・一二名）
①文法、評論　②語学　③雄弁術、詩学　④古美術品、歴史記念物　⑤絵画、彫刻、建築　⑥音楽、朗誦法

(5)　ドヌー法

コンドルセ案はフランスの教育史上に今日なお名を残す理想的な計画であったが、日の目を見ることはなかった。テルミドールのクーデターによってロベスピエール一派を粛清した執政政府の下で、コンドルセ案を継承するものとして成立した教育法が、いわゆるドヌー法である。

ピエール・クロード・ランソワ・ドヌー Pierre Claude François Daunou（一八六一―一九四〇）は、外科医の家に生まれ、オラトワール派の学校に学び、一七九〇年にパリ司教区の副司祭になった。公教育委員会では、コンドルセ案を支持したが、ジロンド派として一七九三年六月に告発され、同年一〇月に投獄された。テルミドール政変により釈放された後、公教育案をまとめ、国立学芸学院の設立に力を注いだ。

一七九五年十月十五日の国民公会で報告され、同月二五日に可決された公教育組織法は、次の六編五六条から成っている。

第一編　初等学校（第一条～第一一条）　　第二編　中央学校（第一条～第一二条）
第三編　専門学校（第一条～第四条）　　第四編　国立アンスティチュ（第一条～第一二条）
第五編　助成、褒賞、表彰（第一条～第一三条）　　第六編　国民祭典（第一条～第四条）

各編の条項を拾いながら要約すると、下記のような四段階の教育組織と内容が概観できる。

初等教育　（1）初等学校 école primaire

小郡 cantons に一校ないし数校。読み書きと計算、共和主義的道徳の基本。

中等教育　（2）中央学校 école centrale

各県 départements に一校。公共図書館、庭園、博物や化学・物理の陳列室を付属すること。学校教育は三部門に分けられる。

第一部（一二歳以上）　製図、博物誌、古典語、現代語

第二部（一四歳以上）　基礎数学、実験物理学・実験化学

第三部（一六歳以上）　一般文法、文学、歴史、法学

高等教育　（3）専門学校 école spéciale

コンドルセ案のリセに当たり、次の科目が専門として設けられた。

①天文学　②幾何学・力学　③博物学　④医学　⑤獣医学　⑥農村経済　⑦考古学　⑧政治学　⑨絵画・彫刻・建築　⑩音楽

理工科学校 Ecole polytechnique を代表とする砲術、工兵術、土木工学、航海術、公共事業に関する学校は、個別の法令によって現行のまま維持された。他に聾唖学校、盲学校。

研究機構　（４）国立学芸学院 Institut national des Sciences et des Arts
首都パリに置かれる。目的は、国内外における学問芸術の探究と交流、共和国に公益と繁栄をもたらすべく科学や文芸に従事すること。メンバーは、パリ在住の会員と地方在住の協力者を同数とし（三部門一四四名ずつ）、外国人学者（三部門八名ずつ）と協力する。このパリ会員一四四名については、総裁政府がまず四八名を任命し、その四八名が残り九六名を選定する。そして、この一四四名の会員が地方と外国の協力者を選任する。毎年、各部門は業績を立法府に報告し、一般公表すること。年四回、公開の集会を開催すること。

以下は、国立学芸学院の組織である。（各部の後の（　）内の数字は、パリ会員・地方協力者・外国人学者）

第１部　自然科学および数学　（六〇名・六〇名・八名）

①数学　②力学　③天文学　④実験物理学　⑤化学　⑥博物学・鉱物学　⑦植物学・植物物理学　⑧解剖学・動物学　⑨医学・外科学　⑩農業経済・獣医術

第２部　精神科学および政治学　（三六名・三六名・八名）

①感覚と観念の分析　②道徳　③社会学・法学　④政治経済学　⑤歴史学　⑥地理学

第３部　文学および美術　（四八名・四八名・八名）

①文法　②古代語　③語学　④古美術品・歴史記念物　⑤絵画　⑥彫刻　⑦建築　⑧音楽・朗誦法

コンドルセ案の国立学芸会に相当する。組織形態がよく似ており、しかも両者ともにイデオローグの社会的思想を組織原理としているが、国立学芸学院には国立学芸会のような行政機能が与えられていなかった。ドヌーは共和暦三年憲法（一七九五年）の起草者の一人であったので、第一〇章の公教育の規定「各種の公教育機関の間には、いかなる行政的な従属関係も対応関係も無いものとする。」（第四条）に従ったものと考えられる。学校組織をコンドルセ案の五段階から四段階に単純化し、かつ縦組織においても横組織においても相互関係のない、つまりは結束のない単体の教育集合としたのである。国立学芸学院は、階位的にこれら教育集合の頂点に立っているが、国立学芸会が一面に持った学問と芸術の研究機構のみを踏襲して、もう一面のフランス全土の公教育を統轄する権限は奪われたのであった。こうして、コンドルセ案にあった総合的な高等教育の構想は退けられて、実用的な応用科学を教授する各種の専門学校を個別に設けた。高等教育機関は学術的、研究的な性格を失い、もっぱら職業的な知識、技能を教授する専門的職業人の養成所となったといって過言ではない。結局、ドヌーはタレーラン案やコンドルセ案を換骨奪胎して、教育を旧体制の王権に代わって、国家権力の中に取り込んだのであった。

V　ナポレオンの帝国大学制度

(1)　ナポレオンの教育的地歩

フランス革命は、資本主義の勃興期に、旧体制を打ち破って勝利したブルジョワジーの典型的な市民革命であった。それに異論はないが、その終焉をいつまでと見るか、革命史の時期区分はいろいろ諸説に分かれるようである。

一七九五年、総裁政府の成立の後、自由経済が活発となったフランスの資本主義は、画期的な繁栄期を迎えることになる。しかし一方で、投機や買占め、インフレーションなどによる物価の高騰のために、庶民の生活は圧迫され、政府に対して不満を募らせていった。この混迷した社会状況に乗じて、左翼のジャコバン派と右翼の王党派は再び勢力を回復し、またもや政争を繰り返す情勢にあった。それにまた、大革命が近隣諸国に及ぼした国際的な緊張はフランスを孤立させた。こうした内外の不安定な時局にあって、ナポレオンの登場とその対外戦争の成果はめざましく、かつての平和と栄光の夢に大きな希望の光を点した。特に、ブルジョワジーの産業資本は、軍事的な成功によってヨーロッパ市場の拡大と経済の活況を歓迎した。軍隊も常勝将軍の旗下で愛国的な士気を高めていた。革命後のフランス社会は、ロベスピエールの独裁によっても、総裁政府によっても、祖国の独立と繁栄の夢が十分に実現されなかった。ナポレオンはフランス国民の各層から熱狂的な支持を得ていった。

フランス革命の紆余曲折した激動が、結局はブルジョワジーの時代的な意思の投影であり、ブリュメールのクーデタとそれ以後の皇帝即位を支えた中核が、このブルジョワジーと最大の人口比を占める中小農民であった。それを考えると、典型的な市民革命といわれるフランス革命は、これら新興の社会勢力に支えられたナポレオン帝政をもって一応の終結を見たと解してよいだろう。ナポレオンがフランス革命の正当な後継者と認められるためには、王党派とジャコバン派を徹底的に排除する一方で、旧体制の行政・財政制度を再度見直すことによって、国内の諸勢力の調和を図ることが肝要であった。ローマ教皇と協定を結び、農民が支持するカトリック教を復活し、亡命貴族・僧侶の追放を解除し、帝政の実施とともに貴族制度を復活した。

ナポレオンは一八〇四年、理想とする国家像の規範を全文二二八一条から成る「フランス民法典」によって示した。それと同じように、理想とする国家的な教育の構想を「帝国大学」によって示した。ナポレオンはかねてより教育に強い関心を抱き、ドヌー法に対して不満を持っていたが、一八〇二年にそれを廃止して、「公教育一般法」を制定した。この時点で、ナポレオンはやがて実現する教育体制を腹案として持っていたのであった。

（2） 帝国大学

一八〇六年五月一〇日の「帝国大学の名の下における教員団の創設に関する法律」は、たった三条の短い法令だった。

第一条　帝国大学の名の下に、全帝国内の教育と公共的訓育を一任される団体を設ける。

第二条　教員団の成員は、民法上の特定の時間的義務を負う。

第三条　教員団の組織は、立法院の一八一〇年度の会期に、法律の形式で提案する。

次いで、一八〇八年三月一七日の「大学の組織に関する勅令」一九章一四四条で、その全容が明らかにされた。(16)

一九章一四四条の項目は次のとおりである。

第一章　大学の一般的組織（第一条～第五条）
第二章　ファキュルテの構成（第六条～第一五条）
第三章　学位、ファキュルテ、および学位取得の方法（第一六条～第二八条）
第四章　大学成員の間に定める序列─職級および職務に伴う称号（第二九条～第三七条）
第五章　大学所管の学校における教育の基礎（第三八条）
第六章　大学成員の負う義務（第三九条～第四九条）
第七章　大学総長の職務と権限（第五〇条～第六三条）
第八章　大学の事務局長および財務官の職務と権限（第六四条～第六八条）
第九章　大学評議会（第六九条～第八四条）
第一〇章　学区評議会（第八五条～第八九条）

第一一条　大学視学官および学区視学官（第九〇条～第九三条）
第一二章　学区長（第九四条～第九九条）
第一三章　リセ、コレージュ、アンスティチュシオン、パンシオン、小学校に与える諸規則（第一〇〇条～第一〇九条）
第一四章　大学の職員および教員の更新様式（第一一〇条～第一一二条）
第一五章　名誉退職および各種退職（第一一三条～第一一七条）
第一六章　制服（第一一八条～第一三〇条）
第一七章　大学の収入（第一三一条～第一三七条）
第一八章　大学の支出（第一三八条～第一四二条）
第一九章　一般的規定（第一四三条～第一四四条）

まず簡単に帝国大学の概要を述べておこう。パリの中央行政組織として、総長以下の行政官を配し、地方に既存の控訴院管区と同じ学区 académies を置いた。フランス各地の三五の学区に、学区長以下の行政職と教育職を配した。これらの学区を単位にして、初等教育、中等教育、高等教育から成るピラミッド型の教育組織が構築された（図1を参照）。この機構全体を帝国大学 Université impériale と称した。誤解を避けるためにさらに記しておくと、帝国大学の「大学」は旧制度で意味した大学とまったく違ったものである。いわば便宜的に大学という旧称が借用されたといった方がよいだろう。従って、「帝国大学」は教育省あるいは文部省と読み替えてもよい。ちなみに、「学区」は地方の教育行政官庁に相当すると理解してよい。この学区において、頂点に立つ高等

図1　教育組織

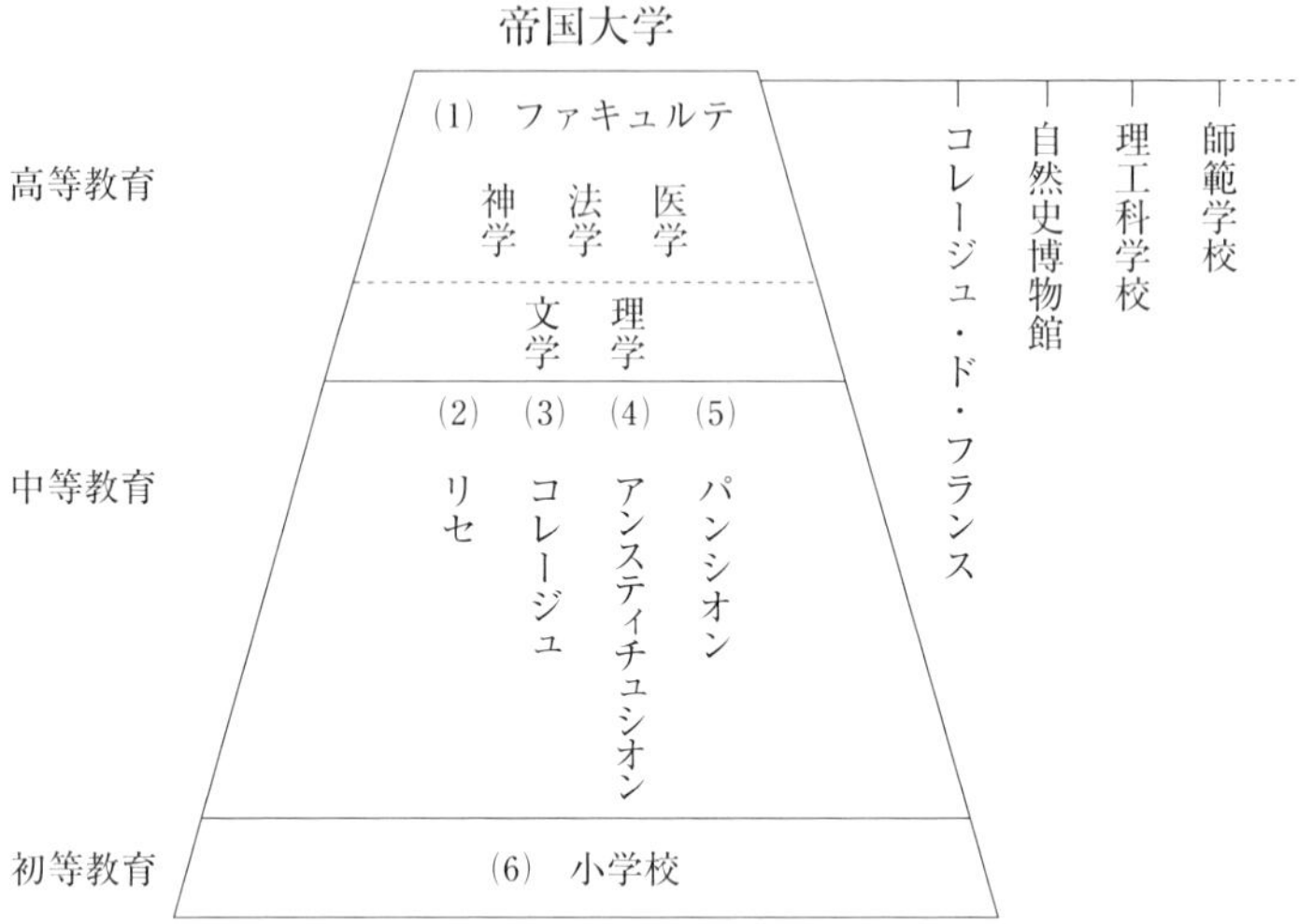

高等教育
(1)　ファキュルテ faculté（国立）
神学　大司教区に18校，その他に新教の神学部２校
法学　既存の12校
医学　既存の５校
理学　学区のリセに付設。４名以上の教授。
文学　同上。３名以上の教授。
各ファキュルテは，総合大学の一環として存立するのではなく，個々に独立した教育施設である。

中等教育
(2)　リセ lycée（国立）
科目：古典語，歴史，修辞学，論理学，数学と物理の初歩
(3)　コレージュ collège（公立）
コミューンの中等学校。科目：古典語の初歩，歴史と科学の基本的原理
(4)　アンスティチュシオン institution（私立）
コレージュとほぼ同水準。個人教員による経営。
(5)　パンシオン pension（私立）
アンスティチュシオンを超えない教育内容。個人教師の寄宿学校。

初等教育
(6)　小学校 petite école（公立・私立）
読み書き，計算の初歩的教育。

教育の施設をファキュルテ faculté と名づけて、最高学府（上位の三つのファキュルテと下位の二つのファキュルテ）とした。その下に、中等教育（五つのタイプ）と初等教育の施設を置いた。これら全国の学区組織とは別に、個別の専門学校をパリに、これもまた帝国大学の傘下として置いた。

行政組織は次のとおりである（図2を参照）。

まず中央の最高機関として、皇帝の任命する総長 grand-maître がその頂点に立った。総長はその諮問機関、懲戒機関である大学評議会 Conseil de l'Université を司り、広範な権限をもって大学全体の、つまりフランス全土の教育行政を統括した。大学評議会の議員数は三〇名で、その内一〇名は皇帝指名の終身議員であった。一方、地方組織として、フランス各地方の首邑にあった控訴院管区を学区 académie とし、それぞれの学区に学区長 recteur（任期五年、再任可能）と学区評議会 Conseil d'Académie を置いた。また同時に、視学官制度が設けられ、各学区は学区視学官 inspecteur d'académie と中央派遣の総視学官 inspecteur général（総長の任命）の視察によって、教育状況、学力試験の実施、教員の勤務評定、行政・財政の調査など厳重な監督を受けた。

総長が組織上のあらゆる権限を握っていた。中央組織においては大学評議会議員、視察官、地方組織においては学区長、ファキュルテの学長の任免権、そして、帝国大学の教員団会員の任免権を持っていた。旧大学がかつて有していた特権はことごとく奪われ、ファキュルテに残されたのは欠員の生じた講座の後任教授の推薦権のみであった。このようにナポレオンの帝国大学制度は、国家主義的、中央集権的な行政機構によって、初等教育から高等教育まですべての国立・私立の学校組織を完全に国家の管轄下に置いたのであった。一七九五年憲法に規定された教育の独立、思想の自由の原則はまったく排除されてしまった。

図2　行政組織

（＊は皇帝の任命。他の行政職・教育職はすべて総長が任命権を持つ。）

中央（パリ）

＊①総長 grand-maître ―― 大学評議会 conseil de l'Université

＊②事務局長 chancelier

＊③財務官 trésorier

＊④終身評議員 conseillers à vie

⑤一般評議委員 conseillers ordinaires

⑥大学視学官 inspecteurs de l'Université

地方

学区 académies　学区　学区　学区　学区

⑦学区長 recteurs des académies ―― 学区評議会 conseils académiques

⑧学区視察官 inspecteurs des académies

ファキュルテ facultés　（教育職）

⑨学長 doyens des facultés ―― ⑩ファキュルテ教授 professeurs des facultés

リセ lycées

⑪校長 proviseurs des lycées ―― ⑬リセ教授 professeurs des lycées

⑫学監 censeurs des lycées

コレージュ collèges

⑭校長 principaux des collèges ―― ⑮教授有資格教員 agrégés

⑯教員 régents des collèges

アンスティチュシオン institutions

⑰校長 chefs d'institution

パンシオン pension

⑱校長 maîtres de pension

⑲生徒監 maîtres d'étude

小学校 petites écoles

(3) ファキュルテ

それでは、ファキュルテの教育組織はどうなっていたのだろうか。

かつて旧体制において学部を意味したファキュルテが、独立の高等教育施設(いわゆる大学)を示す名称として使われることは、すでに述べたとおりである。神学、法学、医学、理学、文学の五つのファキュルテである。必ずしも五つ全部揃っていたわけではない。学区に複数のファキュルテがある場合でも、それぞれ個別の管轄下に置かれていた。

ファキュルテは、各地方の既設の施設を利用して、校舎を新築したり新たに設備を整えたりすることはなかった。神学のファキュルテは、大革命以前の大司教寺院神学校とプロテスタント学院を復活させて、カトリックの場合は一八の大司教区に、プロテスタントの場合はストラスブールとジュネーブに設置した。法学と医学のファキュルテは、一八〇二年の「公教育一般法」ですでに専門学校となっていた一二校の法律学校と五校の医学校が名称を変更したにすぎなかった。

従って、新設されたのは理学と文学のファキュルテだけであった。「勅令」の第二章第一三条~第一五条に、両者とも学区に、それぞれのリセに付属して設立される旨が記されている。理学の場合は、数学の主任教授と三名の教授(それぞれ数学、博物学、物理・化学を担当)が、リセ所属として任用される。文学の場合は、リセ所属の教授が三名である。首都パリについては、別途定められて、理学の場合、コレージュ・ド・フランスの教授二名、自然史博物館の教授二名、理工科学校の教授二名、それにリセの数学の教授二名となっている。文学の場合は、コレージュ・ド・フランスの教授三名、リセの文学の教授三名である。理学と文学のファキュリテの授業は、上位の三つのファキュリテに進学するための基礎教育で、授業内容はリセの授業の継続ないし補足にすぎなかった。一方、上位の法学と医学のファキュルテにおいても「高度な学問」を目指していたとは考えられない。「勅令」の第一章第五条に、ファキュルテは「高度な学問と学位の授与を目的とする」と謳われている。「高度な学問」と「学位」は目的として必ずしも両立しがたい。学問の本来の目的は非功利的で、真理を探究し、社会の発展と人類の幸福を図るものである。学位もその修了を証する非功利的なものである。しかしここにおいて、「勅令」の後の条項を読み次ぐと、学位は官吏や資格を要する職業に就くための免状で、国家がその授与権を占有し、一定の学力基準の人材を確保することを目的としているのが明らかである。ファキュルテは資格取得のため準備教育を行い、国家に有能な人物を供給する施設と化して、「高度な学術」は二の次で、学府の存在理由を失ってしまうことになる。こうしてみると、ファキュルテは形式として旧大学の体裁を取りながら、内実は大学というよりむしろ職業教育的な専門学校が構想されていたのである。学問水準は低く、特に文学と理学のファキュルテは学区のリセと連帯して、大概はリセの教授がファキュルテの教授を兼ねたことは、先ほど見たとおりである。

五つのファキュルテの中で、神学、法学、医学、理学の四つが上位ファキュルテで、いずれの専門を選択するにせよ、まず順序として、文学のファキュルテを修了（バカロレアの取得）しなければならなかった。そして、修了（学士の学位取得）すると、さらにその上に博士の学位があった。ところで、文学のファキュルテ試験を受けるためには、リセの教育課程を修了しておく必要があった。リセの教育課程は、古典語、歴史、修辞学、論理学、数学、自然科学である。明らかに数学・自然科学と人文古典の学習を主にした内容であった。ちなみに他の中等教育の施設、公立のコレージュ、私立のアンスティチュシオンやパンシオンにおいても、初級古典語と歴史と基礎科学が教えられ、程度の差こそあれリセの教育と同じ内容であった。後ほど詳述するように、まさに古典語と自然科学を二本柱にした教育こそがナポレオン学制の特徴であった。特に自然科学の教育が重視されて、旧大学には無かった理学のファキュルテが新設され、数学、物理学、化学、博物学の深化と充実が図られている。

ところで、大革命当時にコンディヤックの思想を受け継いだ観念学派は、ナポレオンに対して批判的であった。ナポレオンも彼ら一派をイデオローグと蔑称して敵視した。前章のコンドルセ案で見たように、大革命後の教育の改革でもっとも見直され重視されたのが社会科学と自然科学であった。しかし、社会科学系の科目がナポレオン学制からは排除されている。この社会科学の軽視の傾向は、すでに一八〇二年の「公教育一般法」に於いて、国立学芸学院の改組に現れている。それまでのドヌー法に基づく「数学と自然科学」「政治学と精神科学」「文学と美術」の三部門を、「数学と自然科学」「フランス語と文学」「歴史と古典文学」「美術」の四部門に組み替えて、「政治学と精神科学」の部門が廃止されている。この部門は、感覚と観念の分析、倫理学、社会学、経済学など観念学派の学問領域で、つまりは国立学芸学院からイデオローグを追放したわけである。こうして、社会科学教育は古典語教育に置き換えられ、革命以前の教育内容の復活を図ったことで、観念学派の社会理論に支えられたブルジョア的自由主義は、ナポレオンの統制的な教育政策を許すことになった。

ナポレオンはフランス革命の遺産を継承しながら独裁体制を形成していった。教育についても、政治支配の有力な道具として利用した。大革命によって獲得した世俗権力による教育権管理の基本原則、これを利用して教育をナポレオン体制の強化に利用しようとした。

「勅令」の第五章第三八条において、「教育の基礎」を「皇帝と帝国とナポレオン王朝に対する忠誠」に置くことが明文化されている。「神学の教授」には「一六八二年のフランス僧族宣言」、すなわちルイ一四世が教皇権の制限を公にしたガリカリスムに関する勅令の遵守が強いられた。ナポレオンを頂点とするピラミッド型の中央主権的教育体制である。この体制の下で、高等教育機関はすべて国家の直接管理下におかれ、専門研究の自由と学園の自治は圧殺され、単なる専門的知識技能の教場とされ、もっぱら帝国に奉仕する官僚、技術者、軍人を養成するブルジョワ・エリートのための教育階梯として整備と充実が図られていった。統制主義と専門学校主義である。ほぼ同時期のドイツのベルリン大学の創立の理念と大きな違いである。ベルリン大学は近代的な学問の自由の理念の実現に、むしろ中世的な自治を大学制度に取り込んで、学問の一体性を総合大学の形で確保した。コンドルセはフランスの啓蒙的な合理主義をもって制度化しようとしたが、その理想とは逆の方向に進んだナポレオンの帝国大学制度は、以後のフランス高等教育制度の基礎となったのである。ともあれ、ナポレオンの構築した高等教育の体制は、一九六八年の「高等教育基本法」の制定まで約百六十年の間、フランスの大学制度の骨格として維持されたのである。

Ⅵ　むすび

パリ大学は創立が一二五三年といわれ、イタリアのボロニア大学と並んでヨーロッパ最古の大学 Universitas と目されている。しかし、その創立の年号が正確である保証はないが、このウニヴェルシタスが、ヨーロッパ全土から集った教える者と学ぶ者の同業組合、一種のギルドとして自然発生的に成立した団体であったのは間違いない。団体の成員が教師と学生であったので、「大学」の名前が付されたにすぎない。このウニヴェルシタスが、時代の国家権力やキリスト教会の教義的拘束を受けながら、また大学自らが名称と内容を変えながら、やがて近代化された教育機関になっていくことになる。

一四世紀以降、各地に多くの大学が作られるが、ほとんどが国王、諸侯、都市の資金の下に建設されたものである。もはや教学側の自発的な意志に基づく機構ではない以上、学則や規約は外部から強制され、それに従わざるをえなくなった。また、地域的な施設であるので、学徒をヨーロッパの各地から呼び集める知的光源となりえなくなった。元来の国際性は失われた。

中世の大学は世界主義的なカトリシスムに支えられたものであった。その世界観に学問体系を与えたのも、それを破壊したのも大学であった。宗教改革運動は、このキリスト教会と大学とのカトリック的共演の世界主義を終焉させた。特にドイツにおいて、大学は旧教と新教それぞれの宗派の牙城として激しく対立することになった。フランスでは、ユグノー戦争をかいくぐって、カトリシスムを守った。しかし、それが大学の旧体制の墨守となり、徹底的な中央集権化の結果、一極化したパリ大学のあまりにも強い威光の下に地方の大学は沈滞してしまったのである。

このツケはやがて大革命となってやってくる。替わるものを想定してでなく、先ずは破壊することから着手された。一切の伝統を破壊した。伝統的な特権団体である大学も同じ運命にあった。中央集権化をさらに推し進め、結局は大学を専門学校の色合いの強い教育組織に染め替えたのであった。

ドイツ教育学の碩学島田雄次郎は次のように述べている。

「ドイツにおいてはギムナジウムの確立による普通教育の完成と相まって、学芸学部は哲学部として専門学部化し、一体に大学は専門家養成の機関となって、英国型大学と明白な対象をなすと同時に、それは革命後のフランスとは違ってあくまで伝統的な大学の全体の中で行なわれた。そして一八世紀の自然科学の発達、啓蒙哲学の流行は文理の基礎学の学部としての哲学部の地位を上昇せしめ、啓蒙的寛容が宗派主義を後退せしめるに伴って哲学部が神学部に代って大学の中心的地位を占めるに至るのである。このドイツ大学の発展はさらにつづき、やがて浪漫主義的な理念が大学の形態に新しい生命を注入することとなって、十九世紀のドイツ大学の降昌が出現した。一八一〇年のベルリン大学の創立は、この点に関して画期的な意義をもつものであった。[17]」

フランスは、一九世紀後半になって、やっと次章で見るドイツ大学を手本にした総合大学の制度を導入することになるのである。

（付　記）

今、フランスでは大学改革が急速に進められている。[18] 二〇〇七年五月、大統領に就任したサルコジは、選挙公約とした高等教育の改革にすぐさま着手して、八月には大学の自律法 Loi sur l'autonomie を制定した。

フランスは全国に八三ある大学 Université がすべて国立である。教育は国家の事業というのが大革命以来のフランスの国是で、第三共和制下のジュール・フェリー法によって、「非宗教」「無償」「義務」の三原則が確定された。今日も、これは初等教育から高等教育まで一貫して変わらない。

ところで、この自律法は、日本の国立大学の独立行政法人化とよく似た改組で、各大学の独自性を認めると同時に、自己責任を強いるものである。民間資本の導入を含めた予算の自主性と産学連携などの人材活用を二本柱とする大学の組織改造を目指している。完成年度を五年後の二〇一二年としている。初年度の二〇〇八年に二〇校が名乗りをあげ、二〇一〇年には二一の大学が加わり、現在六〇％の達成率である。いずれにせよ、国家予算に頼らない自助努力を要する施策で、これまでの大学の伝統的な存立を否定した、いわば私学化ともいえる方向転換である。

この大学改革は、国の財政負担の軽減を狙ったものであるが、そればかりでなく、フランス特有の教育形態であるグランドゼコール grandes écoles との競合にかかわっている。学長に独自の権限を与え、大学の抜本的な活性化を図らなければ、優秀な生徒はグランドゼコールに流れてしまって、大学はいつまでも高等教育の名目的な役割のみを負いつづけなければならないからである。

それにもう一つ、大学の存在としての研究体制の改善の問題がある。フランスでは、研究施設は大学、グランドゼコール、国立研究機関の三つのセクションに分かれている。そのうちでも国立研究機関が、大学やグランドゼコール以上に実権を握っている。医療保険分野では国立保険医学研究所 INSERM、農業分野では国立農業研究所 INRA、そして研究員一万二千人、総所員三万二千人を擁する国立科学研究センター CNRS の存在である。これら国立の研究機関は巨額の予算を持っており、独自の研究活動を展開しているが、大抵は大学の施設と人材を利用したものである。混成研究単位 UMR と呼ばれる共同研究がこれである。教育を優先する大学には独自の研究費の予算は少なく、この混成研究単位が重要な研究源となっている。諸研究機関が大学と契約を結び、研究テーマを定め、その共同研究を主導的な立場で実行している国は、フランス以外にない。フランスの大学の特徴である。この国立研究機関からの自立が大学改革の眼目のひとつである。

（玉井　崇夫）

（1）一八七一年のパリ・コミューンは、大革命とそれ以後に起こった一連のクーデターや革命の総決算であり、いわばフランス資本主義とブルジョワ社会の総括を迫った市民運動であった。大学改革においても、第三共和政の下で、ナポレオン学制の抜本的な見直しが図られ、一八八三年、フランス全土の学部 facultés に一一項目からなるアンケートが実施されて、その結果を踏まえた大学の再建（再生というべきか）が始まった。大学自治の新たな概念を規定し（一八八五年七月二五日の政令）、学部に法人格を授与し（同年一二月二八日の政令）、学部の予算を明確化し（一八八九年七月十七日の財務法改正）、学部の連合体を構想し、それに法人格を授与した（一八九三年四月二八日の財務法改正）。そして、一八九六年七月一〇日の高等教育構成法 Loi relative à la constitution des Universités によって、この学部の連合体に「大学」Université の名称を付与した（復活させたというべきか）。名称については、本論「V　ナポレオンの帝国大学制度」を参考。

（2）Christophe Charle et Jacques Verger, *Histoire des universités* (Coll. «Que sais-je?» 391), Paris, PUF, 1994 pp. 3-5.　翻訳については、岡山茂・谷口清彦『大学の歴史』文庫クセジュ、白水社、二〇〇九年を参照。

（3）この急速な布教効果は、必ずしも純粋な信仰的な理由からではなかった。「都市にとって、プロテスタント主義は有利であった。……神学上の装いをわずかに変えただけで彼らは教会の課税と裁判からまぬがれ、しかも教会所有地の一部を私有することができた。」（デュラント『世界の歴史』第18巻、三一一頁）

（4）*An den christlichen Adel deutscher Nation von des christlichen Standes Besserung* 邦訳は「世界の名著」中央公論社。

（5）島田雄次郎『大学とヒューマニズム論』五八頁。

（6）出典の詳細は「参考文献」を参照。四頁。

（7）同頁。

（8）ウルトラモンタニスム ultramontanisme は、各国教会の自治に反対して、ローマ教会の中央集権化を歓迎する見解。一七世紀に創唱。イエズス会はその急先鋒、ガリカニスムはその対極にある。「新カトリック大辞典」第二巻（研究社）、V. Martin, Le gallicanisme et la réforme catholique, Paris, 1919 参考。

（9）Diderot, *Oeuvres complètes* Tome 11 pp. 740-868 *Plan d'une université ou d'une éducation publique dans toutes les sciences*

（10）Ibid. p. 745-746

（11）Ibid. pp. 768-769 Plan général de l'enseignement d'une université

（12）二二の大学は、パリ、モンペリエ、オルレアン、アンジェ、トゥールーズ、ペルピニャン、エクス、アヴィニョン、オランジュ、ヴァランス、ブールジュ、ポワチエ、ボルドー、ブザンソン、カーン、ナント（法学部はレンヌ）、ストラスブール、ドゥエ、ポー、ランス、ディジョン、ナンシー。Stephen d'Irsay. *Histoire des universités*。邦訳については、池端次郎『大学史』

（東洋館出版社、一九八八年）を参照。

（13）同『大学史』二〇七頁。

（14）Grand Robert と阪上孝編訳『フランス革命期の公教育論』巻末「人物略伝」参考。

（15）邦訳については、時代によって名称が異なるために、それに従って変えた。例えば、後ほどのナポレオン「帝国大学」の petite école は文字通り「小学校」と訳したが、école primaire は「初等学校」と訳した。école secondaire は二番目（上位）の初等教育の学校なので「第二初等学校」としたが、日本の旧制の「高等小学校」を借用した方がよかったか。institut は音読どおりに「アンスティチュ」とした。原義は「組織・設定されたもの」という意味である（ラテン語 institutum）。現在は Institut de France「フランス学士院」、Institut Pasteur「パストゥール研究所」などのように研究・教育機関の名称に用いている。lycée もそのまま「リセ」とした。Société nationale des Sciences et des Arts は、逐語訳すれば「国立科学芸術会」となるが、タレーラン案で Institut national、ドヌー法で Institut national des Sciences et des Arts が用いられているので、「国立学院」「国立学芸学院」にあわせて「国立学芸会」とした。

（16）*Université impériale, université de France*, l'édition électronigue http://www.inrp.fr/edition-electronigue

（17）島田雄次郎『大学とヒューマニズム論』六〇頁。

（18）URL（フランス高等教育・研究省ホーム・ページ）http://www.enseignementsup-recherche.gouv.fr/、現地報告＠パリ「キャンパス計画――フランスの大学改革」西山雄二 http://utcp.c.u-tokyo.ac.jp/blog/2008/11/post-149/ を参照。

参考文献

池端次郎『近代フランス大学人の誕生』知泉書館、二〇〇九年

別府昭郎『ドイツにおける大学教授の誕生』創文社、一九九八年

ステファン・ディルセー『大学史（上）（下）』池端次郎訳、東洋館出版社、一九八八年

島田雄次郎『ヨーロッパの大学』至文堂、一九六四年

島田雄次郎『大学とヒューマニズム論』勁草書房、一九七〇年
アントワーヌ・レオン『フランス教育史』池端次郎訳、白水社、一九八〇年
松島鈞『フランス革命期における公教育制度の成立過程』亜紀書房、一九六八年
コンドルセ他『フランス革命期の公教育論』阪上孝編訳、岩波文庫、二〇〇二年
Antoine Prost: *L'Enseignement et l'éducation en France*, Nouvelle librairie de France, 1981
Michel Lamy: *L'Université des professeurs*, Punctum édition, 2005
C. Charle et J. Verger: *Histoire des universités*, Presses Universitaires de France (Que sais-je?), 1994
Stephen d'Irsay: *Histoire des universités françaises et étrangères des origines à nos jours*, 2 vol., Picard, 1933-35
D. Diderot: *Oeuvres complètes*, Le Clud français du livre, 1971 Tome 11

第三章　一九世紀を中心とする「アングロ・サクソン」の大学

Ⅰ　日本と「アングロ・サクソン」の大学

本章の取り扱う「アングロ・サクソン」の諸大学の範囲を、まず限定しておきたい。近代以降に用いられる「アングロ・サクソン」の語義には、主に「スコットランドを含むイギリス国民の」と「英語を用いる国民の」との二つがある。日本との影響関係では、前者については、本来、スコットランドの大学も、イングランドの大学も共に含めるのが自然であろう。「英語を用いる国民の」では、アメリカ合衆国、さらにはカナダ、オーストラリア、ニュージーランド等は、明治維新に先立って設立された有力な大学を持っていた。しかし、本章では、カナダ以下の大学は検討対象から除外する。明治期を中心とする日本との交流の度合いが、無視しうる程度だったからである。（したがって本章での「アングロ・サクソン」は、「アングロ・アメリカン」とほぼ同義となる。）

西欧の学問と諸制度の輸入の方途としては、岩倉使節団を初めとする使節団の役割は大きかった。また、お雇い外国人の貢献も、クラーク、フェノロサ、モース、ベルツ等の名が、今でも人口に膾炙されるほど、深くかつ幅広かったと言えよう。しかし、留学もまた、日本での大学の形成・発展における一大モメントであったことは疑いえない。実際、「アングロ・サクソン」諸大学への留学者の間にも、日本の主要な大学を指導し設立した者が少なくなかった。イェールの山川健次郎（東京、九州、京都帝国大学総長）、ジョンズ・ホプキンズの佐藤昌介（北海道帝国大学初代総長）、ハーヴァードの目賀田種太郎（現専修大学・現東京芸術大学創設者）及び金子堅太郎（現日本大学創設者）、ミシガンの外山正一（東京帝国大学総長・文部大臣）、ケンブリッジの菊池大麓（東京、京都帝国大学総長・文部大臣）、ロンドンの佐藤善作（現一橋大学初代学長）及び森有礼（初代文部大臣）は、その代表格であった。

留学が与え得た影響の具体例として、後の帝国大学法科大学の教授、穂積陳重（一八五六―一九二六）が、明治一二年、文部大輔田中不二磨に宛てたイングランドからドイツへの転国の願いを挙げたい。文部省の留学生としてイングランドの法学院（Middle Temple）に学んだ穂積は、法学のさらに精深な研究のためドイツの大学への転学を希望した。この際、法学院のみならず、当時のオックスフォード、ケンブリッジ、ロンドンと、ドイツのベルリン、シュトラスブルクとを、教員数や法学教科数について比較し、法学研究遂行の条件面でのドイツ大学の優越を、時の文政の最高責任者に向けて主張したのである。別な例は、明治の初期ケンブリッジで数学を学んだ菊池大麓（一八五五―一九一七）である。菊池は東京、京都帝国大学の総長、文部大臣を歴任の後、合衆国での講演旅行を経て、大正三年、時の諮問機関たる教育調査会において、大胆な大学改革案を提起した。当時の五年制の中学を実質六年に延長し、それに続く高等学校、専門学校を学芸大学（カレッジ）に改組すると共に、帝国大学も同じ学芸大学の上に強力な研究部を備える構造として、年限の短縮と基礎訓練の充実とを図った案であり、三十余年先の戦後大学改革を彷彿とさせた。本来は同等であるカレッジと大学は、単科か総合かの根拠では区別できず、学士課程と研究部（大学院）への比重のかけ方によって分けられる、と主張したのである。

手塚晃編集の『幕末明治海外渡航者総覧』によって、一八六一年（文久元年）から一九一二年（明治四五年）に

表1　留学先としてのアングロ・サクソン大学の国・地方別分布（5名以上）

	イギリス		アメリカ合衆国	その他（カナダ・豪州等）
	スコットランド	イングランド		
大学数	2	5	27	0

至る日本人留学者の渡航先を調べてみよう。スコットランドを含むイギリスと、合衆国については、この間多数が留学した。例えばオックスブリッジ（オックスフォードおよびケンブリッジの両大学）には計約六〇名、ロンドン大学（≒ユニヴァーシティ・カレッジ、後に説明）には約五〇名、イェール、コロンビア、ハーヴァードにはそれぞれ六〇名、五〇名、四〇名が学んだ。他方、カナダ、オーストラリア、ニュージーランドで、複数（二名）が留学した唯一の大学はカナダのヴィクトリア大学であり、他には、有力大学の名前は一校も登場しないのである。

同じ『総覧』を参照して、幕末から明治四五年までイギリスと合衆国の留学先の大学数を見てみよう。留学生五名以上の大学は表1のように分布していた。大学数で見る限り合衆国が断然優位であり、イングランド、スコットランドが続いた。したがって、まずアメリカ合衆国の大学無しで済ますことはできない。次いでイングランドが重要である。スコットランドは、工部大学校を通して明治日本と深く交流した。しかし、この地域の大学は大陸との共通点が顕著であった。二〇世紀の初頭、合衆国のダートマス・カレッジのレオン・リチャードソン（Leon Richardson）は、長期滞在して英国の大学を比較研究し、「ケンブリッジとエディンバラは、地理的には近接しているが、大学の特色という点では、対極的に異なっている」と結論した程である。加えて紙数の関係もあり、ここではスコットランドの諸大学は、最小限しか言及しない。

本章は、「一九世紀を中心とする『アングロ・サクソン』の大学」の特色と変遷を論ずるが、実際にはイングランドと合衆国それぞれ数校に焦点を合わせ、比較検討せざるをえない。したがって、以下、個別の大学を選定する際の着眼点を述べておきたい。イングランドでは、日本からの留学生数の点でも、また大学史上の位置から判断しても、オックスフォード、ケンブリッジ、ロンドン（＝ユニヴァーシティー・カレッジ）の三校を取り上げざるを得ない。（ロンドン大学の複雑な背景については後述する）。大学の数も多く、地理的にも広大な地域に分散する合衆国では、留学先も裾野が広い。イングランドとの比率を考慮に入れ、三校の五倍強の十六校を上位から取り出すと、ハーヴァードからシカゴ、ミシガンからウィスコンシンまでの、主要な私立大学と州立大学が網羅される結果となる。

表2は、イングランドと、合衆国での日本人留学者の専攻別の人数を示す。ロンドン、オックスブリッジ、合衆国の一六校、うちランド・グラント大学（一八六二年のモリル法で連邦政府から援助を得て、応用部門も強調した、主に州立の大学）六校について、それぞれ専攻別の留学者数と全体に対する百分比を示す。予想されるように、ロンドン大学では工学、財政・金融、法学、経済学、化学等、新興国に不可欠な実用的分野への集中が目立った。オックスブリッジでは、人文学こそトップではあったが、続く法学、財政・金融を合わせると人文学を凌駕していた。合衆国の一六校では、人文学が断然一位であって、法学、財政・金融、工学と続いた。応用部門を強調したランド・グラントの六校でも、人文学は断然他を引き離し、法学と工学が次席を分け合った。留学生全体の専攻別では、オックスブリッジと、合衆国での主要な大学の間には共通点が目立ったのである。確かに、明治八年から明治三三年の間の文部省留学生のみに絞れば、専攻別のパターンは変わり、合衆国への四二名中、工学専攻者は一六名と他を圧していた。しかし、工学専攻者はイギリスでも六五名のうち二一名で第一位、ドイツでも一九七名中二一名で、医学に次いで二位であった。明治期の文部省は、合衆国を含めたいずれの国にも応用分野の

表2　イングランドと合衆国での留学先の日本人留学生専攻別数とその百分比(カッコ内は%)

大学／専攻分野	ロンドン大学≒ユニヴァーシティー・カレッジ	オックスブリッジ合計	合衆国上位16大学計	16校中ランド・グラント6校計
人　文	2	20(36)	114(34)	41(33)
財政・金融	6(14)	10(18)	35(10)	5 (4)
経済学	4 (9)	5 (9)	14 (4)	2 (2)
法　学	5(10)	12(21)	48(14)	23(18)
政　治	2	1 (2)	4 (1)	3 (2)
化　学	4 (9)	0	16 (5)	4 (3)
物(数)理	0	1 (2)	4 (1)	3 (2)
生　物	1	2 (4)	13 (4)	2 (2)
農　学	0	0	14 (4)	10 (8)
医　学	3 (7)	1 (2)	28 (8)	3 (2)
工　学	10(23)	2 (4)	35(10)	23(18)
建　築	3 (7)	0	2	0
軍　事	3 (7)	0	7 (2)	2 (2)

専攻者を多く派遣したのである。こうした事実は、明治期日本からの「アングロ・サクソン」諸国への留学の「目的」について、再考を促す。同時に、合衆国のランド・グラント大学を、過度に農工大学（A & M）として特徴づける通説にも修正を迫る。ランド・グラント大学は、ロンドンのみならず、オックスブリッジとも共通点を有したと推論される。一体、類似点は何であり、相違点は何だったのだろうか。

以上のような問題意識に立ち、合衆国では次の大学を特に分析したい。まずイェール大学（Yale University. 1701-）。明治期を通して、「アングロ・サクソンの大学」中、最大数の日本人留学生を迎え入れた。国内においても、在籍学生数と他のカレッジへの影響力で、筆頭の位置にあった。さらに、他の機関に先駆けて学術博士を授与し、科学校を設置した。他方、保守的なカレッジの教育宣言たる「イェール・レポート」を一八二八年に公表した。当時の合衆国の複雑な様相を反映した大学であった。イリノイ大学（University of Illinois-Urbana. 1867-）。最初から一貫した思想に基づき、ランド・グラント大学として設立された州立大学である。多くの大学がモリル法の成立後に、州の思惑に左右された中で、イリノイはランド・グラント大学の思想上の生みの親たるジョナサン・ボールドウイン・ターナーの直接の影響の下、長期の検討を経て創設された、生産者向けの新大学であった。ウィスコンシン大学（University of Wisconsin-Madison. 1848-）。キャンパスの外延を州境と定義し、政治行政と大学との緊密な協力を推進する「ウィスコンシン・アイデア」を提唱し、二〇世紀への転換期に、「最もアメリカ的」（Charles W. Eliot）と目された大学であった。アメリカ的民主主義の立場から、伝統的な学芸学部、神学、医学、法学に替えて、近代の「総合大学」が網羅すべき教育研究分野と組織を、明確に提唱し、具体化した大学である。ちなみにイェールを含む以上の三大学は、一九世紀の後半においては、すべてランド・グラント大学であった。

Ⅱ　イングランドの大学

（1）　ロンドン大学

一九世紀のイングランドでの大学の新動向を観察・叙述するには、中世からの独占機関としてのオックスブリッジをひとまず脇に置いて、ロンドン大学の創設から入る必要がある。しかし、ロンドン大学の発足が、同時代のオックスブリッジの実態を背景とせずには理解し難いのも事実である。いち早く産業革命を成し遂げ、ベンタム（Jeremy Bentham）とハーバート・スペンサー（Herbert Spencer）をスポークスマンとしたこの時代のイングランドは、通常、世俗化した社会と映り、他方、ピューリタニズムの伝統とウィリアム・ジェイムズ（William James）の合衆国は「キリスト教国」と見なされがちである。けれども、大学に焦点を合わせると、事態は正反対でさえあった。サンダーソン（Michael Sanderson）等の比較によれば、一九世紀後半のハーヴァードでは学生の父親の四六パーセントが実業家であったが、同時期のオックスブリッジでは四パーセントに過ぎなかった。卒業生の職業は、オックスブリッジでは一八一八年、一八四八年のいずれも聖職者が約五〇パーセントで他を圧倒していた。ハーヴァードでは一八五〇年代、聖職者は八パーセントで、五一パーセントの実業家に遥かに及ばなかった。実業界から見れば、この時期のオックスブリッジでは、実用的な訓練が殆ど皆無と感ぜられたであろう。他方、伝統指向の大学人の判断では、学生の宗派に無関心で神学を教授せず、実用的な訓練に専念する教育機関が大学の名を騙るなど、おこがましいことだったのである。

一八二八年出立したロンドン大学（一八三六年以降は、新ロンドン大学体制のもと、ユニヴァーシティー・カレジとなる）は、ベルリンやボンと共に、スコットランドの諸大学と合衆国のヴァージニア大学を特に参考にしたという。当時のエディンバラやグラスゴー、ヴァージニアは、啓蒙思想を体現した大学であった。自然科学が代表する近代知の拡大と、社会の問題解決へのその広範な応用を志したのである。トーマス・ジェファーソン（Thomas Jefferson, 1743-1826）の指導の下、一八二五年開学したヴァージニア大学は、ヨーロッパ大陸の影響下にありながらも、伝統的な学部を設けなかった。大学全体を古典語から法学までの八つの独立した学科（Schools）に分け、学問の発展に応じてそれぞれが科（Departments）へと分化しうる仕組みを導入した。他方、学生はそうした学科が開講する科目をいかなる順序でも自由に履修できた。既成の大学が依拠した知の固定的・階層的体系を否定した訳で、その結果、初期のヴァージニア大学は各学科が発行する免状を除き、学位を授

表3　ロンドン大学，キングズ・カレッジ，オックスブリッジの学生数

大学＼年	1828	1831	1835	1840	1845	1850
ロンドン	c.580	c.630	c.560	c.570	c.500	c.460
キングズカレッジ	—	764 (162)	824 (419)	811 (462)	955 (502)	954 (447)
オックスブリッジ	c.1800		c.1900		c.1800	

与しなかったのである。

一八二六年時点でのロンドン大学の科目開講予定分野は、語学、数学、物理学、精神・道徳科学、英国法、政治経済学、医学であり、ヴァージニア大学での八つの学科（Schools）とほぼ重なった。両者は共に神学を欠いていた。翌年には工学教授のポストを、一八四〇年代には、化学教育の専用の実験室を、他に先駆けて開設した。予測できるように、ロンドン大学の設立の直後、類似の教育内容を掲げながら、しかし「健全な宗教」と「有用な学問」の結合を目指した、神学重視のキングズ・カレッジがロンドンに設立された。宗教強調の一点を除けば、新カレッジの教育内容はロンドン大学と近似していたのである。

初期の両大学では、大学への出資者を中核とする審議会（Council）が、教員人事やカリキュラムの策定を含む一切を審議した。教員たちは大学の管理・運営に参画しなかった。宗教への態度では対立こそすれ、両大学とも時代遅れのオックスブッリジに対抗し、社会の趨勢を反映した有用な大学教育を旗印としたのである。しかし、ロンドン、キングズの両校とも、学生数、特に本科生数の少なさに悩まされた。表3は、開学から一八五〇年に至る両校の学生数と、平行した時期のオックスブリッジの学生数を示す。ロンドン大学は学生数二千人を目指したが、一八五〇年でその四分の一さえ保持できなかった。キングズ・カレッジは多少とも上回ったが、しかし本科生数は、予科生（カッコ内）以下でさえあった。ロンドン大学の事態も同様であった。課程修了者は、輪をかけて少数であった。

新構想の両大学は、理工系を中心に新機軸を導入したが、しかし、財力ではオックスブリッジに全く及ばなかった。例えば、ロンドン大学での一八三二年からの四年分の図書購入費五〇ポンドは、キングズ・カレジの授業料二名分に満たなかった。これに対し、オックスブリッジは各カレッジの豊かな資源を背景に、個人教授を通して、文化遺産の正確かつ統合的な伝達に腐心していた。そうした立場からは、学生あたり週に三〇時間超の講義の聴講の累積を根拠に学位を授与することなど、容認し難かったであろう。オックスブリッジが、両新大学への学位授与権の付与に反対したのも頷けるのである。実際、初期のロンドン大学とキングズ・カレッジは、開学時のヴァージニア大学と同じく、科目ごとの証明書のみを発行した。リチャードソンによれば、啓蒙思想的な実用・職業指向の両カレッジは、特権的な学位よりも、科学的に鍛えられた正確な技能の方を長く重視した。

しかし、学位の取得への期待は押さえ難く、一八三六年、根本改革が導入された。この年、学位審査・授与に特化したロンドン大学が新設された。旧ロンドン大学自身は、ユニヴァーシティー・カレッジへ名称を変更し、キングズ・カレッジと共に、独自での学位授与権は持たず、審査機構たるロンドン大学の提携校となった。両校の卒業生が、初の学士号（B.A.）を新ロンドン大学から取得した一八三九年、その人数はユニヴァーシティー・カレッジが一七名、キングズ・カレッジが四名のみであった。幕末以降ユニヴァーシティー・カレッジで学んだ日本人が、留学先としてしばしばロンドン大学と報告したのも頷ける。厳密な意味でロンドン大学の卒業生となるには、両カレッジその他で教育課程を修了し、その上でロンドン大学の試験に合格する必要があったのである。

それにしても、一八三六年の改革の意義は何であったか。第一に、オックスブリッジに対抗するロンドン所在の「大学」を流産させた一方で、学位の水準低下を防止した。表4が示す如く、一八四〇年、ユニヴァーシティ

表4　ロンドン大学（学位審査授与機構）による認定での合格者数

年度＼学位	学士（B.A.）	理学士	理学博士	法学士	医学士
1840	30			2	19
1845	37			2	16
1850	58			3	12
1855	63			5	14
1860	63	2	—	9	24
1865	50	9	5	18	23
1870	61	11	6	4	24
1875	61	20	0	13	19
1880	94	27	1	19	39
1885	183	38	6	12	51

ー・カレッジおよびキングズ・カレッジに在籍した学生が数百名に達したのに対し、同年、ロンドン大学が授与した学士号は、わずか三〇件であった。医学士、法学士はさらに少なかったのである。第二に、一八六〇年代からは理学の学士および博士といった、特にオックスフォードが象徴する人文学とは峻別される実験科学や応用分野の学位を、少数ではあるが審査・授与し、大学での科学研究を促進した。第三に、一九世紀後半、バーミンガム、ブリストル、リーズ、リヴァプール、ニューカッスル、ノッティンガム等の市民大学（Civic Universities）が簇生したが、これら大学に外部から学位を授与することで、イングランドでの新傾向の大学の水準維持に貢献したのである。

(2)　オックスブリッジ

一九九八年に公刊したイングランドの古典教育変遷史の中で、ストレイ（Christopher Stray）は、一八五〇年代に王立委員会が着手し、一九二〇年代まで継続したオックスブリッジ改革の大筋を、次のように叙述している。

英国国教会直属で、カレッジを基本単位とし、圧倒的に古典と数学とを中心に教えた機関が、多様化したカリキュラムを備えた、学部を根本的な単位とする世俗的な組織へと変容したのである。

まず英国国教会との関係であるが、一九世紀の前半期、オックスブリッジ卒業生の四分の三は英国国教会の聖職に就いた。予想されるように、こうした聖職者勢力は、大学人と双璧をなしてオックスブリッジの管理運営に当たった。加えて、オックスフォードは、世界の大学の中でもほぼ唯一、学士学位（B.A.）取得の要件として神学をカリキュラムの中央に配していた。最後に、一八五〇年代まで、英国国教徒以外は、オックスブリッジ入学も学位の取得も叶わなかった。両大学は正しく、英国国教会に直属の機関だったといえる。

次いでカレッジ問題があった。周知のように、オックスブリッジは、大陸の大学とは組織上袂を分ち、複数のカレッジの集合体として発展した。一九世紀後半の大学改革期を通して、イングランドの知的階級は、この特異な組織についての自覚を強めた。そうした一人ハミルトン卿には、オックスフォードは「公的な性格を有するひとつの大学ではなく、私的な学校の単なる集合体でしか」なかった（安原・成定訳の語順を多少変更）。初期のオックスフォードは、パリやボローニャには顕著であった「国民団」を持たず、その代わりに、すべての大学構成員にカレッジないしホールへの所属を求めた。一六世紀の初頭には、五五のホールが一二のカレッジを圧倒していたが、しかし宗教改革に伴う学生数減少の中、カレッジがホールの殆どを吸収して、人事面でも教育訓練の実施でも、大学を実質支配する体制を確立したのである。

カレッジの構成員の中核は自らが選出するフェローであり、その一部がチューターとして、主にギリシア・ローマ古典と数学の訓練を担当した。パティソン（Mark Pattison, 1813-1884）によれば、一八四〇年代のオックスフォードでは、古典とは「ギリシア語の四冊、ラテン語の四冊、計八冊」であった。ケンブリッジを風靡した数学は、護教論的なニュートンの自然哲学の「言語」として幾何学が果たした特別な役割に淵源したという。研究者の指摘にもあるように、現在知られているチュートリアルが一九世紀から徹底されていたとは見なせない。にもかかわらず、チューターがテキストに基づき、学生たち個々の達成度を確認しつつドリルや説明を繰り返す教育スタイルは、比較的少人数の生活共同体としてのカレッジで定番となっており、そうした環境の中でこそ効果的に実施可能であった。このような訓練では、個々のチューター間の分野別分業は有効でなく、パティソンによれば、当時のオックスフォードのチューターは、自分の所属する「カレッジで教えるすべての科目をすべての学生に教えていた」のである。かくして、一九世紀前半のオックスブリッジでは、ギリシア古典と数学で構成する「一般教養課程」が「大学教育のすべて」であった。ニューマン卿（John Henry Newman）も、この時代のオックスブリッジでは「神学も医学も法学もなく、あるのはただ学芸（Arts）のみである」と述べた。これら叙述が想起させるのは、「一般教養」（神学、哲学、〈学芸〉）こそ中世大学のすべてだった、とのオルテガ（José Ortega y Gasset）の主張である。もし大学がその起源から一般教育の機関であり、カレッジ組織こそ教養の伝達に相応しかったとすれば、ニューマン卿が生きたオックスブリッジこそ、中世大学の正統な後継者だったこととなる。

一九世紀オックスブリッジでの古典・数学中心の教育は、精選した文化遺産を、人間の生き方との連関の中で、徹底的に身にしみ込ませる訓練であった。オルテガのいう、特定の時代の「世界と人間とに関する知の体系」の伝達の一形態だったのである。したがって、そうした訓練への典型的な批判は、オックスブリッジの教養の体系が新時代の要請に照らして今や妥当性を欠く、との指摘であった。実際、新時代に有用な訓練を大都会で実施し

表５　1870年時点でのオックスブリッジの分野別フェロー構成

大学＼分野	古　典	数　学	法近代史	自然科学	合　計
オックスフォード	145	28	25	4	202
ケンブリッジ	67	102	2	3	174

たロンドンの二大学は、世間から超絶したオックスブリッジの教育を無益と批判した。当然ながら旧い二大学は、自らの教養教育こそあらゆる職業に向けた優れた準備教育だと反論した。時を同じくして北米では、イェール・カレッジが一八二八年、類似の批判に対し「イェール・レポート」を著して応戦した。改革への圧力下の一九世紀、大西洋を挟んで伝統的な大学が突きつけられた課題は共通していた。しかし、後に比較する如く、論調ではともかく、オックスブリッジとイェールの教育訓練の実態は、教員構成から判断しても、互いにかなり隔たっていた。

ここでは表５として、一八七〇年時点でのオックスブリッジにおけるフェローの分野別の構成のみを掲載する。（イェールは後出表７を参照）。古典、数学に極端に偏っており、逆に自然科学に極めて薄かったことは一目瞭然であろう。

イェールとオックスブリッジの間に顕著なもう一つの違いについては、ここで触れておきたい。一八二七年のイェールの教員は一九名、在籍学生は五〇一名であり、教員対学生比は一対二六であった。一八七五年時点では、教員二六名に対して学生六四二名、同比は一対二五で、五〇年前とほぼ同じであった。一八七一年のオックスブリッジのフェローは計三七六名、学生は四千名弱で、ほぼ一対一〇の教員・学生比であった。オックスブリッジ（の諸カレッジ）の財源の豊かであったことが知られる。実際、一八六〇年代、学校と大学の調査のため、長く大陸に滞在したマシュー・アーノルド（Matthew Arnold）も、ドイツの大学に比してのオックスブリッジの豊かさを自戒の念を込めて報告した。貴族好みの学校でしかな

表6　オクスブリッジの財産・収入とその大学・カレッジ比率：1871年

大学＼財産・収入		所有地面積（エーカー）	大学・カレッジ比	収入（法人使用分ポンド）	大学・カレッジ比
オックスフォード	大学	7,683	1	32,151	1
	諸カレッジ	184,764	24	330,836	10.3
ケンブリッジ	大学	2,445	1	23,642	1
	諸カレッジ	124,826	51	278,970	11.8

かった当時の両大学は、研究活動や上級学位の審査等で、大陸の気を引く内容を全く欠いていた。にもかかわらず、アーノルドの面会したドイツ人たちは、イングランドの大学基金（endowments）が、両国力の比をさらに三倍も上回る程潤沢であった点に、羨望の念を隠さなかった。その相当な部分は、オックスブリッジの各カレッジの所有だったのである。

英国議会の大学改革委員会は一八七四年、オックスブリッジ改革の重要な前提として、両大学の財政状況を詳細に調査した。表6は、一八七一年時点での、大学（University）と諸カレッジの所有地の面積および収入を対比で示している。オックスブリッジいずれでも、所有地については二四倍から五一倍、収入では一〇倍から一二倍という割合で、諸カレッジが、学位を授与し全学向けの講義を提供する「公的な」大学を圧倒していた。私的な各カレッジが独自に所有し管理した資産を、公的な大学での高度な研究教育のために活用することがいかにして可能か。この問いこそ、議会が主導した一連の改革のうち、一八七〇年代には一大論点となった。どのような規模の改革の具体化にも、諸カレッジの資産・収入の充当が不可欠だったであろう。オックスフォードの総長カーズン卿（Lord Curzon of Kedleston）は、一八五〇年から一八七七年までの改革内容を五項目にまとめたが、そのうち三つはカレッジの財源の活用を巡っていた。すなわち、（大学の）教授職の再活性化と基金の確保、大学の教育研究の明確な組織化、そして小規模かつ窮乏した大学財政の、諸カレッジの財源を以てしての好転化、であった。もちろん、かかる財政上の改革がスムーズに進行した訳ではない。例えば、ケンブリッジの過半数のカレッジは、収入の五パーセントを大学に寄付せよとの改革委員会の勧告を、一八五六年および一八六九年の二度にわたり否決した。にもかかわらず、一九世紀の半ば以降、オックスブリッジの教学組織とカリキュラムとは、大きく変容し始めたのである。

一八五〇年の改革委員会は、大陸の諸国と伍して英国を発展させるため、オックスブリッジでの専門的な科学の研究教育の重点化の必要を強調した。個別カレッジの取り組みでは、所期の目的は達成し難かった。そこで、教授（professors）と大学講師（university lecturers）を多数任用して大学側の体制を整備強化し、専門分野の活動の推進を目論んだのである。改革者パティソンも、一八六〇年代までには、委員会と同様な立場を採用するに至った。一八六五年以降、オックスフォードの教育は、一般教育と専門教育とに二分割された。しかしパティソンには、例え小規模でも、ルネサンス以来の古典中心教育を残すのは不徹底と映った。大学は、多種の職業に応じてカリキュラムを多様化し、大変貌を遂げた実社会との繋がりを回復すべきであった。そうした試みで、大学が雑多な職業訓練の寄せ集め所帯に堕することはない。なぜなら、文科系を含めた専門諸分野は、科学という知の獲得方法を堅固に共有していたからである。

しかし、大学教育の核心に教養を据えた論者は、ニューマン卿を筆頭に多かった。その一人がケンブリッジのヒューウェル（William Whewell, 1794-1866）であった。後世には科学史家として知られた彼は、古典語と数学（力学を含む）を教養の中核と認め、諸科学の大学への侵入に歯止めをかけた。地質学、化学、博物学等の基礎をなす膨大な事実は、さまざまな利用価値を持ちつつも、極めて流動的であって、文明の堅固な基盤としての大学の教養の衰退を導きかねないと論じ、教育の中核から排除したのである。こうした議論は、歴史の現実に照らしても無視し難かった。確かに一九世紀の前半から、オックスブリッジでの教育研究も徐々に専門分野化しつつあった。にもかかわらず、アシュビー（Sir Eric Ashby）が後に回顧したように、イングランドの諸大学は、ドイツ大学とは違って、科学革命に適応して変容した際、教養教育を放擲しなかったのである。

では、教養教育を保持しつつ専門化したオックスブリッジの姿勢は、一九世紀後半の教学組織をどのように変容させたか。英国議会が改革を開始した直後の一八五三年、オックスフォードは、在学生向けの二段階の試験科目制を導入した。ギリシア・ラテン文学と純粋数学とからなる第一試験に加え、数学期間の後に四分野（Schools）からなる第二試験を実施することになった。すなわち、人文学（Humane Letters）、数学および物質科学（Mathematical and Physical Sciences）、自然科学（Natural Science）、法学および近代史（Jurisprudence and Modern History）であった。しかし、既述のように、学生たちの指導に当たったフェローの分野別の偏りは著しかった。一八七〇年に至っても、オックスブリッジの科学のフェロー総数は七名（二パーセント）のみであった。旧二大学での教学面での本格的な内部改造は、未だこれからであった。同時代人のスミス（Goldwin Smith）が証言したように、教育の中心が文芸から科学へと移行したこの時代、オックスブリッジよりもロンドン大学の学位の評価の方が高かったとしても不思議はないのである。

最後に、試験の科目の新分野は、教員の組織をどのように変えたのか。オックスフォードの総長カーズン卿によれば、改革の初期の一八五〇年代までは、学部（Faculty）とは学生に学位を授与する分野を指していた。すなわち学芸、音楽、神学、医学そして法学であった。しかし、一八八〇年代前半に至る改革を経て、学部（Faculty）の意味は変容し、それぞれ別個の委員会（Board）のもとへ集う研究専門分野グループ（単数ないし複数の集合）を指し示すようになった。多分野を包括したカレッジとは別な、専門分野を根拠とする教員集団が登場したのである。一八八二年のオックスフォードでは、委員会（Boards）は学芸の三つ、すなわち（1）人文学（Literae Humaniores）、（2）近代史（Modern History）、（3）東洋諸言語（Oriental Languages）、それに（4）神学、（5）法学、自然科学の二つ、すなわち（6）医学と、（7）数学を含む自然科学、の合計七学部（Faculties）を数えた。では専門分野別の学生数はどう変化したか。一八七〇年からの四〇年間のオックスフォードでは、優等学位取得者の増加率が圧倒的に大きかった分野は、二〇世紀初頭に古典を抜いて首位に躍り出た近代史であった。象徴的にもこの間、オックスフォードにおいて教授による大学管理を主張し、大学全体の世俗化を高らかに掲げて改革に邁進した人物こそ、歴史家のヴォーン（Halford Vaughan）だったのである。後の節で見るように、こうした動向は、世紀の転換期における合衆国での社会科学の台頭と、呼応し合っていたかの如くである。

Ⅲ　アメリカ合衆国の大学

（1）　先駆としてのヴァージニア

周知のように、オックスブリッジは、アメリカ合衆国でのカレッジ・大学の発足に大きな影響を与えた。植民地時代に開学したハーヴァードとウィリアム・アンド・メアリーとは、それぞれケンブリッジのエマニュエル・カレッジおよびオックスフォードのクィーンズ・カレッジをモデルとして設立された。しかし、一九世紀のイングランドへは、合衆国の思想・制度が早くも逆輸入された。既述の如く、一八二五年開学のヴァージニア大学は、ドイツのベルリン、ボン大学と並び、直後に創設されたロンドン大学（後のユニヴァーシティー・カレッジ）にモデルを提供した。しかし、ベルリン大学は、一八一〇年の開学時、すでに五十名を超える教員を擁し、一八三〇年時点で二一七五名の学生を収容したドイツ最大規模の大学であった。これに対してヴァージニア大学には、わずか八名の専任教員の下、一一六名の学生が在籍したのみであった。したがって、ロンドン大学の創設者たちがヴァージニア大学に注目したのは、外観の花々しさ、研究教育上の卓越した業績ではなく、ジェファーソンが中心となり打ち立てた構想、特徴だったのであろう。一九世紀の末オックスフォードに学んだアメリカ人コービン（John Corbin）によれば、一八一九年のヴァージニア大学構想の出現まで、合衆国でのカレッジ・大学の唯一のモデルは、英国のカレッジを真似たハーヴァードであった。言い換えれば、ヴァージニア大学は、新天地でのカレッジ・大学観に大変革を引き起こした。実際、ブルーベッカーとルーディーは、そのアメリカ大学通史の中で、ヴァージニア大学一校だけに「初期の『革命的』大学」、とラディカルな小見出しを付している。ジェファーソンの大学の革命的な特徴とは、何だったのであろうか。

まず目立つのは神学を排除した点である。本章ではすでに、オックスブリッジを背景としたロンドン大学の創設を瞥見した。一九世紀前半のオックスブリッジは、英国国教会の附属機関のごとき役割を果たした。ロンドン大学は、宗教を強調した（ロンドンの）キングズ・カレッジの挑戦さえ受けた。合衆国では一九世紀初頭まで、ハーヴァードやイェールは州の公認宗派と緊密な関係を維持し、州からの資金援助を得ていた。加えて、一九世紀の学術を牽引したドイツの諸大学も、例外なく神学部を持っていた。そうした歴史に照らすと、ヴァージニア大学が神学を欠いたことは、かなり異例であった。しかも、ジェファーソンは、彼の大学は「いかなる宗教も取り込まないのみならず、すべての宗教に敵対する（against all religion）」と公言したのである。何故に敵対したのであろうか。宗教間の平等の原則や、連邦議会が表明してきた信教の自由を考慮して、というのが公式の説明であった。しかし、書簡では大胆な表現を用い、例えばカルヴァン派の信者たちは、自らの箇条を擁護できなくなると、「合理的思考に耐えきれず、イライラして、弾劾も辞さなくなる」と率直な危惧を表明した。これでは、学問の自由な遂行が脅かされるであろう。後のプラグマティズムの用語を用いれば、ジェファーソンはすべての宗教の根柢に、信念を獲得する「権威の方法」を認知した。その反面、彼と支持者たちは科学の進歩と、その普及による国家の向上を、強く確信していたのである。

「科学の方法」への信頼を前提に、ヴァージニアでの新企画を検討してみよう。まず、学生たちによる選択制があった。ジェファーソンの開学前の抱負では、無制限の選択の自由とも読めた。しかし、実際には、学生たちの自由は、八名の教授が担当する八つの学科（Schools）のうち、いずれか三つを選ぶ自由であった。三つの専門分野内では、科目は指定されていたのである。したがって、この選択制の重要な眼目は、学問の分野間に根深い位階構造を「科学の方法」の立場から否定し、分野間の平等を提唱することにあった、と見なすべきであろう。古典語と数学との特別視と、他の諸分野の周辺化との上に成立していた伝統的な学位は、当然にも拒否されたのである。

学問間の平等の主張は、ヴァージニア大学の管理組織にも反映した。シュミット（George P. Schmidt）によれば、合衆国では学長が伝統的に教育面でも管理面でもひときわ高く聳え立ち、「他のすべてを圧倒する実力者（the dominating influence）」であった。初期のヴァージニアでは、八名の教授の一名が、一年を限度に議長（Chairman, 実質の学長）として、行政を交代に担当した。ジェファーソンの一つの目論みは、すべての教授を大学運営に精通させることにあったという。同時にしかし、どの専門分野も突出して他を支配できない仕組みでもあった。ヴァージニアの史家ブルース（Philip Alexander Bruce）によれば、この仕組みにはジェファーソンの「民主的思想の神髄が」「明瞭に刻印されて」いたのである。

ヴァージニア大学は、科学の普及による社会の根本変革を目指した一八世紀の啓蒙思想の、大学制度への大胆な適用実験であった。ロンドン大学の創設時に、一つのモデルとして採用されたのも頷ける。現実には、ヴァージニアの試みの多くは後退を余儀なくされた。無学位の方針は一八三一年に撤回され、古典語と数学を含む五学科の要件の修了者には、修士（Master of Arts）が授与され始めた。学長職の一年交代制も一八二八年、創設者の死後わずか二年で廃止の憂き目に会った。しかし、こうした後退で、草創期の努力が水泡に帰したとするのは早計であろう。例えば、一八六九年、ハーヴァード学長に就任した若きチャールズ・W・エリオットは、学問分野間の優劣を巡る対立を無用と一蹴し、ハーヴァードには「それらすべて（の分野）が必要だ、しかもそれぞれ最高の水準において」と宣言した。ヴァージニア大学に託したジェファーソンの学問観は、四〇年を隔てて確かに受け継がれた。同時に、履修上の選択制度も、一層大胆に提唱・実践された。創設からしばらくのヴァージニアは量的に目覚ましく発展を遂げたわけではないが、しかしその構想と実験とは、後続者に対し改革のビーコンを発し続けたのである。

(2) イェール・レポート、科学校、ランド・グラント大学

ヴァージニアに続くアメリカ的近代大学の発端は、意外にも、直後のイェール・レポートであった。一九世紀を通して大きな影響力を誇ったイェール・カレッジは、古典を中核とする伝統的な教育を疑問視され、一八二八年、学長ジェレマイア・デイ（Jeremiah Day, 1773-1867）および古典語担当のジェイムズ・L・キングズレイ（James L. Kingsley, 1778-1852）が二部構成の報告書を作成して、こうした疑問に応えた。その応答の核心は何

であったか。ある歴史家たちによれば、当時の典型的なカレッジ教育課程の擁護であり、「古典語、科学、そして数学の修得の強調」であった。別な歴史家たちは、「学生たちが、卒業後は実生活の喧噪の中で……学ぶ機会を持たないような文芸および科学上の学業」の習得に専念させようとした、と解釈した。両者共に、期せずして科学（science, scientific studies）に言及したが、確かにこれは、レポートの第一部から自然に読み取れる事実であった。ところで、「伝統的なカリキュラム」「カレッジの教育課程」の中核に科学を居座らせたイェールの図式は、既出のオックスブリッジでの教養とはいささか齟齬があった。一九世紀イングランドでは、教養は古典と数学（力学を含む）とに益々収斂し、化学や地質学等の実験科学・フィールド科学とは距離を保っていたのである。オックスブリッジでは科学の専門家が極めて少なかったことは、既に繰り返し確認した。

イェール・レポートのカレッジ教養教育論では、なぜ科学（science, scientific studies）が中心を占めたのか。オックスブリッジの場合と同じく、レポートは現場で実践的に身に付く知識、専門職向け訓練の内容をカレッジでの教育から排除した。しかし、他方、単なる経験依存的な知恵と、科学的な原理に基づく知識とでは、応用範囲の広さと深さの点で雲泥の差があることを強調した。教養としての科学の諸原理の威力は、後に実践知・経験知と結合することで却って十全に発揮されえた。したがって、イェール教育の目標は、「専門職に向けての訓練、もしくは高度な商業、機械工業、農業の経営に特有な業務の習得の直前の四年間を、最大限有効に利用すること」であった。数学者・科学者のジェレマイア・デイは、共和国の繁栄を担うあらゆる生産・サーヴィス活動の不動の基礎として、科学の諸原理の徹底的な訓練を、位置づけたのである。

「科学と文芸の諸原理」の訓練を強調した一九世紀のイェールと、オックスブリッジとの差異は、微妙なようで大きかった。一九世紀後半のイェール教員の分野別構成が、何よりもオックスブリッジとの距離を、またデイ

表7　主要な分野別のイェール教授数の変遷（チューターを除く）

分野＼特定年	1830	1840	1850	1860	1870	1880	1890
数学・自然哲学	1	1	1	1	1	3	5
古生物・生物学	1	1	1	1	3	3	4
化学・地質学	1	1	4	5	5	5	10
応用物理・天文		1	1	2	2	4	5
農学・工学				1	3	3	3
古典語（サンスクリット含む）	1	3	5	3	5	9	8
近代外国語					1	4	3
英語・英文学	1	1	1	1	1	3	3
哲学			1	1	1	1	2
絵画					2	3	3
地歴・社会科学					2	5	7
医学	4	4	4	4	4	9	5
神学・聖書学	3	4	3	5	6	4	6
法学	1	1	1	1		4	6
合計	13	17	23	25	36	60	70

の宣言の内実を裏付けていた。表7は、レポートの公表直後の一八三〇年から一八九〇年に至るまで、分野ごとの教員数を収録した。これら数字は、同時期のオックスブリッジとは対照的に、イェールが、絶対数としては小さくとも、「文芸」と新しい「科学」の教員のバランスを一貫して保ったことを証している。新たな教養教育の出現、「世界と人間に関する知の体系」の具体化であったといって過言ではない。そうしたものとしてデイのレポートは、他の面ではともかく、ジェファーソンがヴァージニアで実践した大学教育の実験の延長線上にあった。

一八七〇年代からは、地理・歴史を含む社会科学が台頭した。後述するごとく、さらに続くアメリカ的な大学実験においては、社会科学が教育研究の不可欠な一部として取り込まれることになろう。

しかし、一九世紀のイェールが人文学と対等に科学を処遇したとしても、カレッジの組織が何の抵抗も無く変容した訳ではない。実際には、対立と受容の長い歴史が続いた。教育組織面における応用科学と人文学の統合の過程では、一九世紀の半ば、カレッジとは別組織としてシェフィールド科学校が設立され、二〇世紀まで存続した。同時期には、ハーヴァードのローレンス（一八四七年）、ダートマスのチャンドラー（一八五二年）等の科学校が、既設のカレッジ・大学に続々と併設され、シェフィールドと類似の役割を果たしたのである。

一七〇一年の創設以来、イェールはカレッジのみの教育機関であったが、一九世紀半ば、小規模ながら、神学校、医学校、法学校、そして新参の科学校を擁するようになった。ギュラルニック（Stanley Guralnick）が実証したように、イェールを筆頭とした南北戦争前の合衆国のカレッジは、科学研究の培養器の如くであった。化学、鉱物学、地質学教授のシリマン（Benjamin Silliman, 1779-1864）は、すでに一八一八年、科学論文向けの学術誌『アメリカ科学・学芸誌』（*American Journal of Science and Arts*, 今日まで継続）を創刊した。そうした中、イェールの法人は一八四七年、若い科学教員の充実を機に、科学者を核として、これに古典、言語学、心理学の教員も加えた「哲学・学芸科」（Department of Philosophy and Arts）を、既存の学芸科（Academical Department）とは独立に設置した。ドイツの哲学部を参考にした新科は、入学者に学士号や修士号の所持者が散見されたことから知れるように、高度な学術訓練を目標に掲げた。さらに、一八六一年、地元の鉄道経営者からの寄付を得たこの学科は「シェフィールド科学校」と改称され、正規に科学校となった。二年間の課程の修了者には、哲学士（Bachelor of Philosophy）が授与されたのである。

表8は、科学校とカレッジの十年毎の卒業生数である。科学校の初期の卒業生は工学か化学の専攻のみであった。「一般コース」General course はそれ以外の学生たち向けの三年間プログラムであった。最初の二年間に数

表8　シェフィールド科学校とイェール・カレッジの十年毎の卒業生数の比較

年度	シェフィールド科学校（Ph.B 学位）				イェール・カレッジ（B.A. 学位）
	工学	科学	精選コース	合計	
1852		6		6	95
1862	4	2		6	100
1872	10	4	8	22	133
1882	15	12	10	37	122
1892	28	18	26	102	182
1902	66	34	39	139	292
1914	152	49	123	324	293

学や諸科学、農学、機械工学等の基礎と、仏語、独語、英語、英文学等を履修し、第三年次は道徳哲学や神学、解剖学や生理学、土木工学やペイリー（William Paley）の『自然神学』で締めくくったのである。しかし、その組み合わせの不自然さは覆いがたくなり、一般コースは「科学校のものか、はたまた神学校のものか」との疑念を招いた。にもかかわらず、このプログラムは学生を引きつけた。優れた社会科学者でもあったギルマン（Daniel Coit Gilman, 1831-1908）の下、名称も「科学・文芸精選コース」へと変更し、卒業生は益々増加した。世紀の転換期には、「精選コース」は経済学、地理学、人類学を組み込んだプログラムとして発達し、他方、一貫して「科学的な研究法を訓練して、科学的なものの見方になじませる」ことを目標に掲げ、「今日のリベラルアーツのコースの先駆者」となったのである。

二〇世紀の初頭、「精選コース」を含めたシェフィールド科学校は、卒業生数でカレッジに迫り、一九一四年にはそれを凌駕した。しかもこの間、元来シェフィールドの専売特許であった化学、物理、地質学等の科が、イェール・カレッジの方にも次々と設立された一方で、シェフィールドはシェフィールドで人文学・社会科学の諸科目を維持し続けた。さらに、一九一九年、イェールはすべての学士課程卒業生に四年間の在籍を要求し、かつカレッジの卒業要件からラテン語を外し始めた。カレッジ側の変容を促進した挑戦者としての「精選コース」は、成功裡にその役割を果たし終え、遂にはカレッジの学士課程へと統合された。科学・工学の学士課程として残ったシェフィールド科学校も、上級生への全寮制の実施によってカレッジとの類似が極まり、一九四五年には吸収され、百年の歴史を閉じたのである。

以上の科学校の歴史を辿れば、オックスブリッジとの関係で、一つの問いが自然にわき上がってくる。イェール・カレッジ（Academical College）とシェフィールド科学校とが拮抗した二〇世紀の初頭、二つの組織はなぜ、それぞれ人文学と科学とを強調した二つの独立したカレッジとして、永久に存続できなかったのか。オックスフォード留学を経験したコービンは、合衆国が、共同生活（communal life）の場としてのカレッジと、公的な学位授与機関としての大学とを見事に混同したこと、学生数増加への対応として、全学対象の教職員の増員しか考慮しなかったことを、厳しく指摘した。今や、ドイツ的な学問成果主義を修正し、学生たちの共同生活の回復のため、彼らを独立したカレッジに振り分けるよう、強く提唱したのである。では、イェールはなぜ二つのカレッジを保持できなかったのか。二〇世紀の初頭、世界の大学を猟渉したウェスタン・リザーブ学長スウィング（Charles Thwing）は、オックスブリッジでのカレッジ制を合衆国に移植するのが困難な最大の理由として、経費の問題を挙げた。カレッジ制では本来チャペルから、実験室、実験の道具や設備、図書館に至るまで、すべて重複させる覚悟が必要であった。教員や役職者についても同様だったのである。加えて、学問の専門化があった。一八八〇年代のオックスブリッジと同じく、イェールでは一九一九年の改革で、それまでは違った組織に所属していた同じ分野の研究者たちが、専攻分野を単位とする科（Departments）へとまとめられた。こうした事実や経緯に照らすとき、イェール・カレッジとシェフィールド科学校とが、別個のカレッジとして共存するのは、不可能に近かったと結論せざるをえないのである。

これまでのアメリカ大学史では、合衆国に固有なランド・グラント大学を、伝統的なリベラルアーツ・カレッジに替わる、新タイプの高等教育機関として描いてきた。これに対し新しい世代のスィーリン（John R. Thelin）等は、ランド・グラント運動を伝統対革新、という図式ではとらえない。モリル法（Morrill Act）の受益者はイェールからブラウン、ダートマス等の私立大学も含んでいた。同法への州の対処における自由度も大きく、カリフォルニアに至っては、農工大学どころか、東部のリベラルアーツ・カレッジに酷似した機関を設立した、というのである。

実際、そうした複雑な事情は、ランド・グラント大学運動そのものの内側にも認められた。一八六二年成立の国有地贈与法の提案者は、その通称が示すように、ヴァーモント州選出の議員ジャスティン・S・モリル（Justin S. Morrill 1810–1898）であった。しかし輝かしい成功を収めた運動には、功労者の対抗馬がつきものである。イリノイ州を代表して、「真の功労者」に祭り上げられてきたのはイリノイ・カレッジ教授・農民のジョナサン・ボールドウィン・ターナー（Jonathan Baldwin Turner, 1805–1899）であった。中立的な一著者によれば、「ターナーには、こうした制度の可能性について一八五一年に早くも講演した証拠があり、他方そのような構想を実現したのはモリルであった。」

二人の功績を巡る論争の決着はさておいて、「アングロ・サクソン」の大学教育史では、リベラルアーツ教育の伝統と革新、ランド・グラント大学の起源との関連は、興味ある主題である。こうした観点から注目すべきは、モリルとターナーの教育歴である。ヴァーモントのモリルは、若者への教育機会の拡大を熱心に提唱したが、自身の学歴はアカデミーでの二学期が最後であった。彼は独学で知力を磨き、書物を出版するまでに至ったが、しかし、カレッジ教育の経験を欠いていたのである。他方、マサチュセッツ生まれのターナーは、一八二七年から数年間、イェール・カレッジにおいて、レポートの著者ジェレマイア・デイの下に学んだ。レポートが作成・公表・議論されたただ中に学生時代を送ったのである。卒業の後、フロンティア然たるジャクソンヴィルのイリノイ・カレッジで十数年教鞭をとったターナーは、一八五〇年代、イリノイでの産業大学（Industrial University）の開設運動の理論的、実践的な指導者となった。しばしば「保守本命」と目されたイェール卒のジョナサン・ボールドウィン・ターナーが、なぜ新構想大学の「功労者」に推されたのであろうか。

カーティ（Merle Curti）によれば、現代の常識とは正反対に、植民地時代のアメリカのカレッジは「宗教的な目的と性格とを有していた」がゆえに、公的な教育機関であった。マサチュセッツでもコネティカットでも、一九世紀の初頭までは宗教こそが公けの関心事であり、牧師も養成したハーヴァードやイェールは、州から資金援助を受けたのである。しかし、イェール・レポートの一八二八年からランド・グラント大学の一八六二年までには、カレッジの「公的な性格」の根拠が、公認の宗教から別な社会関係へと転換した。レポートは、どこへ向けた転換を提案したのか。ターナーの果たした固有の役割は何であったのか。

既述のように、イェール・レポートは、科学の諸原理の徹底的な訓練が、伝統的な専門職の基礎となるに尽きず、高度な商業、機械工業、農業にとっても不可欠な前提になると主張した。伝統的でかつ限定された法律家、牧師、医師の階層を超えて、実社会での多数派たる生産者階級にも不可欠な貢献をなす、と論じたのである。同様にして、文芸の諸原理も、アメリカ社会の全構成員に必須であると唱えた。というのも、ヨーロッパの階級的な社会とは対照的に、合衆国では政治の舞台で雄弁を駆使する可能性が、全員にあったからである。これら二点に限っても、イェール・レポートがカレッジ教育の「公的な性格」の、新たな根拠を提出したことが窺える。

こうした根本主張に立脚していた限りのターナーは、紛うことなきイェールの産物であった。しかし、フロンティア然たるイリノイ・カレッジでの教歴を経て、産業大学構想を打ち出すに至った一八五〇年代の彼は、いくつもの点でレポートの分析と提案とを超えていた。第一にターナーは、あらゆる生産活動の高度の基礎として、カレッジで教授する科学の諸原理を提唱するだけでは、全く不十分と自覚していた。不可欠なのは、近代社会の構成員を、少数の専門職階級と、圧倒的多数の生産者階級へと明瞭に区分すること、その上で、「同一の普遍的で抽象的な意味での科学」が二つの階級に等しく存在しているにも係らず、生産者階級の方にはそれが存在しないも同然なのはなぜか、を問うことであった。その原因は、専門職者階級は豊かに蓄積した特有な技術を筋道として科学に近づけたのに対して、生産者階級はそうした技術の筋道を全く欠いていた事にあった。言い換えると、彼らは自らに相応しい「教養教育（appropriate liberal education）」をこそ必要としていたのである。

したがって、第二に、潜在的には有用な科学の諸原理と、生産者階級の持つ末端の技能とをつなぐ中間レヴェルの技術の体系、すなわち「相応しい教養」こそを、生産活動に即して構築せねばならなかった。生産者階級の実践知・技能を広く収集し、検討に付して体系化すること、こうして獲得された「相応しい教養」を生産者階級に普及することであった。第三に、そうした「相応しい教養」の構築と伝達には、これまでとは異なった種類の教育研究機関を必要とした。それは生産活動に関わる実践知・技能を収集し、それらを科学的な検討に付す関心と分析能力を備えた産業大学であった。同時にそうした成果を体系化し、直接にはその学生に、間接的には州の生産者階級の全体へと、効果的に普及・伝達しうる要でもあったのである。第四に、上記のような実践知・技能と「相応しい教養」の普及には、町単位の支部やライシウム、高等学校を総動員して、産業教育のためのネットワークを形成する必要があった。第五に、生産者階級に「相応しい教養」の候補は、各地の産業大学から首都のスミソニアン研究所へ送付され、高度に抽象的な検討を経て洗練されたうえで、今度は「国民精神の偉大な中心発光源」から全国民をくまなく照らすのである。

産業大学は、こうした産業共和国の神経システムの各州での要と目され、州民全体から選ばれた代表が管理する機関であった。ターナーの構想が、州立大学に新たな意義を付与したことは疑えない。こうした点で、連邦議会におけるジャスティン・モリルの提案説明とは隔たりが目立った。モリルの論は、合衆国での農業の現状と将来への危機感を前提とし、農民たちに科学教育を与え、土地改良で収入を増加させ、農民人口を保持することこそ国家の繁栄に至る、という一種の農本主義であった。第二に、ヨーロッパでの科学研究と農業教育をモデルとして、合衆国での農業を「学識ある、リベラルで、知的な仕事」へと向上させることが、モリルの具体案であった。第三に、生産者階級に「相応しい教養」の構築と普及よりも、向学心に富む貧しい若者への教育機会の提供がモリルの関心事だったのである。

(3)　アメリカ的大学としての産業大学──イリノイ

現代のアメリカ的大学の原型はいつできあがったのか。この問いを詳細かつ思慮深く検討したヴェイジー(Laurence Veysey)は、その時期を一八九〇年から一九一〇年までとした。その間接証拠の一つとして、一九一〇年までには、学生数五千以上で現代のマンモス大学と共通する大規模校が、数校出現していたことをあげた。表9は一八七三年から半世紀の間の主要なカレッジ・大学の教員数の変化である。世紀の変わり目の二、三〇年に、それまで類似の規模だった機関が、小規模カレッジと大規模大学へと決定的に分化したことが知られる。

予想されるように、この時期のカレッジと大学との規模の変遷は、教育機関としての両者の区別に関する議論

表9　主要なカレッジ・大学における教員数の変遷：1873-1923年

	1873	1896	1909	1923
アムハースト	20	34	47	56
スワズモア	19	23	41	53
ウィリアムズ	13	29	57	64
ボードン	20	20	57	34
ハーヴァード	35	219	620	863
イリノイ	25	98	510	799
ミシガン	28	161	288	606
イェール	22	145	402	465
ウィスコンシン	15	117	397	768

を伴った。一八七六年に開学したジョンズ・ホプキンズは、合衆国で最初に研究を重視し、その初期に哲学者ジョン・デューイ（John Dewey）や歴史家フレデリック・ジャクソン・ターナー等を輩出し、シカゴやスタンフォードの先蹤として知られた。一八八二年、学長のギルマンは、大学とカレッジの機能を以下のように区別した。すなわち、研究を重視する大学は、（一）文理の主要な分野について高度な教授を行い、（二）知の探究と有意義な研究成果の公表とを奨励し、（三）上級の学位を授与し、さらに（四）研究室を立ち上げて、書籍や実験器具、芸術作品や博物標本などあらゆる設備を揃える。他方、カレッジは（一）大学の教育へのきっちりとした準備を行い、（二）原理的で型に従った、厳格な訓練を担当し、（三）主に知的能力を訓練すると共に、注意、獲得、記憶、判断といった習慣を形成し、他方（四）学生の心に知識の諸原理を蓄積する。大学の繁栄いかんは、カレッジでの教育の質次第だと主張した。カレッジを大学での勉学向けの準備機関と位置づけ、両者を序列化したのである。一九世紀初期に開学したヴァージニア大学がすでに、カレッジの上位機関として構想されたふしがある。しかし、両者を峻別したのは、二〇世紀への転換期に、研究重点大学の建設

に余念のなかったシカゴのハーパー（William Rainey Harper, 1856-1906）と、スタンフォードのジョーダン（David Starr Jordan, 1851-1931）であった。彼らは、二〇世紀には、カレッジの大部分は小規模なまま大学の予備校化し、資源の豊かな極めて少数のカレッジのみが研究重視の大学化する、と予言したのである。

しかし、現実の歴史は彼らの予言を半ば実現し、半ばは裏切った。確かに、合衆国の高等教育の本流はその後、小規模なリベラルアーツ・カレッジと、大規模な研究大学へと分化して行った。しかし、前者が後者の予備校化することはなかった。例えば、ウィスコンシン大学は一九〇四年、州内の数校の私立カレッジ等と協議し、以下の諸点を確認した。まずカレッジも大学も、入学水準および基本的な訓練内容は同等なこと。学生が転学した場合、最初の二年間の単位は、互いに保証されること。次いで、しかし、専門職向け訓練や大学院教育は原則としてウィスコンシン大学が担当すること。この例が示すように、学士課程に関する限り、両者は自覚的に互いを同等視した。違いは専門職教育および大学院のレヴェルに限られたのである。オックスブリッジでは明瞭であったカレッジと大学との区別は、世紀変わり目の合衆国では益々曖昧となり、両者は類似の意味をさえ帯びたといえる。加えて、合衆国のカレッジは、ヨーロッパ大陸のプロテスタント大学と同じく、早くから学位の授与権を獲得しており、両表現の類似はいきおい強まった。実際現在でも、ダートマス、ウィリアム・アンド・メアリー、ボストン（チェスナットヒル）の研究大学は、正式にカレッジと呼称され、他方バックネル、ローレンス等五〇校を超す生粋のリベラルアーツ・カレッジは、大学（ユニヴァーシティー）の名称を保持している。もちろん、合衆国の多くの大学人には、オックスブリッジ流のカレッジ制度への憧憬は継続しており、二〇世紀の初頭にも復活の兆しはあった。しかし、オックスブリッジ流は、合衆国ではそれ以降も本格化せず、カレッジの主要な意味合いは大西洋を越えて変質したのである。ではいくつかの（小規模な）カレッジは、どのように大学へと変貌したのか。以下では、表9に記載したイリノイとウィスコンシンを取り上げ、アメリカ的大学の特色の形成の一端を跡づける。

周知のように、一八六二年のモリル法は、その第四項で同法に基づく大学が遂行すべき教育を次のように規程した。

その主要な目標は、科学および古典の教育を排除することなく、また軍事戦略の訓練を含んだ上で、農業と工業に関連のある学問の諸分野を教授することである。その具体的な方法については、それぞれの州議会が定めるものに従う……

実際、ランド・グラントの運用はかなり州に任されていた。例えば、一八六八年、イリノイ産業大学の開学時の要覧は、「キリスト教文化を体現した……人物」の育成を教育目標の一つに含めていた。自由は大学の行事にも反映した。ゾルバーク（W. Solberg）によれば、カラマズー・カレッジの聖職者グレゴリー（John M. Gregory）を初代学長に迎えた「州立」産業大学の開学式は、聖歌隊による合唱に始まり、大学所在地の二人の牧師による聖書朗読と祈祷を経て、聖歌隊と参加者全員の賛美歌と、牧師の祝祷をもって締めくくられたのである。

しかし、その学科構成と教育方針とは、当初からランド・グラント大学およびターナーの構想に忠実であった。学長に任用されたグレゴリーは一八六七年、委員会の協力を得て、新大学の教学組織の骨格を決定・公表した。

すなわち、（一）農学科、（二）工芸科、（三）軍事学科、（四）化学・自然科学科、（五）貿易・商業科、（六）一般科学・文学科、の六科（Departments）案であった。これらのうち、（一）（二）（三）（六）は、モリル法の第四項の規定に対応していた。一方、（四）の化学・自然科学は、農業、鉱・工業へ応用可能な科学の諸分野を、（五）の貿易・商業科は商品の品質や商取引の慣習の科学的分析等を提供する科であった。一八七〇年以降、これら科は数を増して精緻化されつつ、学部単位へと組織化された。一八七三年には、その後長く継続する学士課程の学部構成が出来た。四つの主要な学部、すなわち（一）農学部（College of Agriculture）、（二）工学部（College of Engineering）、（三）理学部（College of Natural Science）、（四）文理学部（College of Literature and Science）と、その他の学科（Schools）であった。農学と工学を中心に、応用科学と科学・文芸の教育を配する構成であった。

ところで、上記の学部構成は、詳細を見れば、かなり奇異であった。まず（四）の文理学部は、英語と近代諸言語、および古典諸言語と文学の二学科（Schools）のみからなり、科学の学科が皆無であった。一八六七年のグレゴリー構想でさえ、一般科学・文学科は、数学・博物学・化学を含んでいた。（四）に数学がない為に、（三）の理学部が、化学と博物学の二学科しか持たなかった点も、眼についた。文理学部や理学部には不可欠な物理学、特に数学はどこへ行ったのか。

後者の疑問への回答は次のようである。開学時には、物理学や数学は工学部に所属し、これら分野の教授たちが理学部と文理学部へ出講していた。教員の所属先という観点からは、イリノイ産業大学の初期の学部構成は変則的であった。しかし、記憶すべきである。オックスブリッジでは、数学と力学とは抽象的な教養として、護教的役割を果たしていた。対照的に、ターナーの構想した産業大学では、数学と力学は工学部でこそ実用の証を立てるべきであった。数学・科学を欠く文理学部の謎は、学生たちの履修要件、卒業要件から解ける。まず、化学か博物学が専攻の理学部生たちは、数学や物理学、ないしその応用科目を履修した。さらに重要なことに、英語と現代諸外国語ないし古典語専攻の文理学部学生たちも全員、毎学期、数学や理学、ないしその応用科目の履修が義務であった。初期のイリノイ産業大学では、学生全員が（応用）科学の所属だったといって誇張ではなかったのである。

学生の履修上のこうした要件は、全員が専攻とは無関係に学期に一つは科学ないしその応用科目を履修すべきだという、一八七三年の理事会決議の結果であった。農学から古典文学専攻まで全員が、なぜ毎学期そのようにせねばならなかったのか。一八七六年の要覧によれば、「偉大な諸産業に関連する諸科学の普及を、一層確実なものとするため」であった。これら諸科学こそ、ターナーのいう生産者階級に「相応しい教養」に近似していた。開学期の産業大学は、生産者階級にとっての教養教育（リベラルアーツ）大学を目指したのである。

しかし、「生産者階級のための真正な大学」が確立した、と見なすのは早計である。まず、学位問題でのつまずきがあった。一八六七年二月の「イリノイ産業大学の組織とその存続とを規定する法令」の第一〇項は、卒業生には原則として学位も免状も授与しないこと、事由ある場合に限り、特別な試験の成績を根拠に、教授会の多数の賛成のもと、最高責任者（Regent）が学生の正確な学業達成度を保証することを理事会が許可する、と定めていた。当然にも、初期の卒業生はある種の不利益を被った。州議会はそうした不満に抗しきれず、一八七七年、学位授与の方向で法令を改正した。当初の方針に堅く立った大学理事会は、頑強に抵抗した。しかし、他のランド・グラント大学よりも遅かったとはいえ、開学一〇年目の翌一八七八年、授与に同意せねばならなかったのである。

表10　1870-1923年の10年毎の専攻別在学生数（割合）の変遷

	1870	1880	1889	1900	1909	1923
農　学	61(34%)	17 (8%)	14 (3%)	150(13%)	465(16%)	614 (8%)
工　学	51(28%)	53(24%)	155(33%)	331(29%)	1250(43%)	1341(16%)
建築学			61(13%)	55 (5%)		94 (1%)
理　学		44(20%)	93(20%)	478(41%)	225 (8%)	2583(32%)
文　理		98(45%)	116(25%)	478(41%)	650(22%)	
商　学					145 (5%)	2126(26%)
家政学					104	399 (5%)
その他	19				75	1007(12%)
選択	49(27%)	7	27			
学士総計	180	219	466	1154	2914	8164

次いで、専攻別の在学生数の変遷があった。表10は一八七〇年から半世紀にわたる、約一〇年毎の専攻別学生数のおおよその傾向を示す。開学から程ない時点では、在学生数の割合は産業大学の名称を体し、農学・工学の合計は六二パーセントに達していた。しかし、一〇年後には早くも、従属的なはずの理学と文理とが、六五パーセントを占めてしまった。二〇世紀初頭の工学の躍進の結果、農工が再び六〇パーセントを回復したが、しかしアメリカ的大学への進学熱の高まる大戦間期に向けて、圧倒的に在学者が増加したのは文理、次いで商学であった。農学部と工学部は、二〇世紀を通してそれなりの位置を占め続けるであろう。しかし一八九〇年、文理学部は文学部（The College of Literature）へと改称され、同時に、産業に関連する科学の必修要件も消滅した。特権的な旧専門職者向けの大学を、多数の生産者階級向けの「産業大学」へ変革するというターナーの乾坤一擲の企ては、中途半端のまま修了してしまったのである。

　象徴的にも、イリノイ産業大学（Industrial University）の名称は、一八八一年の学生会で圧倒的な変更支持を受け、一八八五年の州議会での議決を経て、イリノイ大学（University of Illinois）へと簡略化された。確かにこの前後、ランド・グラント大学の多くは「農科」を省略し、類似の名称変更への道を選んだ。しかし、それら大学は、モリル法の通称としての「農科大学」に倣って、当初から名称を選定したに過ぎない。これに対してイリノイでは、ジョナサン・ボールドウィン・ターナーを中心として長く構想を練り、「産業」大学をいわば主体的に選択した。名称の変更は、確かに構想自体の部分的な敗北を意味したのである。

(4) アメリカ的民主主義と州立大学――ウィスコンシン

ヴェイジーが特記した一八九〇年からの二〇年には、合衆国のカレッジ・大学に変革と独自化を迫るような、顕著な歴史的背景があったのか。代表的なアメリカ大学史の世紀の転換期の章立てを瞥見すると、ブルベッカー（John S. Brubacher）とルーディー（Willis Rudy）では「大学院の発展」「専門職向け教育」から、「カリキュラム及び教授法の革新」まで、教育機関に内在的な特色が顕著である。他方、ルードルフ（Frederick Rudolph）やスィーリンによる章立ては、「進歩主義と大学」や「産業界の大立て者と学識――一八八〇年から一九一〇年の大学創設者たち――」等、社会の動きを強く反映している。ロックフェラー（John D. Rockefeller）やカーネギー（Andrew Carnegie）の登場と大学の創設、そうした新興資本家への批判を含む進歩主義運動を、背景に据えている。通常のアメリカ史では、一八九〇年からの二〇年は独占資本主義成立と、対抗運動としての進歩主義を中心に章立てられている。ここでは差し当たり、進歩主義の時代がヴェイジーの提唱するアメリカ的大学の成立期に重なる点を確認し、当時「州政改革のモデル、民主主義の実験室」と称されたウィスコンシンを具体例に、両者の内的関連を探究する。

上記の二〇年の冒頭の一八九三年から翌年にかけ、ウィスコンシン大学の教員に重要な出来事が生じた。まず若き歴史家のフレデリック・ジャクソン・ターナー（Frederick Jackson Turner, 1861-1932）が、一八九三年七月、シカゴでの歴史学会で「アメリカ史におけるフロンティアの意義」を発表した。無尽蔵と思える土地が農業従事者に独特のモビリティーを付与し、アメリカ的な民主社会を醸成し続けたが、いまやフロンティアの消滅によってアメリカ史の黄金期が終焉したというのが、論点であった。同じ年、シカゴ世界博覧会では、後に「ウィスコンシン・アイデア」を推進した地質学者チャールズ・ヴァンハイズ（Charles R. Van Hise, 1857-1918）が、自然資源を巡る討議への参加を機に、学問観を大きく変えた。当時新設のシカゴ大学の客員教授を兼務していた地質学者のヴァンハイズは、これ以降、学術的な地質調査から、政策的な色彩の強い自然資源保護の分野へと著作活動を転換した。次いで、翌一八九四年、経済学者のリチャード・イリー（Richard Ely, 1854-1943）が、社会主義思想の宣伝と労働争議への支援の廉で、州立大学の教授としての資格に疑義を呈され、理事会による調査と公開の審問とを受けた。イリーへの嫌疑は根拠なしと判定され、アメリカ大学史に残る学問の自由の宣言さえ理事会で採択されるに至った。ここで重要なのは、三教授をめぐる出来事が、互いに深く関連していたことである。

ヴァンハイズ学長時代（一九〇三―一九一八）、大学と州政府の間で立法活動を展開し、「ウィスコンシン・アイデア」の立役者の一人となったマッカシー（Charles McCarthy, 1873-1921）は、この時期、両者間の協力を不可欠とした背景を、次のように説明した。「もし土地や鉱物資源が無尽蔵であれば、他人によるそれらの使用権を制限する立法を求める人間などいるはずが無い。」土地の「有限」の指摘はターナーの一八九三年テーゼの核心であり、有限な鉱物資源の保全はヴァンハイズの主要なメッセージであった。独占資本による自然資源の搾取が社会問題化したのは、乱獲によるその枯渇が自覚され始め、またフロンティアの消滅が、アメリカ的民主主義の物質的な基盤の喪失、同時に西部の開拓農民たちによる産業資本家への経済・文化面での屈服、として理解され始めたからである。失業者の吸収先という安全弁を失ったアメリカは、ヨーロッパ諸国と同様、資本主義の内部矛盾の展開過程を辿り崩壊に至るのか。こうした危機の中で、ドイツ帰りの、社会主義と労使関係の専門家イリーは、当然にも注目の的となった。労働者からは、労働争議の方法と意義を解明する学者として。企業家からは、学生たちを社会主義に導き、労働者を煽動する要注意人物として。

顕在化したアメリカ的民主主義の危機に、州立大学が特に対応をせまられたのはなぜか。ホフスタッター（Richard Hofstadter）が論じた如く、進歩主義運動には、地位低下した旧中産階級が、強力な新興の企業家階級を、さらに強力な連邦政府を活用して統制した一面があり、強大なＦＤＲ政府の台頭を許す結果となった。他方、しかし、旧中産階級が小集団で対抗するには、大企業はあまりにも巨大であった。例えば、典型的なガス会社は、多くの科学者、技術者、さらに法律顧問さえ含めた多様な知性を雇用し、組織立った管理部門を持っていた。しかも、多様な企業体の活動は多岐に及んだ。そうした組織体に対し、科学、技術、法律等の面で、権威をもって批判的に対応できた唯一の機関は、研究能力を備えた大学であった。ではなぜ州立大学か。ヴァンハイズの説明では、第一に、伝統的な私立大学は牧師、医師、法律家の養成には長けていたが、しかし、巨大資本による生産・流通活動を支えた工学、商学、さらには農学等の分野も網羅し、新時代の諸問題への対応力を具備したのは、州立大学の方であった。第二に、少数者向けの特権的な訓練に傾斜しがちな私立大学とは対照的に、州立大学は州の全住人に対し、研究教育の成果を分かち与える義務を負っていた。大学拡張（University Extension）は、州立大学の自然な役割の一部だったのである。

イリー事件の終結時、大学理事会が採択した学問の自由の宣言の意義は、こうした文脈の中で明確となる。理事会は、大学の教授たちに対して、「その時々に人々の思考と感情をいたく刺激し動揺させるような大問題」のただ中に活動し、「そうした諸問題についての知識の拡大と、眼前の諸悪の除去、さらに別な諸悪の予防」に貢献することを期待した。すなわち、時代の諸問題の徹底的な分析と、有効な処方箋の準備を求め、そのための真理の探究を不可欠と断定したのである。教授たちが学問の自由を行使しなければ、却って多くの州民の不利益の黙認に繋がるという意味では、その行使は彼らの義務でさえあった。学問の自由は、世紀転換期の資本主義の野放図な展開の中で、州政府と大学とが協力し、アメリカ的民主主義の根本条件を守るために不可欠と判断されたのである。

では、ランド・グラントの州立大学として、ウィスコンシンはその教学面でいかなる発展を遂げたか。量的拡大を重ね、研究大学として軌道を歩み始めたのは一八九〇年代であった。表11が示すように、一九一〇年代にはすでに五千人の学生を抱え、ヴェイジーのいう「数校のマンモス大学」の一校であった。専攻別の学生数を年代順に見ると、まず、ランド・グラント機関としての最初の十数年間、農学の専攻の卒業生が一名に留まった事実が目を引く。増加に転じたのは一八九〇年代からであり、そこから一九一〇年代までは、増加の著しかった工学をさえ上回るほどであった。けれども、こうした数字は、世紀転換期の最大多数の学生の関心が農学にあったことを証したわけではない。まず、表11の農学専攻者は、通常の在籍者、短期、中期在学者の三つのカテゴリーを含んでいた。これに対し、例えば、連邦教育委員会の統計表は通常の在籍者のみを数え、一九〇五年の農学生は一七二名、一九〇九年では二三〇名と、表11より遥かに少なかったのである。他方、表11では文理の全学生は一括されていた。実は、彼らの専攻関心は分散どころか、リチャード・イリーとフレデリック・ジャクソン・ターナーが一八九二年に設立した「経済・政治・歴史学科（School）」に集中していた。この学科は、全学の半分以上

表11　ウィスコンシン大学での専攻別学生数の変遷：1875-1915

	1875	1885	1890	1895	1900	1905	1910	1915
文理	201	217	558	815	1137	1579	2425	3159
工学	14	107	137	207	411	768	807	677
農学	1	9	97	190	440	628	1113	1311
法学	25	75	118	223	266	154	148	184
医学							47	103
音楽				181	191	209	74	92
合計	241	408	910	1616	2445	3338	4614	5526

の博士号を授与していた。学士課程では学生数の過多のため、一九〇〇年、同学科を政治学科と歴史学科に分割したが、この年は歴史だけで六百名登録、翌々年には八百名に達した。全学的に見て、学生の大半は社会科学に関心を向けていたのである。

社会科学への関心の集中という事実に照らして、農学専攻者数の変遷を検討してみよう。表12は、ウィスコンシンと、同州に隣接し進歩主義運動が同じく活発であったアイオワとイリノイにおける、一八七〇年から一九二二年に至る農・工学部所属および農学専攻（カッコ内）の学生数を示す。初期のウィスコンシンの出足は極めて悪かった。ところが、一八九〇年代の後半から状況は一変、農学専攻生数が急増して一九一〇年前後に頂点に達し、その後は急減した。多少のラッグはあるが、同じ傾向はイリノイ（産業）大学でも、アイオワ州立農科大学でも観察された。カーティとカーステンセン（Vernon Carstensen）は、ウィスコンシンでの農学専攻生数の増減を、農学の発達の度合い、中でも農学部のリーダーシップ、教授陣の充実等に帰している。しかし、他の二大学でも類似の増減が認められるとすれば、学問の発達やリーダーシップのみでは説明しにくい。さらに、ウィスコンシンでの社会科学への圧倒的な関心を考慮するなら、農学専攻生の増減は、広義の進歩主義運動の盛衰に対応していたと見るべきであろ

表12　主要なランド・グラント大学での農工学部（農学専攻）学生数の変遷

機関＼創設年	1870	1885	1896	1900	1905	1909	1918	1922
イリノイ産業大 1867	75	332 (25)	622	677 (150)	1222 (329)	1715 (465)	3076 (1055)	2168 (614)
アイオワ州農科大 1866	168	252	529	604 (184)	652 (168)	1310 (515)	2265 (1030)	2007 (745)
ウィスコンシン工芸部 1866	0 (0)	53 (9)	433 (215)	844 (440)	1339 (628)	1782 (912)	1675 (571)	1439 (341)

う。この点だけから判断しても、アメリカ的大学の骨格は、最もアメリカ的な社会運動を背景として形成されたというべきであろう。

進歩主義運動が絶頂を迎えた二〇世紀の初頭、ウィスコンシンはその文理学部（College of Letters and Science）を改革した。この時まで同学部は、人文系、理学系の科（Departments）に加え、より独立性の強い学科（Schools）を抱えていた。すなわち、経済・政治学科（Economics and Political Science）、歴史学科（History）、商学科（Commerce）、教育学科（Education）、薬学科（Pharmacy）であった。ヴァンハイズによれば、一九〇三年のこの改革の根本理由の一つは、これら学科（Schools）に分散していた同じ分野の研究者を、科（Departments）ごとに一元的に組織し、研究の効率を上げることであった。もう一つの重要な理由は、（小規模）カレッジとは区別される（大規模）大学での、学生たちの勉学上の便宜であった。大学の中では最大規模でアカデミックな文理学部を、科（Departments）のみを単位として同一の規則で統合し、他学部（Colleges）との教学上の交流を容易にしたのである。例えば、どの学部の学生も、卒業に必要な単位の六分の一は、どの他学部からも履修可能となった。進歩主義時代の学生たちには、農学とアメリカ西部史や経済学とを同時に学ぶことは、現在より遥かに有意義と実感されたであろう。

二〇世紀の初頭、合衆国の主要な大学を歴訪し、その比較検討の結果を出版したスロッソン（Edwin E. Slosson）は、ウィスコンシンを次のように特徴づけた。マディソンでは教員の多くが研究室を留守にし、州の役所や議会で行政や立法に参画していた。それを目の当たりにし、合衆国の大学では今後、人文学と自然科学の中間の分野、社会科学こそが中心となるだろうと実感した。歴史や社会を、現在の社会諸問題との格闘のただ中で学ぶ模範に出会った。そうした形態の教育研究は、イリー事件のような学問の自由への干渉を招き易いであろう。しかし、自然科学と同じく、社会科学の成立には実験が不可欠だ、というのである。イリー自身の言によれば、行政府と議会への働きかけと、キャンパスの州境への拡張を通して、社会科学は仮説検証のための本格的な実験室を得た。この時期のウィスコンシンがイリーを初め、社会学のエドワード・A・ロス（Edward A. Ross）、フレデリック・ジャクソン・ターナー、中世史のチャールズ・ホーマー・ハスキンズ（Charles Homer Haskins）、経済学のジョン・R・コモンズ等（John R. Commons）、歴史に名を留める社会科学者を擁したのは偶然ではないのである。

かつてのイングランドでは、古典と数学が大学教養の核心を形成し、科学の諸分野は周辺化されていた。イェールの例で知られるように合衆国では、一九世紀中途から二〇世紀にかけて、科学校と学芸カレッジの併存・融合を経て、科学が教養の一部となった。世紀転換期のウィスコンシンでは、文理学部内の社会科学が、教養の第三の要素として確立した。人文、理学、社会科学の三系列を包摂する文理学部の、大学での中心的な位置も安定化したのである。

アメリカ的大学に反映した、固有なエートスとは何か。この問いへの有力な答えの一つは、アメリカ的大学の夜明けに、ターナーが発表したフロンティア理論であろう。アメリカ的民主主義の下部構造を解明・提示したその理論によれば、ヨーロッパの遺産に依拠しつつも、無限な開拓可能な土地を持った合衆国では、斧とライフル銃のみの所有者が、流動的なフロンティア社会で自立し尊重され、因襲から自由な独立小生産者として育まれた。アメリカ的大学が出現した一九世紀末、フロンティア社会の諸条件は消滅に瀕していた。その機にあたりターナーは、アメリカ的民主主義の新たな下部構造の創出を大学、特には州立大学に託した。第一に、科学者の実験と創造的な作用とは、あらゆる自然の諸力へと応用され、フロンティアを押し広げられる。土地の絶対量は不変でも、面積あたりの収量が二倍、三倍、四倍となれば、土地の面積の増加と同じ効果を期待できる。森林や鉱物資源についても、事情は同じである。大学は、州民に新たなフロンティアを創出できるはずである。第二に、新しい課題に取り組む研究者は、民衆出身の多種多様な人材で、かつての開拓者の斧とライフルに替え、科学的な探究法と試験管を身に帯びて、さまざまな分野で知の無限なフロンティアに挑む。高度な探究手段を修得した彼ら個々は、容易にプロレタリアート化せず、新世代の開拓者として社会に貢献し、また尊重されるであろう。こうして大学、中でも州立大学こそ、合衆国史の第二段階において、アメリカ的民主主義の下部構造を二重の意味で構築し支持するのである。その中核は、芸術から動物学まであらゆる研究分野での探究と教育を推進する文理学部（College of Arts and Sciences）であろう。こうした意味で、イェール・レポート以来唱導された大学教育の普及は、アメリカ的民主主義存続の鍵となったのである。

五島敦子によれば、二〇世紀の初頭にウィスコンシンが展開した大学拡張は、二つの、一見相反する方針の実行を意味したという。一方では州民の最後の一人にまで便益を届けるという、徹底した大学の大衆化であった。もう一つは、高度な研究の遂行であった。州民の一人一人が、各自のフロンティアを必要とした。他方、そうしたフロンティアの開拓を手助けする大学には、高い水準の研究だけが問題であった。両条件が具わって初めて、新しい歴史段階でのアメリカ的民主主義は存続の希望を持ち得たからである。

（謝辞）中央大学図書館のレファレンスルームおよび名古屋大学教育学部図書館には、英国議会オックスブリッジ改革委員会の報告書の閲覧の機会を与えて頂いた。記してお礼を申し上げる。

（立川　明）

参照文献（節ごとにほぼ参照の順に記載）

Ⅰ　日本と「アングロ・サクソン」の大学

田中不二磨『理事功程』（一）（二）合衆国、（三）英国、文部省、明治六年。
嶋田正他編『ザ・ヤトイ――お雇い外国人の総合的研究』思文閣出版、一九八七年。
三好信浩『ダイアーの日本』福村出版、一九八九年、ⅠおよびⅡ。
松本三之介・山室信一編『日本近代思想体系・学問と知識人』岩波書店、一九八八年、一七六―一七九頁。
天野郁夫『大学の誕生（下）』中公新書、二〇〇九年、二二四―二二七頁。
菊池大麓「大學及高等學校に關する余の提案」『東洋學藝雑誌』三九六號（大正三年九月）、三八九―四〇二頁。
手塚晃編『幕末明治海外渡航者総覧』全三巻、柏書房、一九九二年。
石附実『近代日本の海外留学史』中公文庫　一九九二年、三二〇頁、一〇章。
旧工部大学校史料編纂会『旧工部大学校史料・同附録』青史社、一九七八年。
Leon B. Richardson. *A Study of the Liberal College*. Hanover, 1924, p.66.
Clark Kerr. *The Uses of the University*. Harvard U.P., Fourth Edition, 1995, pp. 9–12.
John R. Thelin. *A History of American Higher Education*. The Johns Hopkins U. P., 2004, pp. 79–83.
Edwin E. Slosson. *Great American Universities*. Macmillan, 1910.
Merle Curti & Vernon Carstensen. *The University of Wisconsin: A History*. II, U. of Wisconsin Press, 1949, p. 109.

Ⅱ　イングランドの大学

（1）ロンドン大学

Michael Sanderson. The *Universities and British Industry, 1850–1970*. Routledge & Kegan Paul, 1972, p. 49.
Walter Rüegg, ed. *A History of the University in Europe*. III, Cambridge U.P., 2004, p. 375.
Colin Burke. *American Collegiate Populations*. New York U.P., 1982, pp. 141, 146–49.
F.J.C. Hearnshaw. *The Centenary History of King's College, London*. George G. Harrap, 1929, p. 37.
ヴィヴィアン・H・H・グリーン『イギリスの大学』安原義仁・成定薫訳、法政大学出版局、一九九四年。
M・サンダーソン『イギリスの大学改革　一八〇九―一九一四』安原義仁訳、玉川大学出版部、二〇〇三年。
Frederick Rudolph. *The American College and University*. Vintage Books, 1965, pp. 125–26.
Philip Alexander Bruce. *History of the University of Virginia*. II, The Macmillan, 1920, pp. 135ff.
Negley Harte. *The University of London, 1836–1986*. The Athlone Press, 1986, p. 67.
Negley Harte and John North. *The World of University College London, 1828–1978*. Univ. College London, n.d., pp. 57–58.
University for London Commission. *Report of the Royal Commissioners for the Advancement of Higher Education in London*. 1889, pp. 216, 231.
Richardson. *A Study of the Liberal College*. p. 125.
Mark Pattison. *Suggestions on Academical Organization*. Arno, 1977 (1868), p. 268.
犬塚孝明『薩摩藩英国留学生』中公新書、一九七四年。

（2）オックスブリッジ

Christopher Stray. *Classics Transformed*. Clarendon Press, 1998, p. 28.
安原義仁他『エリート教育』ミネルヴァ書房、二〇〇一年、二三〇、五五頁。
Lord Curzon of Kedleston. *Principles & Methods of University Reform*. Oxford, 1909, pp. 35, 16.
E.G.W. Bill. *University Reform in Nineteenth-Century Oxford*. Oxford, 1973, p. 106.
舟川一彦『一九世紀オックスフォード』上智大学、一九九九年、五三頁。
(William Hamilton). "On the State of the English Universities." (June 1831). In Y. Yasuhara, ed. *University Reform in Great Britain*. Vol. 7. Thoemmes, 2001, pp. 412–19.
マーク・パティソン『ある大学人の回想録』舟川一彦訳、上智大学出版、二〇〇六年、一五九、一四一頁。
John Gascoigne, *Cambridge in the Age of the Enlightenment*. Cambridge U.P., 1989, p. 299.
John Henry Newman. *The Idea of a University*. U. of Notre Dame Press, 1982, p. 188.

Jose Ortega y Gasset. *Mission of the University*. The Norton, 1944, Chapter 2.
Rudolf. *The American College and University*. pp. 130–35.
立川明「イェール・レポートのカレッジ財政的観点からする解釈」「科学と文芸―イェール・レポートを分つもの―」国際基督教大学『教育研究』XLIII、二〇〇一年、一―二二頁、同 XLVI、二〇〇四年、一―一五。
Catalogue of the Officers and Students of Yale College. New Haven, November 1827, p. 22.
コンラート・ヤーラオシュ編『高等教育の変貌』望田幸男他監訳、昭和堂、二〇〇〇年、三七頁。
Matthew Arnold. *Schools and Universities on the Continent*. U. of Michigan Press, 1979 (1868) p. 319.
University Commission. *Report of the Commissioners…into the Property and Income of the Universities of Oxford and Cambridge*. Vol. I, London, 1874, pp. 26, 29.
小泉一太郎『一九世紀オックスフォド大学の教育と学問』近代文芸社、二〇〇七年、一七八頁以降。
R. Sviedrys. “The Rise of Physical Science at Victorian Cambridge.” In R. McCormmach, ed. *Historical Studies in the Physical Sciences*. U. of Pennsylvania Press, 1970, p. 136.
D. A. Winstanley. *Early Victorian Cambridge*. Cambridge U.P., 1940, pp. 261–63.
Pattison. *Suggestions on Academical Organization*. pp. 262–63, 192–93.
William Whewell. *On the Principles of English University Education*. John W. Parker, 1838, pp. 25, 41–42.
Eric Ashby. *Technology and the Academics*. MacMillan, 1958, pp. 48–49（島田雄次郎訳『科学革命と大学』中公文庫、一九七七年、六七頁）。
Goldwin Smith. *The Reorganization of the University of Oxford*. Parker, 1868, pp. 25, 36–37.

Ⅲ　アメリカ合衆国の大学

（1）　先駆としてのヴァージニア

ハンス＝ヴェルナー・プラール『大学制度の社会史』山本尤訳、法政大学出版局、一九八八年、資料一五。
Virginia Dabney. *Mr. Jefferson’s University: A History*. U. P. of Virginia, 1981, pp. 6–7.
John Corbin. *An American at Oxford*. Houghton Mifflin, 1902, pp. 245–46.
John S. Brubacher & Willis Rudy. *Higher Education in Transition*. Harper & Row, 1976, p. 147.
Jesse Brundage Sears. *Philanthropy in the History of American Higher Education*. Transaction, 1990, pp. 23–24.
Richard Hofstadter and Wilson Smith, eds. *American Higher Education: A Documentary History*. Vol. I. U. of Chicago Press, 1961,

pp. 396, 198, 395, 267.
Philip P. Wiener, ed. *Charles S. Peirce: Selected Writings*. Dover, 1958, pp. 91ff.
George P. Schmidt. *The Old Time College President*. AMS, 1930, p. 11.
Laurence R. Veysey. *The Emergence of the American University*. U. of Chicago Press, 1965, p. 447.
Philip Alexander Bruce. *History of the University of Virginia, 1819–1919*. I, pp. 48, 46.
Henry James. *Charles W. Eliot*. Houghton Mifflin, 1930, Vol. I, p. 229.
Samuel E. Morrison. *Three Centuries of Harvard*. Harvard U. P., 1936, pp. 341ff.
Christopher J. Lucas. *American Higher Education*. St. Martin's Griffin, 1994, p. 146.

（2）　イェール・レポート、科学校、ランド・グラント大学

Thelin. *A History of American Higher Education*. pp. 68, 64.
Brubacher and Rudy. *Higher Education in Transition*. p. 289.
立川明他訳「イェール・レポート第１部」『教育研究』XLIII、一九―一一一頁。
Catalogue of Officers and Graduates of Yale University, 1701–1904, New Haven, 1905.
Stanley Guralnick. *Science and the Ante-Bellum American College*. The American Philosophical Society, 1975, p. 46.
Russell Chittenden. *History of the Sheffield Scientific School of Yale University, 1846–1922*. Yale U. P. 1928, Vol. I, p. 48.
Charles H. Warren. "The Sheffield Scientific School from 1847 to 1947." In George A. Baitsell, ed. *The Centennial of the Sheffield Scientific School*. Yale U. P., 1950, pp. 159–63.
Catalogue of Officers and Students of Yale College, 1860–61. 1860, pp. 52–53.
George W. Pierson. *A Yale Book of Numbers: Historical Statistics of the College and University 1701–1976*. http://www.yale.edu/oir/pierson_original.htm.
John Corbin. *An American at Oxford*. pp. 251, 272, 279.
Charles F. Thwing. *Universities of the World*. MacMillan, 1910, pp. 17–19.
Alex Duke. *Importing Oxbridge*.. Yale U.P. 1996, pp. 105ff.
Brooks Mather Kelley. *Yale: A History*. Yale U. P., 1974, pp. 362–63.
Coy F. Cross II. *Justin Smith Morrill: Father of the Land-Grant Colleges*. Michigan State U. P., 1999, pp. 146, 5–6, 77.
Richard A. Harvill. "Preface" to Herman R. Allen. *Open Door to Learning*. U. of Illinois Press, 1963, p. vii.

Edmund J. James. *The Origin of the Land Grant Act of 1862 and Some Account of its Author Jonathan B. Turner*. U. of Illinois, 1910.
Earle D. Ross. *Democracy's College*. The Iowa State College Press, 1942, p. 48.
Mary Turner Carriel. *The Life of Jonathan Baldwin Turner*. U. of Illinois, 1961, p. 6.
Circular and Catalogue of the Illinois Industrial University. 1868, p. 4.
ジョナサン・ボールドウィン・ターナー「産業大学論一八五一」立川明他訳、『教育研究』XLVIII、二〇〇六年、一—二六頁。
Justin S. Morrill. *Agricultural Colleges*. Washington, 1858.
Justin S. Morrill. *Speech of Hon. Justin S. Morrill, of Vermont, in the House of Representatives, June 6, 1862*. Washington, 1862.

（3） アメリカ的大学としての産業大学——イリノイ

Veysey. *The Emergence of the American University*.
Reports of the Commissioner of Education. 1874, 1897, 1910.
Department of Interior, Bureau of Education. *Biennial Survey of Education*. 1927.
Annual Report of the President of the Johns Hopkins University. Baltimore, 1882.
Bruce. *History of the University of Virginia, 1819–1919*. I, p.332.
William Rainey Harper. *The Trends in Higher Education*. U. of Chicago Press, 1905.
David Starr Jordan. *The Care and Culture of Men*. The Whitaker and Ray, 1896.
The University of Wisconsin. *Biennial Report of the Regents of the University for the Years 1904–5 and 1905–6*. 1906, pp. 9–10, 63.
Jurgen Herbst. *From Crisis to Crisis: American College Government, 1636–1819*. Harvard U. P., 1982, p. 35.
The University of Wisconsin. *Biennial Report of the Regents of the University for the Years 1908–9 and 1909–16*. 1910, p. 46.
Roger Geiger. *To Advance Knowledge: The Growth of American Research Universities, 1900–1940*. Oxford U.P., 1986, pp. 115ff.
Alex Duke. *Importing Oxbridge*.
University of Illinois. *The First Annual Proceedings of the Board of Trustees*. 1867–68, p. 186.
Winton Solberg. *University of Illinois, 1867–1894*. U. of Illinois Press, 1968, pp. 100, 81.
Gregory et al. *Report of the Committee on Courses of Study and Faculty for the Illinois Industrial University*. Springfield, 1867, pp. 6, 5.
Catalogue and Circular of the Illinois Industrial University, 1876–7, p. 20.
Burt E. Powell. *The Movement for Industrial Education and the Establishment of the University, 1840–1870*. U. of Illinois Press, 1918, p. 594.

Allan Nevins. *Illinois*. Oxford U.P., 1917, pp. 70–71.
Annual Reports of the Board of Trustees of the Illinois Industrial University (University of Illinois), 1870, 1880, 1889, 1900.
Report of the Commissioner of Education, 1910.
Department of the Interior, Bureau of Education. Biennial Survey of Education. 1927.
David Levine. *The American College and the Culture of Aspiration*. Cornell U.P., 1986.
Veysey. *The Emergence of the American University*. Part Two. p. 338.

（4）アメリカ的民主主義と州立大学――ウィスコンシン

Rudolph. *The American College and University: A History*.
Brubacher & Rudy. *Higher Education in Transition*.
Thelin. *A History of American Higher Education*.
清水博編『アメリカ史』山川出版社、一九六九年、第六、七章、二二八頁。
有賀貞『アメリカ政治史』福村出版、一九八五年、第六、七章。
F・J・ターナー『アメリカ史における辺境』松本・嶋訳、北星堂書店、一九七三年、「アメリカ史における辺境の重要性」および「開拓者の理想と州立大学」。
Curti & Carstensen. *The University of Wisconsin: A History*. II, pp. 19–20; I, pp. 520ff.
Charles McCarthy. *The Wisconsin Idea*. WIReader, 1912, Chap. 2, p. 1/6, Chap. 3, p. 15/23.
Charles Van Hise. *The Conservation of Natural Resources*. Macmillan, 1911.
Charles Van Hise. *Concentration and Control: A Solution of the Trust Problem in the United States*. The Macmillan, 1912, pp. 69, 277–78.
Akira Tachikawa. *Intellectuals, Universities and Societies*. ICU, CLA, 1980, pp. 107–127.
Richard Hofstadter. *The Age of Reform*. Alfred Knopf, 1955.
"An Address by Charles R. Van Hise. May, 1913." In Curti & Carstensen. II, p. 609–11.
John Burgess. *Reminiscences of an American Scholar*. Columbia U. P., 1934, pp. 357–58.
The University of Wisconsin. *Biennial Reports of the UW Regents*. 1900, p. 14; 1902, pp. 9–10; 1904, pp. 5–6.
高柳信一『学問の自由』岩波書店、一九八三年、六五頁。
J. F. A. Pyre. *Wisconsin*. Oxford U.P., 1920, p. 181.
Richard Ely. *Ground under Our Feet*. Macmillan, 1938, pp. 187–88.

Dorothy Ross. *The Origins of American Social Science.* Cambridge U. P. 1991, pp. 271ff.

Slosson. *Great American Universities.* pp. 220-23.

五島敦子『アメリカの大学開放』学術出版会、二〇〇八年。

第四章　ドイツ・ベルリンにおける大学と学部概念

Ⅰ　問題の設定

日本が大学というシステムを導入した時期（一八七七、明治一〇年）、ドイツの大学の典型と目されるベルリン大学は、どのような組織構造をしていたのであろうか。この問題意識のもとに作業をしてみると、さらに具体的な問題が浮かびあがってくる。すなわち、①ベルリン大学はどのような学部によって構成されていたのか、②大学はどのような教師階層によって構成されていたのか、③大学と学部との関係はどのようにとらえられていたのであろうか、④大学と国家との関係はどのように考えられていたのだろうか、⑤どのような学問が教えられていたのか、などなどの具体的問題を考えることが出来だろう。

こうした問題を、とりわけベルリン大学にかんする史料を中心にして、明らかにしようとするものである。方法としては、ベルリン大学を中心に「大学」や「学部」概念、学位、教授資格試験（ハビリタツィオン）、講義目録などを、実証的に考察していくことによって、それぞれの事項についての当時の考えを明らかにする手法を取りたいと思う。特に学則は、当時の考えかたやシステムを学内規則化したものであるが、学則と制度的実態とはずれがあるとも予想できる。たとえ制度的実態とのずれがあるにせよ、学則から、当時の大学や学部がどの様に考えられていたのか、その大まかなシステムは分かると考えられる。そうした意味において、学則からの叙述を中心に据えて述べていくことになるが、その前に、ベルリン大学が創設された時代は、大学史の時代区分から見たばあい、どのような位置を占めているのか、現代のドイツの中世史家が大学をいかにとらえているか、概略的に検討しておくことは、われわれの研究にとって有益であろう。ベルリン大学そのものの歴史的位置づけに深く関係してくるからである。

Ⅱ　ベルリン大学は歴史的にいかなる位置をしめているか——大学史における時代区分

(1)　P・モーラフによる時代区分

ドイツの大学史を大まかにとらえるにあたって、ギーセン大学歴史学教授P・モーラフは、「古典期以前の大学」、「古典期の大学」、「古典期以後の大学」という時代区分を提唱している（Mraw, P., S. 7-23）

古典期以前の大学（vorklassische Universität）の時期とは、一三四八年、プラハに神聖ローマ帝国内の初めての大学が創設された時から、一八一〇年にベルリン大学が創設されるまでの四六〇年間をいう。古典大学（klassische Universität）の時期は、ベルリン大学の創設から、一九六〇年代後半の大学紛争を経て、一九七〇年前後の大学改革が始まるまでの約一六〇年間である。古典期以後の大学（nachklassische Universität）は、一九七〇年以降の大学をいう。

この時代区分の中心に置かれているのは、言うまでもなく、古典期の大学である。なぜこの時代が歴史の中心に据えられうるのか。この時代は、ドイツ国家の興隆期と重なり、ノーベル賞受賞学者を多く輩出し、大学史においても黄金期と特徴づけられる時代だったからである。しかも、現代におけるドイツの大学を特徴付ける歴史的基礎条件をなしているからにほかならない。

では、三つの時代がそれぞれにもっている特徴は何なのかということが問題になるが、P・モーラフの見解を手がかりにして、とりわけ古典期の大学の特徴を考えてみよう。このばあい、P・モーラフが挙げている見解を基にするが、それにとらわれないで、筆者なりの歴史解釈や批判を軸にして、各時代の特徴を列挙していくことを、あらかじめお断りしておく。特に各特徴の最後の（　）内のまとめは筆者の責任であり、原著にはない。

(2) 古典期における大学の特徴

では、古典期の大学はいかなる特徴をもっていたのか。挙げるべき特性は多々あるが、以下にとりわけ重要なものだけを摘記しよう。

(1) 血縁を重視する古典期以前の「家族大学」とは反対に、教師の学問的業績が重要なファクターとなる。そのために、学問的な競争が行われるシステムが採用されなければならない。こうして、教授資格試験（ハビリタツィオン）およびそれと裏腹の関係にある私講師制が確立された。私講師のなかから、学問的な競争に打ち勝った者だけが、員外教授や正教授に昇進するのである（競争原理の導入）。

(2) 競争原理と密接に関連して、一九世紀の後半以降「同一学内招聘の禁止」（Hausberufungsverbot）という慣行が形成された。これは、同じ大学のなかで、私講師、員外教授、正教授と昇進していくのを禁止するものである。この同一学内招聘禁止という慣行は、上記の競争原理をうまく機能させるための知恵であったと言ってよい。現在は、大学大綱法のなかに、明文化されている（同一学内招聘の禁止）。

（3）　一九世紀それも後半になってくると、学問の細分化が進行するとともに、研究が大規模化してきた。一人の人間がコツコツと研究するのではなく（もちろん、こういう方向が全面的に否定されたわけではないが）、大きなテーマに、予算をかけ、正教授を筆頭にして大人数で取り組むようになった。その傾向は、文科系や社会科学系のゼミナールでもみられたが、とくに自然科学や医学の研究所においてめざましかった。この動きは、研究の大規模経営化と呼ばれる（研究の大規模経営化）。

マックス・ウェーバーが言っているように「国家から特権を与えられた一人の指導者の手中に物的経営手段を集中することによって、丁度資本主義的経営が労働者をその生産手段から分離するように、研究者や教官を彼らの『生産手段』から分離する」のである（ウェーバー、世良晃志郎訳、一〇五頁）。

ギーセン大学のリービッヒの化学研究所はその典型と言ってよい。こうした体制で研究するようになれば、正教授の支配力はますます強化され、絶対化するに至る。

（4）　大学教育の目的はエリートの養成であり、学問訓練は精神貴族主義的な性格をもつものと考えられていた。ここでいう「貴族」という言葉は、社会階級的な意味ではなく、精神的意味で使われている。学問的営みは、フンボルトのいう「孤独と自由」のなかで行われる精神貴族的作業にほかならない（学問的訓練の精神貴族的性格）。

（5）　ベルリン大学の創設理念によれば、学問的活動そのものを全体的かつ根本的に把握するのは哲学（根本知そのものの学問）である。哲学は「学問のなかの学問」（Wissenschaft der Wissenschaften）にほかならない。哲学諸科を包含する哲学部の教育は、①神学、法学、医学という専門教育の基礎となりうる一般的・科学的教育を学生に施すこと、②および哲学部固有の学問を学問自身のために促進し、そのことをつうじて哲学の専門家を養成するという二重の使命を担っていた。哲学部は、この二重の目的を二種類の教授方法によってではなく、外面的な合目的性によって純粋な科学的興味を損なうことのない講義を通して、追求するのである。こういう純粋に哲学的教育を任務とする哲学部は、国家がその教育内容に関心をもつ上級三学部と区別され、それらの学部の優位にたつと考えられた（哲学および哲学部の重視）。

(6) さらに、古典期においては、「研究と教育との統一」(Einheit Forschung und Erziehung) が強調されたことも忘れてはならない。

(7) Ｆ・パウルゼンが、「科学的研究の優位の時代」と呼んでいるように、科学的研究がめざましく進展した時代であった。とりわけ自然科学や医学の急速な発達はめざましかった (Paulsen, F., S. 39, 60ff.) それに対応して、相次いで研究所が開設され、人員が拡大された（科学的研究の急速な発達）。

こうした自然科学の発達は、結果的に伝統的な学問観の変更と大学組織の制度的改変をせまった。そして、中世以来自然科学と人文・社会科学を統一的に包含してきた哲学部は、ついに文科系のみの哲学部と理学部に分裂するに至った（哲学部の分裂）。

このように、競争原理の導入、研究の大規模経営化、学問的訓練の精神貴族的性格、哲学および哲学部の重視、研究と教育との統一の強調、自然科学的研究の急速な発達、哲学部の分裂のほか、同一学内招聘の禁止という慣行の形成、これらが古典期の大学の主な特徴として挙げられるだろう。

以上によって、ベルリン大学を述べる大学史上の理論的前提ができあがったので、次に本章の主題であるベルリン大学のシステムについてのべよう。

（1）　大学概念

現代中世史家の大学概念

まず大学についてベルリン大学の学則が、大学や学部をどう定めているかを検討することになるが、その前に、現代の大学史研究者が中世大学をいかに性格規定しているかを見ておくことは、本研究にとって、有益なことであると言わなければならない。原文の意味を全く変えないで、要約・説明してみよう。

中世史家ミュラー（Rainer A. Müller）は、講演のなかで中世大学の特徴全般について以下のように言っている。

（1）大学は、原則的に教育施設（Lehranstalt）であって、研究機関ではなかった。その本質的なやり方は、講義にあった。それは、ふつう固定した教科書の解説や聞き取り、テキストのコメントから成り立っていた。

（2）大学は学位授与機関であった。かなり長い期間にわたる学習ののち――約三年から八年に及ぶ――学生は、所属する学部の「バカラリウス」、「マギステル」あるいは「ドクトル」学位を取得する。そして、大学卒業者として、国家あるいは教会において、高い地位を得ることができた。

（3）大学は、広範な「教会の施設」でもあった。教授は、教会の聖職禄から俸給を受けていた。彼らは、根本において、寮舎の中で僧侶のように生活していた。カンツラーは、教義の正統性を監視した。

(4)　大学は、どう見ても「民主的に」組織された団体であった。教師や教授は、委員会の委員や学長、学部長を自分たちの手で選出した。教師団は、その成員を選び、学則を作った。学部は、相互的に独立して、教授案を作成し、試験を行った。あとで述べるように、ここで言われている「民主的」とはかなり限定された「民主」的であった。

(5)　大学は、特権を受けた組織であった。大学は、法律の面から言っても、税金の面から言っても、「自由な空間」であった。その成員は独自の司法権のもとにあり、税金を支払わなくてもよかった。これらの特権の総体は「大学の自由」と呼ばれている。

以上によって、大学は、原則的に教育施設であったこと、講義にあっては固定した、決まった教科書の解説や聞き取り、テキストのコメントであったこと、学位授与機関であったこと、大学卒業ののち国家あるいは教会において、高い地位を占め得たこと、「教会の施設」と見られていたこと、「民主的に」(あくまでも同格の成員の中でという制限はあったが) 組織された団体であったこと、特権を受けた団体とみられていたこと、などがわかってくる。

大学は、以上の特性を持つ団体と歴史的に理解されていたし、現在でも理解されている。これらの特徴が、ベルリン大学学則にどう反映されているかを探ることを通じて、日本が大学というシステムを導入した時のドイツの大学 (とりわけベルリン大学) のシステムを知ることが出来よう。

(2) 学部概念

(1) 「国家の施設」としての大学　学則によれば、大学（Universität）の性格は「国家の施設」（Staatliche Anstalt）、それも「教育施設」にほかならなかった。学則から見るかぎり、大学は研究機関ではなく、教育施設であると見なされていた（Statuten der Universität）。このことはいくら強調してもし過ぎることはない。現在でも、大学の機能が中世から「研究と教育」であった考えている自称大学専門家が存在するからである。これは、歴史の実態を知らない似非大学史研究者といっていい。

大学を管理する機関は、プロイセン邦（ドイツでは邦は国家を意味する）の内務省である。一七九四年に制定されたプロイセン一般国法（Allgemeines Landrecht für die Preußischen Staaten 1764, ALR と略される）第一二部第一条は、「学校および大学は国家の施設である」と定め、第二条において「このような施設は国家の承認と認可によってのみ開設することができる」と規定し、さらに、その第六七条において「大学は、特権を与えられた団体の持つすべての権利を有する」と定めている。実は、学則はこの一般国法の枠内にあると言っても差し支えない。

(2) 「大学の目的」　「教育施設」たる大学の目的とは何であろうか。それは、高度の学問的教育、学問的訓練を施すことを通じて、学生を、国家および教会での職務の諸分野で活躍する高度の人間にしたてあげることである。「高度の学問的教育」とはギムナジウムでは教えられない、大学特有の学問を意味する。具体的には後述する神学部、法学部、医学部、哲学部の包括学問領域をみれば理解できるであろう。

(3) 「大学の特権」　大学はいかなる特権をもっていたのか。特権とは、他の団体は持たないが、その団体だけが、他の団体に優越して持っている権利のことである。大学の最大の特権は、学位授与権と教授資格授与権で

1840年頃のベルリン大学（ベルリン大学のパンフレットより）

ある。ドイツにあっては、学位を授与しない、教授資格をださない、そういう大学というものは考えられない。その他の権利、たとえば、交通税の割引などの免税特権は、学位授与権や教授資格授与権にくらべれば、より低い位置しか与えられない。学位と教授資格については後述する。

(4)「大学を構成する者」　大学を構成する者はだれか。学則によれば、教師団全員（招聘され任命された正教授、員外教授のほか私講師も含む）、大学の名簿に登録されている学生もしくは入学を許可された学生、大学の業務を遂行するため不可欠で所定の職場に適切に配置された職員および下級職員、これらの三者が大学を構成する。

(5)「学部構成」　学部構成は神学、法学、医学および哲学の伝統的な四学部構成である。大学は、学部によって構成される。しかも、学部は相互に独立した存在であった。神学、法学、医学の諸学部は、専門的な職業人を養成することを任務にしている。これに反して哲学の

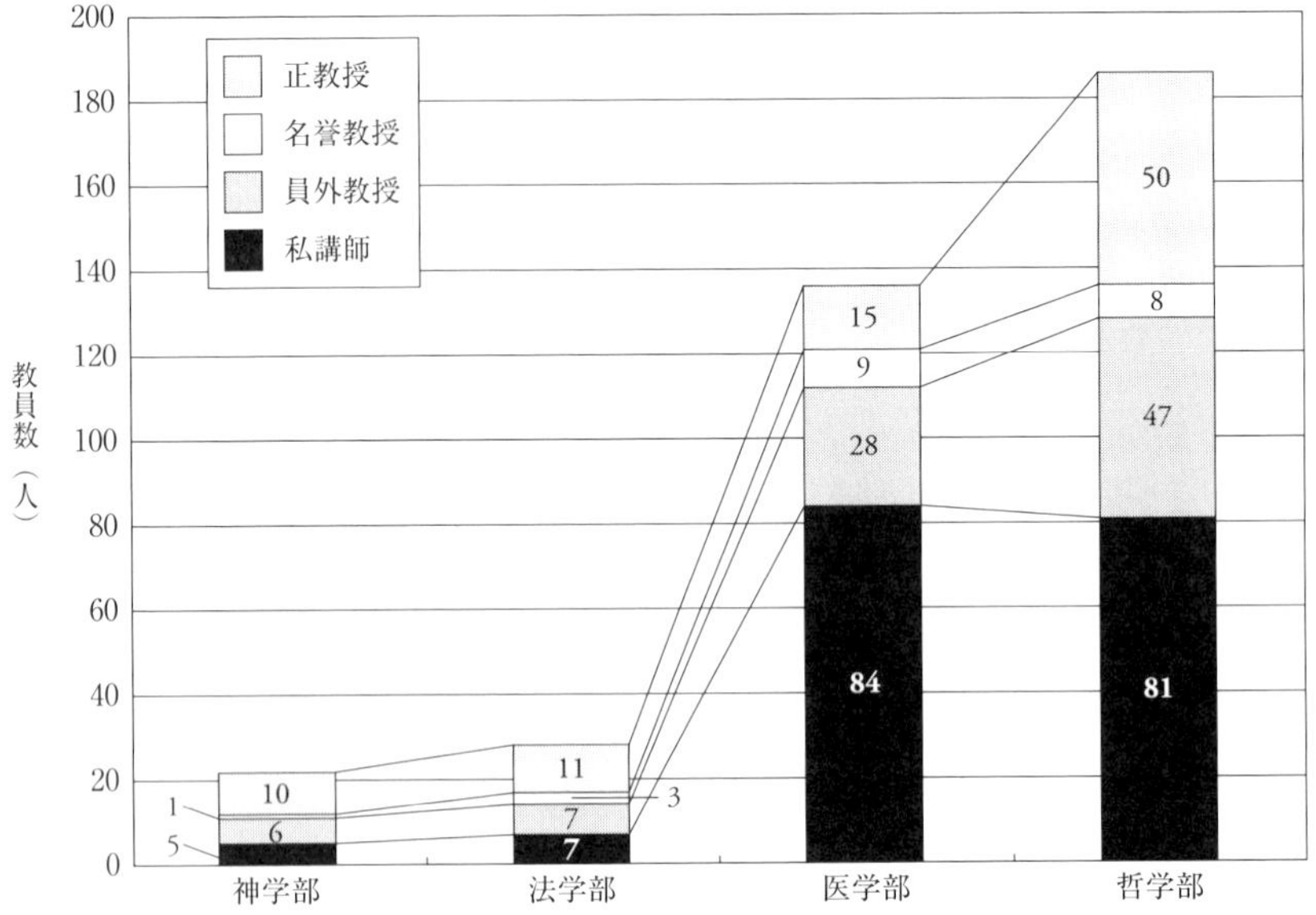

ベルリン大学学部・職階別教師数（1900）（Index Lectionvm 1900 より作成）

分野には、本来的意味における哲学のほかに、数学、自然科学、歴史学、言語学および国家学すなわち官房学といった諸々の学問を含んでいる。

(6)「運営機関（Behörde）としての学部」

学部が団体であるかぎり、どうしてもその運営をしなければならならない。運営機関としての学部を構成する者は正教授のみであった。そういう理由から、一九世紀のドイツの大学は、「正教授支配の大学」（Ordinarienuniversität）と特徴づけられるのである。次に述べる大学評議会（Senat）も正教授のみで構成されたのであった。

(7)「大学評議会（Senat）」　大学評議会の役割と構成する者について述べよう。評議会（Senat）の役割は、大学自体のもっている諸権利が規則通りに実行されているかどうかを監視すること、各学部に共通する業務を司ること、学生に関する共通の監督をすること、上級の官庁に報告すること、以上の任務が評議会にはあった。学長がこの会の議長を務めた。上に述べたように、この会も正教授によってのみ構成されることになっていた。

(8)「大学で教えうる者」　大学では誰でも授業を担当できるものではない。現在でもそうである。だから、誰に教える権利を認めるかが大きな問題になる。この当時は、大学で講義を行う権利は、１　あらかじめ大学教授資格を取得したのち、正教授もしくは員外教授に任ぜられた者、２　科学アカデミー正会員、３　開講しようと意図している学部で大学教授資格を取得している私講師、この三者にかぎられていた。大学で授業を持つ資格、大学教授資格（venia legendi）については後で述べる。まず、ベルリン大学の学部ごとの職階別にみた教師数を示しておこう（前ページグラフ参照）。

医学部と哲学部の両学部が、断然他をひきはなして教師数も私講師数も多いことが分かる。また正教授数が多いのは哲学部であることも分かる。

(3)　各学部の任務と教授された学問領域

ベルリン大学では学部（学則には Facultät と書かれているが、現在では Fakultät と書く。下の corporation も同じ）は当時どのように理解されていたのだろうか。学部は大学のなかの一つの団体（Corporation）と考えられていた。当時の学部概念については、一八三八年ベルリン大学各学部の学則による学部の性格規定が考える手がかりを与えてくれる。

神学部については、神学部学則の第一章第一条から第五条まで、法学部については、法学部学則第一章第一条から第六条、医学部については、医学部学則第一章第一条から第五条、哲学部については、哲学部学則第一章第一条から第四条で知ることができる。いずれの学部も学則の劈頭で、その性格規定をしている（Preußishe

Universitäten, eine Sammlung der Verordnungen）。

1 神学部

① 神学部の使命は、もっぱら福音教会（プロテスタント）の教義にしたがって神学を教授すること、さらに言えば、講義及びその他の学問的訓練を施すことによって教会奉仕に専念する青年を鼓舞することと定められていた。

② 「学部」という概念には広い意味と狭い意味があった。広義の神学部を構成するのは、正教授、員外教授、当学部において教授資格を取得し、かつ実際に教授している私講師、並びに学部名簿に登録されている学生、以上四者であった。狭義の学部としての神学部は、神学博士号（Doctor theologia）を取得している正教授のみで構成された。狭義の神学部では、会議（教授会）の際、学部長を議長として、学部に属する独自の権利及び義務を、大学（評議会）から独立して執行した。学部が、評議会から独立した団体であると言われる所以である。

③ 神学部の独自の権利および義務とは、どういうものであったのか。それらを箇条書きにして示すと、以下のようになる。

（a） 神学部に属する学問の教授とその完全な遂行に関して監督すること。
（b） 学習及び品行の点で学生を監督すること。給費及び奨学金を給付すること。
（c） 学位を授与すること。
（d） 上級機関（評議会や国家の機関を意味すると考えられる）から要求された神学上の意見書や回答を起草することであった。それらは、拒否されることもあった。

④ 神学部の学内における序列は、どうであったか。中世以来四つの学部のうちで一番プレステージが高く、

年俸も高かった。神学部は、一九世紀にもすべての意味で筆頭であった。すなわち、式典の際、すべての学部の権利の同等性をそこなうことがないようにして、神学部長は最上席についた。神学部長、法学部長、医学部長、哲学部長の順序で署名も行われた。「すべての学部の権利の同等性をそこなうことがないようにして」という条件がついていても、やはり長い間のしきたりにしたがって、神学部の学部長が最上席に座ったのである。

⑤　神学部における教師の名簿の順番は、正教授並びにすべての員外教授は任命された順序に準じ、私講師は正式にハビリタツィオンが実施された日付に準じて、記載された。

学部名簿には、誕生地及び出生日、博士号取得日、学部に任命された日付などが記載されていた。これは、全員が納得できるやり方であった。現在の日本でもそうである。

神学にはどのような学問領域が属していたのだろうか。一八六五年五月一九日学長評議会の決定によれば、神学部では以下の科目が教授された（Daude, S. 386-388. 以下各学部同じ）。

（a）神学入門（百科全書）・教授法　（f）護教（弁証論）・教義
（b）旧約聖書　（g）キリスト教倫理学
（c）新約聖書　（h）教会法〈法学部をみよ〉
（d）教会史、教義史、神学史　（i）実践神学、説教説、実習、結社
（e）宗教哲学〈哲学部をみよ〉

2　法学部　法学部の使命は、プロイセン国法を特に考慮に入れ、法学全体を教授することであった。法学部でも神学部と同様広狭両義の学部があった。広い意味の学部は、正教授および員外教授、当学部において教授資格を得かつ教授している私講師および学生が含まれていたが、狭い意味の法学部は、正教授のみによって構成

されていた。

学部名簿には、登録日、学部に任命された辞令ないし命令の日付といった履歴、おなじくある部署からの退任ないし他の部署への転任が、詳細に記録されることになっていた。

法学部の任務は、以下のように、考えられていた。
（1）法学部に属する学問の教授とその完全な遂行に関して監督すること。
（2）学習及び品行の点で学生を監督すること。給費及び奨学金を給付すること。
（3）学位を授与すること。
（4）法学上の意見書や回答を起草すること。
法学部が教えなければならない学問領域には以下の諸学問があった。
（a）百科全書・教授法　（g）訴訟
（b）自然法もしくは法哲学　（h）プロイセン法
（c）ローマ法　（i）刑法・刑事訴訟
（d）教会法・婚姻法　（j）法医学は医学部をみよ
（e）ドイツ法　（k）復習
（f）国法、国際法

3　医学部　医学部の使命は、医学（Heilkunde）および治療法（Heilkunst）のすべての分野を教授して、基礎的な学説にのっとって科学的予備教育のために教授活動を実行し、治療法に専心する学生を職業実践に向けて十全に準備させること、であった。

医学部の広義の学部は、正教授および員外教授、当学部において教授資格を得かつ教授している私講師、学部名簿に登録された学生、これら四者から構成された。

狭義の運営機関としての医学部は、医学博士号を取得している正教授のみによって構成された。医学部の会議は、学部長を長として開催された。

医学部の持っている権利及び義務には、以下の四つがあった。

(1) 学部に属する学問の教授とその完全な遂行に関する監督。

(2) 学習及び品行の点で学生を監督すること。給費及び奨学金の給付。

(3) 学位の授与。国外の大学で授与された博士号の承認。

(4) 国内のないし国外の官庁または個人によって請求される法医学的な報告書のような医学的審議文書の起草。

医学部長は、式典の際、すべての学部の権利の同等性をそこなうことなく、法学部のすぐ次の席につき、この順序で在任学部長による署名も行った。

名簿に掲載される順番は、すべての正教授並びにすべての員外教授は任命された順序に従い、すべての私講師は正式にハビリタツィオンが実施された日付に従い、学部名簿に登録された。学部名簿には、誕生地及び出生日、博士号取得日、学部に任命された辞令ないし命令の日付といった履歴、おなじくある部署からの退職ないし他の部署への転任が、詳細に記録される決まりになっていた。これも他学部と同様であった。

医学部で教授された学問領域は、以下の通りであった。

(a) 動物学、植物学、鉱物学、化学は自然科学をみよ　(b) 百科全書・教授法

（c）医学史
（d）解剖学
（e）生理学
（f）病理学・治療法
（g）精神病学
（h）調剤学・製薬学
（i）外科
（j）歯牙疾病
（k）眼病
（l）助産法
（m）臨床講義
（n）法医学

4　哲学部　哲学部の使命および業務一般については、学則には次のように定められていた。哲学部は、教授分野に関連し、哲学、数学、自然科学、歴史学、言語学、国家学すなわち官房学を包括していた。

哲学部における教育は、二重の使命をおびていた。一つは、あらゆる専門教育の基礎となる一般的・科学的教育を学生に授けることであった。具体的には、神学、法学、医学という上級三学部の学問研究に必要欠くべからざる一般的および補助的知識を学生に授けることであった。

第二は、学部固有の学問を学問自身のために促進し、そのことのなかで教師を養成することであった。ここで言われている教師とは、おそらくギムナジウムの教師のことであろう。

ただし、哲学部はこの二重の使命を果たすとは言っても、それを通常二種類の教授方法によって果たすのではない。教師を養成するという目的は、純粋な学問的興味を損なうことのない講義を通して、追求されていくのである。

狭義における哲学部の権利および職務は、以下のごとくであった。

（1）学部に属する学問の教授とその完全な遂行に関して監督すること。

（2）学習及び品行の点で学生を監督すること。給費及び奨学金の給付。
（3）学位を授与すること。

学部の包括していた学問領域は、上級三学部と異なって、多様であった。哲学部の最初の学則（一八三八）によれば、学部が担当の主要分野は、一七の公式講座（Nominalprofessur）と定められていた。

（a）理論哲学　（j）純粋数学
（b）実践哲学　（k）応用数学
（c）ギリシア語　（l）物理学
（d）ローマ文学　（m）化学
（e）東方語　（n）工芸学
（f）ドイツ文学　（o）動物学
（g）歴史学　（p）植物学
（h）国家学・官房学　（q）鉱物学
（i）考古学・芸術史

ここには、雄弁、天文学、地理学の講座は見て取れない。しかし教えられなかったわけではない。それらの学問は最も近接した分野と関連づけて教えられることになっていた。一七の公式講座すべてが保持されていれば、正教授職は空席とは見做されなかった。一人の正教授が二つの公式講座を一身に兼ねることはできない決まりになっていたから、一七の学問領域が正教授のポストでもあった。これからも、一人一講座であることが分かる。

一九世紀の後半になってくると学問も細分化され、多種多様になってきた。哲学部が包括する学問分野は、哲学、数学、自然科学、国家学、官房学、商学（Gewerbe wiss.）、歴史、地理、芸術学、芸術史、言語学、体育など多岐にわたっていた。それらを整理して示せば、以下のようになる。

哲学の分野

（a）入　門

（b）哲学史

（c）論理学・形而上学

（d）哲学的物理学・自然哲学

（e）倫理学

（f）宗教哲学

（g）法哲学ないし自然法は法学部をみよ

（h）教育学

（i）歴史哲学

（j）美学は芸術学（Kunstlehre）をみよ

（k）演　習

数学の分野

自然科学の分野

（a）物理学

（b）化学

（c）製薬学は医学をみよ

（d）鉱物学

（e）植物学

（f）動物学

（g）解剖学・生理学は医学をみよ

国家学・官房学・商学（Gewerbe wiss）の分野

（a）国法は法学部をみよ

歴史・地理の分野

（a）教会史は神学部をみよ
（b）法制史は法学部をみよ
（c）個々の学問史および芸術史についての講義はそれぞれをみよ

芸術学・芸術史の分野

言語学の分野

（a）概論（例—筆跡学、比較言語学等）
（b）ギリシア語・ラテン語
（c）ローマ法の領域と同類のものについての講義は法学をみよ
（d）古代哲学についての講義は哲学をみよ
（e）ドイツ語
（f）ロマンス語
（g）スラブ語
（h）サンスクリット、パリ語、古代ペルシア語
（i）アルメニア語
（j）セム語
（k）旧約聖書の文献についての講義は神学部をみよ
（l）エジプト語
（m）ペルシア語
（n）トルコ語
（o）フィンランド語
（p）中国語
（q）速記術

体育の分野

ドイツの大学の哲学部は、一九世紀の後半から、文科系の学部と理科系の学部とに分裂する。ベルリン大学の哲学部も例外ではなく、一八九〇年代に理学部（数学や自然科学を含む）と文学部（文学、歴史学、言語学を含む）に分裂してしまう。哲学という概念が制度的・組織的担保を失ってしまったのである。哲学部の分裂にはいろい

現在のベルリン大学（2009年11月9日，筆者撮影）

ろな要因が重なり合っているので、簡単に結論を出すことは厳に慎むべきではあるが、自然科学の急速な発達という要因は見逃せないであろう。

以上神学部から哲学部まで学部ごとに述べてきたが、もう一度四学部に共通する学部概念をまとめておこう。

学部の概念には、狭義の学部と広義の学部があった。狭義の学部は正教授だけで成り立っていた。古典期（一八一〇年のベルリン大学の創設から一九六八年頃の大学紛争まで）のドイツ大学が「正教授支配の大学」（Ordinarienuniversität）と呼ばれる所以である。広義の学部は、員外教授、私講師、学生も含むものであった。

学部の任務には、①学部に属する諸学問の教授とその完全な遂行に関して監督すること、②学習及び品行の点で学生を監督すること、給費金及び奨学金を給付すること、③学位を授与すること、④意見書を出すこと、諮問に回答すること、これらの四つがある。

さらに以上の検討から、学部には三つの姿があることが分かってくる。すなわち、①学問の組織体としての学部、②人間の集合体としての学部、③運営体・意思決定機関としての学部の三者である。

現行日本の「学校教育法」が、「大学には、重要な事項を審議するため、教授会を置かなければ成らない。②教授会の組織には、准教授その他の職員を加えることができる」（第九二条）と教授会必置義務を定めていることおよび「准教授その他の職員を加えることができる」としているのは、ドイツ大学の遠い影響と見なすことができよう。

⑷　講義目録

大学は「教育施設」であるから、講義目録と講義の告知にも言及しておかなければならないであろう。すべての他の大学と同じように、ベルリン大学においても、半年ごとに、個々の学部長によって集められた、すべての教師の講義報告書よりドイツ語とラテン語の講義目録が作成された。そして大学学則第八章第十条の規定に基づいて、学長及び評議会の権威により、その学期の規則に定められた終結の二週間まえに、印刷して公開された。

ラテン語の講義目録は次の表題ではじまっている。○○月○○日から○○日まで行われる講義の目録（Index lectionum....ad....ad d....habebuntur.

学部ごとに分けて記載されたこの講義目録には、個々の当該学部の正教授、員外教授そして私講師の講義が特定の題目に従って、個々に分類されている。そのほか、どの講義が「正講義」（publice）であり「無料」（gratis）であるか、どの講義が「私講義」（Pvivatim）であるかあるいは「最も私的な講義」（privatissime）であるかが記入されていた。目録に記載されている個々の教師（Docent）は、職階ごとにアルファベット順に配列された。

ベルリン大学哲学部1900-1901年冬学期の講義

講　義　名	曜　日	時間	講義の種類
①大学と大学研究	水	12-1	正講義
②神の存在証明	水	5-6	正講義
③現代に至るまでの一般哲学史（文化史との関連において）	月・火・水・木・金	12-1	私講義
④一般哲学史	月・火・水・木・金	4-5	私講義
⑤近世哲学史	月・火・水・木・金	9-10	私講義
⑥カントの純粋理性批判解説（演習 Übungen）による	月・火・水・木・金	9-10	私講義
⑦カントの生活と学説	水・土	9-10	私講義
⑧19世紀の哲学（同時に哲学入門として）	水・土	4-5	私講義
⑨論理学と認識論	月・火・水・木・金	10-11	私講義
⑩認識論と論理学	火・木・金	9-10	私講義
⑪認識論と論理学	月・火・木	3-4	私講義
⑫心理学（mit psychophysischen Demonstrationen）	月・火・木・金	10-11	私講義
⑬一般心理学	土	9-11	私講義
⑭精神科学としての心理学	月・火・木・金	11-12	私講義
⑮倫理学と社会哲学（現代の生活問題を考慮に入れて）	火・金	3-4	私講義
⑯未開民族の国家と社会（近代社会の発展を考慮に入れて）	水	6-7	無料
⑰宗教哲学（民族学的・歴史学的 Material に特に考慮して	火・金	5-6	私講義
⑱教育学	月・火・木・金	10-11	私講義
⑲一般教授学	水・土	11-12	私講義
⑳中等学校教職のための教導学	木	5-6	正講義
㉑哲学演習	金	12-1	正講義

講　義　名	曜　日	時間	講義の種類
㉒カントの純粋理性批判に関する哲学演習	水	9-11	正講義
㉓アリストテレスの形而上学についての哲学演習			最も私的な講義・無料
㉔プラトンのソフィスト論についての哲学演習	土	11-12	最も私的な講義・無料
㉕判断の諸理論についての哲学演習	水	10-11	最も私的な講義・無料
㉖心理学ゼミナールにおける演習	水	12-1	最も私的な講義・無料
㉗心理学ゼミナールにおける演習	土	12-1	最も私的な講義・無料
㉘実験心理学実習	水・土	3-4	私講義（Experimentell-psychologisches Praktikum）〔Dr.med.Schäferとの協働〕
㉙ Experimentell-psychologische Arbeiten Fortgeschritter			最も私的な講義・無料
㉚教育学演習	水	12-1	最も私的な講義・無料

一八二〇年九月八日の省令によって、諸学問をより容易に一覧することができるために、また大学のすべての講義目録の作り方を同じ形式に統一するために、学部ごとに配列されたラテン語の講義目録が作られることになった。そのほかに学問ごとに配列されたドイツ語の講義目録を作成することが定められた。しかしながら時がたつにつれて、この規定を実行することは、正確には守られなくなった。

講義時間の配分についてラテン語の講義目録で示されていた旧い一覧表は、一八七七年五月四日の省令（Ministerial-Erlasses）の規定によって、ドイツ語で書かれるようになった。

哲学部にどれくらい講義の数があったのか、何曜日のどの時間に行われたのか、正講義なのか私講義なのか、私講義でも無料なのか有料なのか、を表で示しておこう（一六六、一六七頁参照）。ただし時代は少し降って一九〇〇年のデータである。これによってどういう名称の講義がベルリン大学で行われていたのかが分かろう。実はパウルゼンやディルタイといった日本でもよく名前を知られた人も教えていた。数学や物理学などの自然科学の科目が見あたらないのは、自然科学は一九世紀の後半に別の学部に移動してしまっていたからである。

（5） 学位規定（Promotionsbestimmungen）

学則による規定では学位を表すGradeという言葉は使われていなくて、昇格・卒業（Promotion）という言葉が使われている。昇格・昇進・卒業を表すPromotionという言葉が使われていることに留意しておきたい。ドイツでは学位をとることは、まさに昇格昇進・卒業なのである。日本人の感覚とだいぶ違う。

ベルリン大学に限定して言えば、学位試験は以下の三つの部分から成り立っていた。

(1) 自分で起草した学術論文

(2) 口述試験への出席

(3) 公開討論

これらのうち一つも欠くことができなかった。

一八三八年の哲学部学則（Statuten der philosophischen Facultät der Königlichen Friedrich-Wilhelm-Universität zu Berlin, 1838.）によれば、哲学部で授与した学位は、ドクトル、哲学博士（Doctor philosophie）とマギステル（Magister artium liberalium）であった。ごく一般的に言えば、中世においては、マギステルとドクトルは同格の学位と見られることもあったが、一九世紀になると、マギステル学位を持っていないとドクトル学位をとることができなくなっていた。言うまでもなく、ドクトルが上位学位であった。

一八世紀の後半以降教授用語は圧倒的にドイツ語に代わっていたが、いくつかの学問領域、すなわち古典言語学、オリエンタル言語学、古代学、古代史、古代言語学、以上の言語にかかわる学問では、学位試験にラテン語を課していた。学問研究上必要だからである。その他の領域、とりわけ自然科学の分野では、ドイツ語のみであった。

学位試験の評価は四段階で行われた。

最優等（summa cum laude）

優等（magna cum laude）

良（cum laude）

可（sustinut）

ドクトル学位にしてもマギステル学位にしても、学位を与えるのであるか否かは学部の判断に任されていた。すなわち、学位を授与するか否かの決定は、正教授たちの手に握られていたのである。

合格した者は、宣誓（Sponsion）をラテン語で行わねばならなかった。

(6)　ハビリタツィオン規定（Habilitationsbestimmungen）

一八世紀の後半にハビリタツィオンが導入されるまでの時期は、学位が大学の教壇に立って授業をする基礎資格であった。ハビリタツィオン導入以後は事態が異なってきた。

ハビリタツィオンについてはじめて明文化したのは、ベルリン大学の学則（一八一六）だといわれている。

それによれば、ハビリタツィオンは、学位と同じく、三つの部分によって構成されていた。

(1) 論文の提出（論文のテーマは、学部によって与えられたテーマか、志願者が学部の同意を得て選択したテーマであった）

(2) 試験講義

(3) 口頭試問（コロキウム）

この三者から成り立っていた。論文によって研究能力が、試験講義によって教授能力が試された。試験に合格した者は、学部によって、「教授資格」（venia legendi）が授与された。

一九世紀になると、「私講師は例外なくハビリタツィオンによってのみ講義する権利を獲得すること」がすべての大学で行われるようになった。現在ではジュニアプロフェッサー（Juniorprofessor）制度が導入されてはいるけれども、現代ドイツでもハビリタツィオンは生きている。現在は、二つの制度の併存状態であるが、どちらの制度を取るかは、大学ごと学問領域ごとに異なっていて、複雑である。

一九世紀の大学教師のヒエラルキーは、正教授、員外教授、私講師であったが、最下層に位置する私講師は、ハビリタツィオンが確立してくると、開講しようと意図している学部において、ハビリタツィオンによって「教授資格」を取得しなければならなくなった。すなわち、私講師志願者は、大学教授資格試験に志願すると同時に、講義しようと意図している学問分野を申告しなければならないとされていた。申告した学問分野に関してのみ教授資格を得ることができたのである。

学部はあらかじめ規則で定められている方式に則って、志願者の才能を判定した。志願者が講義資格を得ることができるか否かは、当然学部の判断のみに委ねられた。また志願者を拒否するのも学部の意向によった。

大学教授資格試験に志願する条件は、博士号を持っている者のみが、神学部と哲学部にあってはリケンティア学位を持っている者に限られていた。しかし、たいていの者は博士号をもっていた。ハビリタツィオンの導入は、従来から大学で教えていた多様な私的教師（①将来、大学の正教授になることを目標にしている若い研究者、②市民的職業（医師、弁護士、教師など）に就くまで、暫定的に私的教育活動に従事し、生活の糧を得ている者、③大学の特権（税金負担からの自由、都市や領邦裁判所管轄からのがれる権利など）を享受するために、すでに、市民的職業についていながらも、大学で私的教授活動に従事している者、④学費・生活費を得るために、学部の許可を得て、教えている学識ある学生）を淘汰するにいたった。

私講師制度は、私的教師を陶太しつつ、すべてのドイツの大学に普及していった。パウルゼンも「カトリックの諸大学では私講師制度は自然発生的には見られない」と指摘しているように、たしかにカトリック系の諸大学においては、私講師は自然発生しなかった。しかし、カトリックを奉ずるバイエルンのインゴルシュタット大学でも一七九九に大学の改革が行われ、「私講師制度」が導入されている。インゴルシュタットでは、私講師になるには次の条件を満たさねばならなかった。①論文によってドクトルの学位を得ていること、②若干の講義によって教授能力を実証すること、③大学評議会（Senat）と大学監督局（Curatel-Behörde）の承認を得ることであった。同じくバイエルンのヴュルツブルグ大学においても、一九世紀にはいって私講師制度を採用するに至った。

一八世紀の末から一九世紀のはじめにかけての時代に、「大学教授資格試験」が導入された。これを契機として、私講師層が大学教師の位階の最下位に位置づけられ、将来の大学教授の「貯水池」となった。

ある大学から他の大学に移って私講師として開講しようとする場合、以前に開講していた大学で取得した資格は、そのまま通用したのか、それとも取り直さなければならなかったのか。この問題は、資格保持者にとって重要な問題である。結論から言えば、取り直さなければならないケースが多かった。とくにミュンヘンやベルリンといった規模の大きい大学の場合そうであった。

ベルリン大学では、一九世紀の後半、他の大学から移り、私講師として開講を希望する者が押し寄せてきたので、再教授資格（Umhabilitation）取得の規程が作られた。

ミュンヘン大学哲学部の一八八八年の大学教授資格試験規定は、「他の大学から本学に転任することを望む私講師は、一八三〇年二月二一日および一八五五年四月一四日の文部省決定に従って、当該学部であらためて、しかも相応の結果をもって、大学教授資格を取得しなければならない」（第三〇条）と明確に定めている。二〇世紀にはいっても事情は変わらなかった。一九一五年の規定も「他の大学から本学に転任を希望する私講師は、定められた大学教授資格試験の条件を、改めて満たさなければならない。すでに経験を積んだ年輩の講師にあっては、コロキュウムを免除することができる（第八条）と、基本的に一八八八年の規定を踏襲している。

なぜ再び教授資格を取得することを要求しているか。それは、聴講料を主な収入源としている私講師の経済的利益にかかわるからである。ミュンヘンやベルリンは当時ドイツで最大規模の大学であり、多くの聴講料収入が期待できた。規制せずに、他の大学で取得した資格を無条件に認めれば、外様の私講師と両大学で教授資格を取得した私講師との利害が対立するからである。自分の大学で資格を取得した私講師の経済的利益を守るために、外部に対して、制限規程を設けたのであった。このようにして、現実には大規模大学の授与する教授資格と小規模大学の教授資格との格差が作り出されたのである。しかし、教授として招聘される場合には、再び教授資格を取り直す必要はなかった。

こうしてハビリタツィオンは、私講師というドイツ大学に特有な大学教師の階層をうみだし、ドイツの大学に特有の教授資格試験として定着していくにいたった。

Ⅳ　大学と学部との関係

大学は、外から見れば一つの組織であるが、内部からみれば、四つの学部（団体）から成る組織であった。したがって、大学と学部の関係はどう考えられていたのだろうかという問題が問われなければならない。ベルリン大学も、すでに設置されていた他のドイツの大学と同じように、四つの学部から構成されていた。すなわち、神学、法学、医学および哲学の四つの学部であった。したがって、大学は学部の寄りあい所帯であったとも言うことができよう。しかし、寄り合い所帯であるとは言っても、ともかくも四つの学部を持っているのが「大学である」という考え方がドイツには伝統的にあったから、四つの学部を置いて成立したのがベルリン大学である。

これら四つの学部は、プロイセン国王が正教授として招聘し、給料を支払っている人々の団体とみなされていた。彼ら正教授の運営の下で、それぞれ相互に独立していたのである。すなわち学部は、相互に独立した団体を形成していた。

各学部には、学部教授会がおかれ、学部の業務を遂行した。一方、大学全体の共通業務を遂行するために、大学の中に評議会がおかれていた。それは正教授のみによる委員会であった。成員のなかから学長が選ばれ、学長がその会の長となり、議長を務める仕組みになっていた。だから、内部的に見れば、大学所属の人間は、誰もいなかった。全員が学部の所属であった。

大学の諸権利（学位授与権や免税特権）を享受するのも、実際は各学部の教授であった。学位も、教授資格も授与するのは学部であるが、授与するばあい、大学を代表する学長の名前で出したのである。

運営機関としての学部の主要任務は、伝統的に、①学位や大学教授資格を授与すること、②学部が担当している学問領域を首尾よく教授するための方策を講ずること、そして③学問の面でも、生活の面でも学生を監督し、奨学金を与えること、④上級三学部にあっては、意見書や判定文を書くことであった。

このような運営機関としての学部は、一六世紀に正教授職が確立された時にできあがり、ほぼ一九世紀の終わりの時期まで、正教授によって寡頭的に支配されてきた。しかし、二〇世紀にはいると、正教授の独占体制は崩れ、員外教授や私講師の全員とはいかないまでも、彼らの代表が学部運営に参画するようになった。

大学評議会では、誰を学長に選ぶか、大学財産をどう運用するか、といった大学全体にかかわる事項が審議された。それは、基本的には、各学部の教授会と同じく、伝統的に正教授のみによって構成されてきた。しかし、一九世紀にはいり、大学の規模が大きくなってくると、大学ごとの事情の相違も生じてきた。ゲッティンゲンやマールブルクのように比較的小規模の大学では、すべての正教授がその成員になっていた。これに対して、ベルリンのような大規模の大学では、正教授の代表による狭義の大学評議会を設けなければ、大学運営が難しくなってきた。

二〇世紀にはいると、学部教授会とおなじく大学評議会にも、員外教授や私講師の代表がその成員として加わるようになった。

Ⅴ　大学と国家との関係

(1)　クルーゲによる時代区分

大学と国家との関係は、ドイツの大学史を研究するとき、いつの時代においても無視することの出来ない大きな問題であるが、クルーゲの説を参照しつつ、粗雑ながら簡単に考察しておこう。クルーゲは、「国家による大学監督」を①中世における大学監督（一四世紀から一六世紀まで）、②初期絶対主義的大学監督（一六世紀から一七世紀まで）、③一八世紀における大学監督と古典的大学監督、④一九世紀および一九四五年までの伝統的大学監督、⑤現代における大学監督（法による監督）と五つに分け、一九世紀の大学監督を「伝統的大学監督」として特徴づけている（Kluge, A., S. 226ff.）。国家は、国家の都合・利害（国家理性と政治学では呼んでいるが、何も国家が理性をもって行動することを意味するものではない）によって、大学を動かそうとする。一九世紀の大学監督は、はじめは一八世紀の絶対主義的性格を抜けきっていなかったといわれているが、時が経過するにしたがって、おおまかに言って、大学監督が制度化され、教育にかんする事項はだんだん大学自身が決めるようになる傾向が強くなってきた。大学監督の制度化とは、フンボルト、シュクマン、アルテンシュタインというような見識ある、有力な職にある個人が大学政策を動かすのではなく、できるだけ組織・システムで動かしていく傾向である。教育にかんする自治とは、大学は国家の中の国家ではないが、できるだけ教育にかんすることは大学にまかせる傾向を言う。

そういう傾向があるにもかかわらず、ベルリン大学はプロイセン邦の「国家の施設」であるという性格はまぬがれなかった。しかも、プロイセン一般国法（ALR）によれば、大学は、国家の承認と認可によってのみ開設することができるのであった。また、他方で大学は、学長や学部長を自身で選び、学位を授与する団体でもあった。学長を選ぶ、学部長を選ぶ、学位を授与する、そういうことは、教育にかんする事項だから、国家は認めざるを得なかったのである。ここに、大学は「国家の施設」であるとともに「特権的自治団体」であるという二重性格が出てくる。この二重性格をとらえて、クルーゲは一九世紀の大学政策を特徴づけていると思う。

自治団体としての大学と国家による監督との関係が端的にあらわになってくる場面は、大学史上幾つかあるが、教授の後継者人事はその場面の一つと見なすことができよう。ベルリン大学の各学部で正教授職が空席になったばあいには、学部は理由を明示した意見書により、その職に適当な三人の人物を文部省に推薦することができた。しかし、誰にするか決めるのは、大学ではなく、プロイセン国家の方であった。国家は、学部の要求及び所管の財源に応じて、講座数を増加することもできた。ここで講座というのは、わが国で明治二六年に導入された帝国大学の教授一、助教授一、助手一—二という講座制ではなく、一人一講座のことである。この点に注意を促しておきたい。専門の研究者にも誤解があるからである。

大学や正教授が出版する論文や著作についての「検閲」はどうか。国家による検閲は当時あった。このことについても、学則は定めている。大学は、大学という総称および学長の署名のもとに、刊行される印刷物にかんして、一七八八年の検閲令において承認された検閲からの自由を享受していた。すべての正教授も時事的な政治問題に無関係のすべての学問的出版物に関し、この検閲からの自由を享受した。教授は、自分の氏名と地位等を付記し、その中には法律に反する事柄は何も記されていないという自己責任において出版したのである。

逆に言うと、教授と言えども、時事的な政治問題に言及した著作や論文のばあいには検閲を受けねばならなかった。だから、大すじで言えば、出版の自由は大幅に制限されていたと言って良いであろう。

こう見てくると、国家と対応するのは学部ではなくて、アンシュタルトとしての大学であった。

大学が、大学の業務について上級の省（上級審庁）に報告するために、大学のなかに大学評議会がおかれている。

（2）ヤスパースのとらえ方

大学と国家との関係を、ヤスパースは、次のように書いている（Jaspers, K., und Rossmann, K., S. 115)。

「大学は、自治団体として創設され、法王や国家の創設文書によって、権限を授与され、独自の財産とりわけ基本財産を付与されていた。

この自治団体の自己運営という理念は、この歴史に由来するものである。大学は、みずからその組織を構成し、その成員を選択し、その教育を構成し、今日博士学位として残っている学位を授与する。

しかし、大学は、公法上の団体（Körperschaft öffentlichen Rechts）として、国家の意思・保護・援助によって存立する。大学は二つの顔をもっている。すなわち、国家のほうを向いた顔と国家から自由な顔である。大学の理念にしたがって、大学は自分自身で定款をつくり、それにしたがって運営する。大学は、大学を承認している国家に、この二つの顔をみせている。

大学の自己運営は、教授たちが担っている。教授は、まず第一に、団体の成員なのであって、国家官吏ではない」。

これが、ヤスパースの考え方である。

ヤスパースは、歴史的に言えば、大学は、国家の方を向いた顔と国家から自由な顔とのふたつの顔を持っていること、大学の自治の担い手は正教授であるが、正教授はその根本においてまず団体の成員であって、国家の官吏ではないこと、これらことを指摘している。

このように、学則において、大学を、一方では「国家の施設」として、他方では「特権をもつ団体」として規定している。これは、ヤスパースも言っているように、ドイツ大学の歴史的な特殊事情に由来するものにほかならない。

このように、団体としての大学と設置機関としての国家との関係を歴史のなかで検討してみると、次のことが明らかとなってこよう。国家は、一方では大学を特権団体として認めつつ、他方ではその特権をできるだけ小さくして、国家の単一的な支配網のなかに取り込もうとする。それに対して、大学の方は、独自の団体的特権を守り、自らの判断や意思決定を優先させようと努力する。したがって、ドイツの大学の実態は、学者の完全な共和国（小国家）でもなかったし、ましてや国家のたんなる下部官庁でもなかった。これらの極限形態の中間的性格をもつものであったと言えよう。

しかし、歴史の事実（たとえば、ヴィルヘルム・フォン・フンボルトの大学行政やアルトホフ体制）が示しているように、中間的性格とは言っても、それは静的なものととらえられるものではなく、その時の学長、学部長、有力教授の判断や国王や文部省の意思決定者といった人間的要因、さらには財政事情や社会情況、学問や学者、大学にたいする社会の要求などの様々な要因によって、「国家的なるもの」と「自治団体的なるもの」との関係は多様に変容するダイナミックな構造をもっていたと考えて差し支えない。

（３）私講師の教授への昇格

同一学内招聘禁止　私講師の教授職への昇進については、次のように言えよう。たいていのばあい、正教授や員外教授は私講師のなかから選ばれた。私講師が大学教授予備軍と呼ばれた所以である。しかし、長期間にわたって私講師職にあったとしても、教授職を要求しうるいわゆる「官職請求権」は認められていなかった。

一九世紀の後半になると、「同一学内招聘禁止」（Hausberufungsverbot）という慣行が成立した。この慣行は、同じ大学のなかでの昇格を禁止するものである。具体的にいえば私講師から員外教授、員外教授から正教授と昇格するばあいに、原則的に同一大学では不可能で、必ず大学を変わらなければならない（例外がないわけではない）。

教授資格の授与および私講師の採用は、ひとえに学部の必要と判断にまかされていた。すなわち、教授資格試験の受験者に「教授資格」をあたえるか否か、私講師として採用するか否かは、学部の専決事項であった。それだけ学部の意向は強かった。大学教授の後継者養成すなわち私講師資格の授与とその採用に関しては、一九世紀はじめの時代までは、国家は関与しなかった。将来の大学教授予備軍としての私講師の養成と採用は、全く大学の内的事項として、認められてきた。しかし、プロイセンにおいては、一八九八年の「私講師処分法」（Gesetz, betreffend die Disziplinarverhältnisse der Privatdozenten an den Landesuniversitäten, der Akademie zu Münster, und dem Lyceum Hosianum zu Braunsberg）が議会に提出され、可決された。この法律は通称アロンス法と呼ばれている。アロンスというただ一人の私講師をやめさせるために作られたからである。この法律は、文部大臣が私講師にたいして直接に秩序罰（戒告と譴責）を科す権利および「教授資格」を剥奪する権利をも認めたものであった。

（4） 教授の任命方法

一八一六年一〇月三一日のベルリン大学学則第八章第一条によれば、大学で講義を行う権利は、「①あらかじめ大学教授資格を取得したのち、正教授もしくは員外教授に任ぜられた者。②科学アカデミー正会員。③開講しようと意図している学部で大学教授資格を取得している私講師。」

私講師の任命については、上に述べた。教授の任命方法についてはどうか。一九世紀における正教授の選任の仕方は、ベルリン大学の学則に典型的に見られる。一八三八年のベルリン大学哲学部学則は、「正教授職が空席になったばあい、学部は理由を明示した意見書により、その職に適当な三人の人物を文部省に推薦することができる」（*Statuten der phiosophischen Fakultät* § 42）と定めている。文部省は、通常三人の中の筆頭者を指名するのが普通であった。しかし、そうでないケースもあった。すなわち、三人の中の筆頭者でなく、二番目であったり、三番目であったり、名簿にない人を指名したりすることも可能であった。このばあいには当然大学との争いになる。

このように、大学や学部が三人の候補者に順位をつけて、文部省に提案し、その中の一人を文部大臣が任命するという方式が一般的に採用されていた。大学の推薦した者はどれくらい任命されたのか。あるいはまた文部大臣は、大学の提案に拘束されたのか。この問題は、大学と国家との関係を考察するとき、大変重要な事柄である。

（5） 教授任命の実態

一八一七年から一九〇〇年の間にプロイセンの諸大学において神学部で三一一、法学部で四三二、医学部で六一二の教授人事が行われた。そのうち、神学部では二〇九件が学部提案どおり、一〇二が提案になかった者や学部提案の順序どおりではない者が任命されている。法学部では三四六が学部提案どおり、それ以外のケースは八六、医学部では四七八が提案どおりで、それ以外のものは一三四であった（Paulsen, S. 101～102）。

　この数字は、学部はたしかに提案権を保持していたが、文部大臣は、必ずしも提案された三人の候補者や順位にとらわれずに任命しえたし、また実際に任命したことを物語っている。大学が推薦権を、国家が任命権を握っていたと考えて良いが、ドイツにおける「大学の自治」は、このような事実を基として考えられなければならない。手放しで、ドイツの大学は「大学の自治」を謳歌していたとは言えないであろう。

ま　と　め

（1）大学について

　ベルリン大学を中心にドイツの大学について述べてきたが、最後に大学と学部について総括して、本章を終わることにしたい。

　大学（Universität）は、まず何よりも「国家の施設」（Staatliche Anstalt）であり、しかも「教育施設」（Lehranstalt）であった。

　大学の目的は、高度な学問的教育、学問的訓練を施すことを通じて、学生を、国家および教会での職務の諸分野で活躍する高度な人間にしたてあげることであった。

「高度な学問的教育」の中身は、神学部、法学部、医学部、哲学部の各学部で教授される知識と技能であった。

　大学を設置し、管理する機関は、プロイセン邦（ドイツでは国家を意味する）の内務省である。その性格は、一七九四年に制定されたプロイセン一般国法（ALR）に規定されていた。

大学は、学位授与権をはじめとするいくつかの特権をもつ団体であった。だから、大学は、国家の設置する特権団体という二重の性格をもっていた。

大学を構成する者は、教師団の全員、学生、職員および下級職員であった。

学部の構成は、神学、法学、医学および哲学という伝統的な四学部から成り立っていた。

大学の運営機関としては、大学評議会（Senat）が置かれていた。

大学は、閉じた団体であったから教えうる者も限られていた。ベルリン大学で講義を行う権利は、1あらかじめ大学教授資格を取得したのち、正教授もしくは員外教授に任ぜられた者、2科学アカデミー正会員、3開講しようと意図している学部で大学教授資格を取得している私講師、この三者にかぎられていた。

(2) 学部について

学部概念について、ベルリン大学に象徴的に見られる学部の特性を考えておこう。それを要約すると、次のような特性を持っていると言えよう。

①狭い意味の学部は、閉じた構造を持っていて、普遍性を持たない一つの団体とみなすことができる。「閉じた構造」と「普遍性を持たない」とは、同じ意味であって、共に資格を持たない者は成員になれないということを意味する。資格を持っていないから成員になれない。だから「閉じた構造」、「普遍性をもたない」ということになる。

②学部は、メンバーの自由な合意にもとづく、直接民主制的行政を行う団体である。学部長やその他の役職は、

メンバー全員の選挙で選び、教育内容や教育課程も自分たちの手で決めうる。そういった意味で、学部は自治権を持った団体である。

③学部は、正教授中心の貴族主義的性格を持つ団体である。「正教授貴族層」（M・ウェーバー）という言葉さえある。ここで言う「貴族」とは、身分制度で言う「貴族」のことではなく、学部を正教授がリードし、支配しているという意味である。

④学部は、広義においても狭義においても、資格を持っている者の団体であるから、有資格者を無資格者から分かつ「選抜装置」を持っているのが普通である。言い換えると、学部加入（inceptio）に際しては、審査を伴う厳格な試験（exsamen rigorosum）、たとえば論文試験（審査）、面接、学生や試験委員の面前での講義などが行われるのである。

⑤学部は、学部からの追放権や処分権を持つ団体である。入れる権限を持っていれば、論理的に排除する権限をもっているのが普通である。

⑥学部メンバーは、学部の成員である限り、心の自由、精神の自由が保障されている。

このように、学部は、内に向かっては対内秩序の維持、外に向かっては対外防衛という二つの機能を持つ団体である（ウェーバー　世良訳　六四四〜六五六）。

（3）　大学と学部との関係

ベルリン大学も、すでに設置されていた他のドイツの大学と同じように、四つの学部から構成されていたから、大学は学部の寄りあい所帯とみてよいだろう。

これら四つの学部は、プロイセン国王が正教授として招聘し、給料を支払っている人々の団体であった。

各学部には、学部教授会がおかれ、各学部の業務を遂行した。一方、大学全体の共通業務を遂行するために、評議会がおかれていた。その成員のなかから学長が選ばれ、学長がその会の長となり、議長を務めた。運営機関としての学部の主要任務は、伝統的に、①学位や大学教授資格を授与すること、②学部が担当している学問領域を首尾よく教授するための方策を講ずること、そして③学問の面でも、生活の面でも学生を監督し、奨学金を与えることであった。

(4) 大学と国家との関係

大学は「国家の施設」であったから、プロイセン一般国法(ALR)の枠の中にあった。また、大学は、国家の法認した「特権団体」でもあった。ここに、大学の二重性格が生まれてくる余地がある。

正教授の後継者人事は、大学自体がその職に適当な三人の人物を国家に推薦し、国家の側が決定した。すなわち、大学には推薦権を与え、国家が決定権をもつという構造であった。

また、国家は検閲もした。大学および学長の署名のもとで刊行される印刷物にかんしては、検閲からの自由を享受していたが、正教授と言えども、時事的な政治問題に言及した著作や論文のばあいには検閲を受けねばならなかったのである。

国家に対応するのは、大学評議会であった。すなわち、国家からみれば、大学を代表するのは、大学評議会であったので、国家の指令や命令は、大学評議会宛に来たのである。そういった意味では、評議会は大学の機関であるが、大学と国家を繋ぐ機関でもあった。それだけ国家の支配権は、他方では大学の自治を唱えながらも、無視できなかったのである。

ハビリタツィオンの導入は、大学自体は言うに及ばず、国家が大学教育の質を保証するシステムを作ったとみなすこともできよう。

（別府　昭郎）

引用文献（本文出現順）

Moraw, Peter, *Aspekte und Dimensionen* älterer deutscher Universitätsgeschichte in: ACADEMIA GES SENSIS, 1982.

マックス・ウェーバー『支配の社会学Ⅱ』世良晃志郎訳、創文社。

Paulsen, F., Die *deutschen Universitäten und das Universitätsstudium' 1902. ND. 1966.*

Rainer A. Müller: *Die deutsche "vorklassische" Universität in der frühmoderne--Von der humanistische Gelehrtenrepublik zur aufgeklärten Staatdeinerschule--.* (1990)（邦訳、別府昭郎「近代初期におけるドイツの『古典前期』の大学――人文主義的な学者共和国から啓蒙主義的な国家に奉仕する学校へ」）明治大学国際交流事務室、一九九一年。

Statuten der Universität vom 31. Oktober 1816.

Statuten der theologischen Fakultät vom 29. Januar 1838.

Statuten der juristischen Fakultät vom 29. Januar 1838.

Statuten der medizischen Fakultät vom 29. Januar 1838.

Statuten der phiosophischen Fakultät vom 29. Januar 1838.

これらは、Daude: König. friedrich=*Wilhelms=Universität zu Berlin* (1887) に収められている。

Allgemeines Landrecht für die Preußischen Staaten 1764.

Friedrich-Wilhelms-Universitet zu Berlin. Verzeichnis der Vorlesungen 1900-1901 Winter-Semster.

Preussishe Universitäten, eine Sammlung der Verordnungen.

Kluge, Alexander: *DieUniversitäts-Selbstverwaltung*, 1958.

Jaspers, K. und Rossmann, K., *Die Idee der Universität*, 1961.

参考文献

Manfred Bruemmer, *Staat kontra Universität*, 1998.
Max Lenz, *Geschichte der Köiglichen Friedrich-Wilhelms-Universität Berlin, 4 Bände* 1910-1918.
Paulsen, F., *Geschichte des gelehrten Unterrichts*, Bdl. 1919, Leipzig, Nachdruck, 1965, Berlin.

第五章　アンカラ大学言語・歴史‐地理学部の創設と国民統合のイデオロギー

はじめに

本書は「大学」概念の再検討を大学史研究の立場から考察しようとするところにある。今日われわれが理解している、いわゆる「大学」概念は西欧を中心として形成・発展してきた。本書において非ヨーロッパ地域に関しては、日本とトルコが扱われている。この両国は、一九世紀を通じてヨーロッパ列強の植民地化という苦い経験を重ねてきた大半のアジア・アフリカ諸国と違って、政治的独立を失うことなく、自主的に「近代化」の道を進むことができたほとんど唯一の例外である。とはいっても、日本とトルコでは、とりわけ経済史の観点からみると、じつは雲泥の差がある。日本の明治維新期における殖産興業政策が民族資本の手によって、いわば順調に達成されたのに比べて、トルコの場合は、経済の基幹産業部を外国資本に握られ、土着産業は農業・牧畜、そして零細な企業のみであった。このような前提条件のもとで始まったトルコの教育改革は、西欧をモデルとして、土着の支配層の手で進められた。その場合、日本でもそうであったように、伝統的教育体系との整合性を確保しながら、西欧型の教育体系を作り上げることが喫緊の課題であった。そのような条件のなかでトルコの大学史を叙述するとすれば、それは、オスマン帝国末期から共和国（一九二三年建国）初期にいたる過程の中でその中心であった「諸学の館」とでも訳しうる「ダーリュリュ・フュヌーン」からイスタンブル大学の創設（一九三三年）への過程を描くのがもっともオーソドクスな記述となろう。

しかし、それは教育史の専門家に譲ることとして、本章で述べようとするのは、トルコ共和国初期に創設されたアンカラ大学についてである。この大学は、「アタテュルクの理想に則った諸改革の基盤を作り上げ、これを国全体に普及」することを目的として創設された（学長室ホームページより）のである。つまり、第一次世界大戦後の困難な祖国解放運動をなしとげて建国された新生トルコ共和国の国民意識の統合を目的として、過去の伝統とは全く切り離されたところで設立された「大学」である。このことはおそらく、新たに独立したアジアの多くの国家にもあてはまることだと思われる。つまり、ヨーロッパ諸国の圧迫を跳ね返そうとする強烈なナショナリズムの発露が大学設立の理念である「アジア型」の「大学」概念の事例を提示することになろう。

Ⅰ　オスマン帝国における伝統的教育体系

トルコ共和国の直接の前身はオスマン帝国である。この国は現在の地理的境界を念頭にいれて、おおざっぱにいえば、中東・バルカン・北アフリカ・コーカサスの大部分の地域を六〇〇年有余（一三〇〇ころ―一九二二）にわたって支配し続けた巨大な多民族・多宗教・多言語国家である。この国家は、一九世紀以後、欧米諸国のそれを模した近代教育を導入することによって、殖産興業・富国強兵を実現して西洋列強に対抗することに努めた。本章はこの国家の崩壊後に成立したトルコ共和国（一九二三―）の首都に設立されたアンカラ大学を扱うが、それに先だって、前近代のオスマン帝国における伝統的教育体系についてごくかんたんに述べておきたい。わが国の教育史分野において、これまでトルコないしイスラム諸国の教育事情について知られるところがあまりにも少ないと思われるからである。

オスマン帝国の伝統的な教育は、トルコ共和国が成立した一九二三年の翌年に全廃されるまで、イスラムに伝統的なメドレセ（イスラム高等教育機関、アラビア語はマドラサ）で行われ（黒田、一九八三、二三九―二四〇）、ここで教育を受けたイスラムの知識人はウレマー（アラビア語はウラマー）と呼ばれて帝国の官僚組織の一翼を担っていた。官僚組織にはこのほかに、帝国の中心部であるアナトリア、特にバルカンのキリスト教徒子弟から「デヴシルメ（トルコ語で集めることを意味する）」と呼ばれる制度によってリクルートされた官僚層も存在した。かれらの多くはアラブの「マムルーク」制度と同様、イェニチェリなどの軍人となったが、このうち特に優秀な者は将来高級官僚となるべく、トプカプ宮殿の第三内廷（エンデルーン）に存在する各部局で侍従などの実務に携わりながら、教育を受けることになる。ここ「エンデルーン学校」での教育は、イスラム教育に伝統的な教科内容であるアラビア語文法、コーランの読誦・暗唱・字句の解釈、預言者ムハンマドの言行に関する伝承（ハディース）などのイスラムに固有の学問に加えて、さらに、トルコ語とトルコ文学、そして将来の軍人あるいは行政官としての必須科目である地理学、地図作成学、歴史学、政治学、軍学などを含んでいた。また、一方では、宮廷人にふさわしい教養科目として、能書術（カリグラフィー）、製本術、装丁術（マーブル作成）、ミニアチュール画法、建築技術、音楽などが、各人の個性と能力に応じて伝授された。かれらは、宮廷の庭で乗馬術、剣術などの実践的訓練もほどこされた。かれらの義務的な教育期間は七～八年で、能力に応じてさらに教育を受け、一二―一四年間学ぶと最高段階に達した。かれらはここを「卒業」すると、官僚となるべく「出仕」し、将来は帝国の政策決定機関であるトプカプ宮殿内部の「御前会議」を主宰する大宰相をはじめ、財務長官、国璽尚書（内務大臣）など中央官僚機構のトップの座を占めた。また、地方長官として赴任する者もあった。ここでの教育方法は、イスラム諸学のように宮廷の外部から派遣される教師による分野もあるが、基本的には、かれら相互に教育・訓練を行う「ギルド型」教育方法であった（永田、二〇〇一、六五―六七、İhsanoğlu, 1998, 230; Tekeli-İlkin, 1993, 18-20）。

このエンデルーンでの教育は帝国のエリートの養成を主眼としたものであったが、その規模と人数は、当然限られたものであった。したがって、帝国全土を視野に入れた場合、オスマン帝国における教育の基本形態は、やはり、さきに述べたメドレセ教育であった。オスマン帝国におけるメドレセ教育の開始は第二代の君主（以下スルタン）オルハン（在位一三二六―六二）の時代にさかのぼるが、その確固たる基礎を築いたのは、コンスタンティノープルの征服（一四五三年）で知られるメフメト二世（在位一四五一―八一）である。かれはビザンツ時代の多くの教会をモスクに変えただけではなく、みずからの名を冠したモスクにメドレセ、学生に食事を供する給食所、病院、図書館など一連の教育・社会施設を含む複合的な施設を一か所にまとめて建設した。この方法は、一般に「キュッリエ」と呼ばれ、オスマン帝国モスク建築の特徴とされている。この中には「セマーニエ」と呼ばれる八つのメドレセが存在するが、これがオスマン帝国におけるメドレセ教育の最高権威とされた。近年までこの「セマーニエ」ではヨーロッパの「大学」をモデルとしたカリキュラムが当時を代表する学者たちによって作られたとする意見があったようであるが、最近の研究では、これらのメドレセと「大学」との間における概念とカリキュラムの類似性とはともに否定されている（永田、二〇〇一、六六、İhsanoğlu, 1998, 237-238）。

いずれにしても、メフメト二世によってオスマン帝国のメドレセ教育は新しい段階に入った。それまでのメドレセ教育では宗教学が圧倒的な比重を占めていたのに対して、メフメト二世のメドレセに教授として任命される者は、宗教学に加えて論理学、哲学、数学を含む世俗的な学問を知っていることが条件とされた。そこには、メフメト二世がティムール朝の首都サマルカンドから招聘した天文台長アリー・クシュチュの影響が見られるといわれている。当時イスラム世界の学問の中心はサマルカンドで、とりわけ天文学の発達が世に知られており、その中心人物がクシュチュであったからである（İhsanoğlu, 1998, 247; 三橋、一九六四、一五五―一五六）。オスマン帝国の最盛期といわれるスレイマン一世（在位一五二〇―六六）もまた、自分の名を冠したモスクを中心とした「キュッリエ」に四つのメドレセを建設するなど、歴代のスルタンによって数多くのメドレセが建設された。その結果、オスマン帝国のメドレセ教育は一六世紀にもっとも活動的な時代を迎え、また、国家の管理のもとにウレマー官職のヒエラルヒーが成立し、メドレセのランク付けがなされた。これがイスラム世界の教育におけるオスマン帝国の大きな特徴である。一六世紀末には全国でおよそ三五〇のメドレセが存在したと推定されている。また、近代教育の導入される一九世紀半ばにはイスタンブルだけで一六〇のメドレセがあり、五〇〇〇人余の学生が在籍した（İhsanoğlu, 1998, 247; 秋葉、一九九六、六二―八四）。

メドレセを卒業した学生は、一種の卒業証書に相当する証明書をあたえられて、任官されるのを待つことになる。メドレセとエンデルーン学校には教科課程の点で共通する側面があったが、最大の相違点はメドレセがワクフと呼ばれる宗教的寄進財を財政的基盤としており、この点で国家から独立した存在であるところにある。ワクフ財源はメドレセの教師と学生の双方にとって、またモスクや関連施設に働くウレマーや職員の経済的基盤であった（永田、二〇〇九、一六五―一九八）。

高等教育という視点を外せば、しばしばモスクの脇に設けられたコーラン学校、小学校に相当するスビヤン、街区の寺子屋とでもいうべきメクテプ、神秘主義教団の修道場で行われる宗教教育、「同業者組合」での実践的な技術教育などを数え上げることができる。さらに、多民族・多宗教・多言語国家であるオスマン帝国では、臣民は民族によってではなく、宗教の相違によって掌握されていた。非イスラム教徒の中で最大の人口を擁する東方正教徒をはじめ、カトリック教徒、プロテスタント、そしてユダヤ教徒はそれぞれ宗教的・社会的自治をほぼ認められた宗教共同体（ミッレト）を構成しており、かれら独自の教育システムを持っていたが、国家は原則的にこれに干渉することはなかった。

一七世紀以降、ウレマーの階層化が進むと、メドレセ教育の内容がしだいに停滞し、伝統的な学問の単なる再生産、模倣といった硬直化・守旧化が著しくなったことが指摘されている。また、官僚機構が変質し、官僚としての出世が、有力官僚との間の「パトロン―クライアント」関係を軸として展開するようになっていった。これは有力な官僚の「家」に身を寄せて（インティサーブ）実務を経験しながら、しだいに官僚としてのキャリアを積んでゆくという方式であったから、なんらかの制度に裏打ちされたものではなかったが、メドレセ教育を経ないでも官僚としてキャリアを積む道が大きく開かれたことが重要である（永田、二〇〇一、六六―六七）。さらに、一八二六年以来ワクフ財源が国家によって管理されるようになって、メドレセの運営が経済的に苦しくなり、ここに学ぶ学生の生活も悲惨な状況に置かれるようになった（秋葉、一九九六、七三―七六）。だが、なによりも問題なのは、トルコ語を公用語とするオスマン帝国でありながら、トルコ語ではなくアラビア語に最重点を置くメドレセの教育方法が、文書行政の発達によるトルコ語の重要性獲得という現実にそぐわなくなっていったことであろう。近代教育の導入は、まさしくこれらの欠点を補う新たな方法としておこなわれたのである。加えて、「近代化」にとって欠かせぬ学問である近代的科学技術の導入とそのための基礎的な教科の学習の必要性とがこれを後押ししたことはいうまでもない（永田、二〇〇一、六六―七〇）。

Ⅱ　オスマン帝国の「近代化」と教育の改革

一六世紀は「トルコの世紀」といわれるほどの強勢を誇ったオスマン帝国も一六九九年のカルロヴィッツ条約以後、ヨーロッパ諸国に対して軍事的にそして政治的に劣勢となった。その結果、オスマン帝国のスルタンはヨーロッパ諸国の技術的先進性を認識せざるを得なくなり、一八世紀以後西洋化を強く指向する改革の実施によって帝国の延命を図る方法を模索することになる。一八世紀後半以後、オーストリアおよびロシアとの間に戦われた戦争に敗北を重ねた経験に学んだセリム三世（在位一七八九―一八〇七）は「ニザーミ・ジェディード（新秩序）」と総称される、同名の西洋式新軍団の設立を柱とし、さらに陸軍および海軍技術学校の開設、フランス語の戦術所・数学書の翻訳など一連の改革に着手した。こうして、オスマン帝国の改革は、なによりもまず、軍事技術およびそのための予備知識を習得させるための教育の改革からはじまった。この分野では帝国の内部にはまったく蓄積がなかったため、それはヨーロッパ人の助力によるところが多い。たとえば、オスマン帝国に亡命したフランス人貴族ボンヌバルが一七三四年にイスタンブルに設立した技術学校をあげることができる。のちには「お雇い外国人」を起用して海軍技術学校（一七七三年）、陸軍技術学校（一七九三年）、医学校（一八二七年）などが開設された（永田、二〇〇一、六八）。

しかし、セリム三世の改革は、守旧派官僚、イェニチェリ軍団、金融業者、地方名士らの反対に直面した。その結果、一八〇七年にイェニチェリ軍団が蜂起してセリムは廃位のうえ殺害されるにいたった。かれの遺志を継いだ甥のマフムト二世（在位一八〇八―三九）は、一八二六年にこれまであらゆる改革に反対してきたイェニチェリ軍団を廃止して、「ムハンマド常勝軍」と名づけた新軍団を組織し、ここにオスマン帝国の軍隊は完全に西洋化された（永田、二〇〇二、二八一―二八四、永田、二〇〇一、六七―六八）。

マフムト二世は、二七年に帝国史上はじめてヨーロッパ諸国へ留学生を派遣した。三四年には陸軍士官学校を開設するとともに、これらの軍事技術学校へ進学するための準備過程として世俗的な教科内容を持つ「リュシュディエ」と名付けられた初等教育機関の設置に着手した。マフムトは、さらに官僚機構の改革や地方名士の弾圧など一連の中央集権化政策を実施した。しかし、かれの治世中にはエジプトのムハンマド・アリー家の自立による事実上の王朝の建設（一八〇五―一九五三）、ギリシアの独立（一八三〇）という大きな犠牲を余儀なくされるとともに、これらの問題を契機として西洋列強の激しい干渉を招き「東方問題」を発生させた。こうした国内における諸民族の覚醒、自立の傾向に対するオスマン政府の弾圧がヨーロッパ「国際」世論に強い「反トルコ」感情を引き起こした。一方、この間に帝国がイギリスの支援を期待して一八三八年に結んだ「オスマン―イギリス通商条約」は伸張しつつある資本主義経済の前にオスマン市場（中東およびバルカン）の開放を実現し、ここにオスマン帝国は工業製品の輸入と工業原料の輸出を柱とする植民地型経済体質を付与されることになった。この条約はイギリスがアジア諸国とこれ以後に締結してゆく一連の通商条約の雛型となった点でもきわめて重要である。この間に政府が行った土着産業の育成政策は、外国企業との競合に耐えられずに失敗し、土着資本はついに育つことができなかった。ここが日本の場合とは対照的なところである。こうした経済体質の形成の中で「近代化」改革はさらに進行する。「タンスィマート（一八三九―七六）」と総称される一連の改革と、その結果の憲法発布（一八七六年、第一次立憲君主制）、これに対する反動的な性格を持つアブデュルハミト二世（在位一八七六―一九〇九）の専制政治、そしてそれに対する立憲革命（一九〇八）と、オスマン帝国の政治情勢は大きく揺れ動いてゆく（永田、二〇〇二、二八四―二八九）。

この間に行われた改革を教育の分野に限定して概観すると、一八四七年に文部省が設立されたこと、六九年に「一般教育令」が発布されてこれまで不統一であった教育部門が一本化されたことが重要である。この「一般教育令」によって初等教育の義務化が定められた。その結果、マフムト二世によって先鞭の付けられた世俗的な「リュシュディエ」初等教育をはじめ、「イダーディー」と名付けられた中等教育機関が発展した。ある資料によれば、「リュシュディエ」校は、一八六〇年に五二校、六八年に八七校、七四年に三八六校と順調に増加している。近代的な官僚層の育成のためのミュルキエ（行政校）が五九年に、アルメニア＝プロテスタント教会による「ロバート・カレッジ」が六三年に、そしてフランスのイニシャティブによるガラタサライ校が六八年に設立された（永田、二〇〇一、六八―六九）。

以上はタンスィマート改革期以降の帝国における「近代化」改革を教育の面に限って概観したものである。改革の結果、帝国の政治や思想の前面にしだいにヨーロッパへの留学の経験者、あるいは反専制運動の弾圧によってパリやロンドンに亡命した文学者・知識人、あるいはまた帝国政府の在外大使館の館員（とくに大使）といった若い官僚や青年将校が国家の新しい担い手として登場してきた。かれらは例外なくフランス語をはじめとしたヨーロッパの言語を学んでいたことから、当時のヨーロッパの自由・立憲・平等といった政治思想に学び、鼓舞されていた。かれら若い知識人、青年将校による反専制・立憲運動が一九〇八年の「青年トルコ人」革命であった。この革命がトルコ民族主義思想によるものであると、ただちにいうことはできないが、ロシア帝国から亡命してきたトルコ系民族主義者の影響もあって、「青年トルコ人」政府はしだいに土着産業の保護・育成、関税自主権の回復などを基調とするトルコ民族主義的政策を打ち出してくる。それは、さきに述べたような植民地型経済体制の中で、それなりの自立を模索する広範な民衆の要求に押された結果である。だが、やがて「青年トルコ人」政府の実権を握った親ドイツ派の青年将校で、陸軍大臣となったエンヴェル・パシャのイニシャティブのもとで、帝国は同盟国側にたって第一次世界大戦に参戦して敗北した。戦後、アラブ民族はイギリスをはじめとする列強によって分割された結果である「アラブ諸国体制」のもとに新しい歴史をたどることになるが、オスマン帝国の「本土」というべきアナトリアは、連合国軍の占領下に置かれた。これに対するムスタファ・ケマルの主導するトルコ人の祖国解放運動が、互いにけん制しあう連合国軍とイギリスの支援のもとでアナトリア西部を占領したギリシア軍とをアナトリアから駆逐するとともに、オスマン王家を国外に追放することによって、オスマン帝国が滅亡(一九二二年)し、新生トルコ共和国が誕生した(一九二三年)のである(永田、二〇〇二、二八九—三二七)。

Ⅲ　国民統合のイデオロギー——「トルコ史テーゼ」の提唱

祖国解放運動を通じてトルコ共和国成立の指導者と仰がれて、その初代大統領に選出されたムスタファ・ケマルは、三四年にトルコ大国民議会から「アタテュルク(父なるトルコ人)」の姓を贈られるほどの声望の持ち主であり、権力者であった。かれは、オスマン帝国時代の支配イデオロギーであったイスラムにもとづく諸制度を廃止して、世俗的な「国民国家」体制を短期間のうちに作り上げた(一九二三—二八、トルコ革命)。次の課題は、トルコ人の国民意識を統合するイデオロギーの創出であった。そのためには、オスマン帝国時代のコスモポリタンな歴史観ではなく、トルコ民族主義思想にもとづく新しい歴史観を培うための歴史教科書が必要であった。

「トルコ史テーゼ」とは、そのために提唱されたものである。したがって、このテーゼを理論的柱として編纂された教科書に盛り込まれた歴史認識が「公定歴史学」である。「トルコ史テーゼ」とは、ひとくちでいえば、「中央アジアの「原住民」であり、白色人種であるトルコ人は、水と緑にあふれた中央アジアの理想的な環境の中で、世界の諸民族にさきがけていちはやく文明の段階に達した。そしてやがて中央アジアの乾燥化がはじまると、かれらはよりよい住環境を求めて世界各地に移住し、そこで古代諸文明の形成に大きな役割を果たしたのである」という、法外な自民族中心史観である（永田、二〇〇四、一〇七）。

ところで、アタテュルクは、大統領に就任後国民統合のためのイデオロギーを模索していたが、ある日、側近のアーフェト・イナン女史がかれに「素朴な質問」をした。これが「トルコ史テーゼ」提唱の直接のきっかけになったといわれている。かの女は一九二八年にフランス語の地理書に「トルコ種族は黄色人種に属する。そしてヨーロッパ人の目から見れば、第二級の人間類型にすぎない」と書かれているのを読んで、これはそのとおりでしょうか、とアタテュルクに質問した。そこでアタテュルクは「いや、そんなことはあり得ない。これについて調べてみようではないか」と答えて、さっそく側近の中で「歴史家」を自認している連中を呼び集めて、かれらに当時ヨーロッパで出版された最新の書物を渡して、その要約を提出するよう命じた。その結果できあがったのが、約五〇〇頁からなる『トルコ史概要』である。そして、この本の趣旨が「トルコ史テーゼ」ということになる。しかし、この本は「真摯で、客観的で、学問的な研究によるトルコ史の発見」を命じたアタテュルクを満足させるだけのものではなかったため、一九三〇年に一〇〇部だけ出版され、識者達の手による再検討にゆだねられた（永田、二〇〇四、一一三―一一四）。一方でかれは、一九三六年にアンカラ大学言語・歴史-地理学部の創設によって「トルコ史テーゼ」を完成・普及させることを意図したのである。だが、これについて筆をすすめる前に、この「トルコ史テーゼ」がなぜさきほど述べたような法外な内容になってしまったのかを検討しておく必要がある。なぜならば、トルコ民族の輝かしい歴史を称揚するのなら、かれらがかつて中央アジアにうち建てた匈奴、突厥、ウイグルなどの遊牧騎馬民族国家とその文化、あるいはトルコ族が西アジアに移住したのちセルジューク朝、オスマン朝を建設して西アジアのイスラム史をリードし続けた事実を指摘すれば十分だったはずである。それにもかかわらず、『トルコ史概要』には、中央アジアはともかく、セルジューク朝とオスマン朝はきわめて軽く扱われている。そこでつぎに、この『トルコ史概要』の内容を検討しておきたい。この本はさきに述べたような経緯でもって作成された、「トルコ史テーゼ」定立のために粗っぽくまとめられたものにすぎない。しかしそれだけに建設まもない一つの国家が「人工的に」作り出した「歴史」をあからさまに表現している（永田、二〇〇四、一一五—一二四）。『トルコ史概要』全体の章立てと各章に費やされた頁数は次のとおりである。

序　文　この本はなぜ書かれたのか?　（一二頁）
第一章　人類史序説　（二九頁）
第二章　トルコ史序説　（一五頁）
第三章　中国　（三九頁）
第四章　インド　（二六頁）
第五章　カルディア、エラム、シュメール　（一六頁）
第六章　エジプト　（二三頁）
第七章　アナトリア　（二七頁）

以上のように、この本の内容は先史時代と古代史が中心である。その目的を私なりに敷衍すればつぎの二つの点に集約できる。ひとつは、これまで、とくにヨーロッパ人によって、軽蔑され、自信を失っていたトルコ人に誇りと勇気をもたせること、ふたつは、トルコ人の人種的優越性を立証し、とくにアナトリアにおける先住民ヒッタイトがトルコ人であることを主張して、祖国解放運動の結果武力で守りきったアナトリアの地における生存権を主張することである。その結果である「トルコ史テーゼ」は、さきに要約した自民族中心史観であり、この本に盛り込まれているように、古代の四文明といわれる中国、メソポタミア、インド、エジプト文明のみならず、古代イラン、アナトリアのヒッタイト、エーゲ文明、はてはイタリアのエトルリア文明にいたるまではすべてトルコ人のイニシャティブによって設立されたことになる。では、なぜこのような法外な「テーゼ」を提唱することになったのであろうか？　これもまた二つの点から考えることができる。その第一は、一九世紀ヨーロッパ人によるトルコ人バッシングに対する反発という心性であり、第二は、当時のヨーロッパにおける学問の中に「トルコ史テーゼ」の「科学的根拠」を見出すことができることである。そこで、つぎにこの二点について詳しく論ずることにしよう。

「トルコ史テーゼ」の心性史的背景――「トルコの脅威」から「トルコ人バッシング」へ

ヨーロッパにおけるトルコ人に対する否定的なイメージの歴史をさかのぼるならば、おおざっぱにいって、①五世紀前半のアッティラ大王率いるフン族の西ローマ帝国への侵入、②一三世紀のモンゴル帝国の拡大、③一四世紀初頭以後におけるオスマン帝国の拡大、とりわけバルカン半島の征服、コンスタンティノープル征服とその直後のイタリア半島への進出、をあげることができるであろう。とくにオスマン帝国のヨーロッパへの進出は、ヨーロッパ全土に「トルコの脅威」という観念を植え付け、これがヨーロッパ諸国間の国際外交・国内政治に利用されるほどであった。たしかに一八世紀以後「トルコの脅威」は現実的ではなくなったが、「悪のイメージ」としてのトルコ人はヨーロッパ人の心性に深く刻み込まれていた（上村、一九九三、二八―三七）。

一方、一八世紀になると、アジア各地に進出をはじめたヨーロッパ諸国の間では「東洋趣味」が流行し、「トルコ」は官能的で神秘的なオリエント世界に組み込まれた。とりわけオスマン帝国のトプカプ宮殿の「ハレム」がその絶好の対象となったことはアングルの「オダリスク」のような官能的な絵がよく示している。こうした面は、絵画ばかりではなくモーツアルトやベートーベンに代表される「トルコ行進曲」ブームやオペラにおけるモーツアルトの「後宮からの脱走」あるいはロッシーニの「マオメット二世」などにもある種の「オリエンタリズム」を見出すことができる。だが、フランス革命や産業革命を経たヨーロッパが世界制覇を果たしつつある一九世紀になると、ヨーロッパではアジアとの関係を「進歩と停滞」、「文明と野蛮」、「自治と専制」といった二項対立的な価値尺度で捉える傾向が生まれた。その結果、たとえ表面的には「近代化」をすすめ、自らをヨーロッパに擬していったにもかかわらず、実質的には経済的従属の度を深めていったオスマン帝国は「ヨーロッパの病人」と呼ばれ、「遅れたアジア」を代表する存在となった。このような条件のもとで、バルカン諸民族のオスマン帝国からの独立運動が起こり、これに対する弾圧が加えられると、ヨーロッパにおける「反トルコ」感情は頂点に達した。そのもっとも典型的な例が一八二一年に本格的に展開され始めた「ギリシア独立運動」であった。ギリシア人蜂起の知らせが届くと、近代ヨーロッパの源泉であった「文明的な」ギリシアの「野蛮な」トルコからの独立を願うヨーロッパの自由主義者たちは熱狂した。その先頭に立ったのが、一八一二年に出版されはじめた『チャイルド・ハロルドの遍歴』でベストセラー作家となったイギリスの詩人バイロンであった。かれは、義勇兵としてギリシア独立運動に参加するべくギリシアに旅立ったが、まだ戦争に加わらないうちにミソロンギで熱病のために命を落とした（一八二四年）。しかし、かれの「殉教」はかえってヨーロッパの読書人たちの間における親ギリシア熱を煽ることとなった（クロッグ、一九九八、三一―三二）。バイロンに共感したフランスのロマン主義画家ウジェーヌ・ドラクロワがトルコ人騎兵に踏みにじられるギリシア人を空想で描いた「ヒオス島の虐殺」（一八二四年）や「ミソロンギの廃墟に立つ瀕死のギリシア」（一八二七年）といったオリエンタリズム絵画が、一時消えかかっていたヨーロッパのギリシアびいきを再燃させた。バイロン、シラー、ゲーテ、ヴィクトル・ユゴーといった人たちが、オスマン帝国にとって、むしろ強敵であった。というのは、ヨーロッパ各国の政府は、ロシアをのぞけば、ギリシアの独立運動をそれほど支持していたわけではなかったからである。

こうした状況の中で、ギリシア人の蜂起に対する「トルコ人の残虐な」弾圧だけが国際的に喧伝された。こうして培われたヨーロッパ人の心性は、その後のバルカン諸民族の相次ぐ独立運動とそれに対する帝国の弾圧という構図の中でさらに増幅され、「言語道断のトルコ」、「トルコという悪夢」という認識が定着していった。ヨーロッパ人によるこうした「トルコ人バッシング」は、時とともにイギリスの片田舎まで浸透していった。明治四二年（一九〇九）頃海外に遊んだ茅原華山という人物の回想録に次のような挿話がある。「私が西洋の習慣に逆らって、オールを挙げて女の子を打つ真似をしたところ、女の子はフィヤーフル・ターク〔恐ろしきトルコ人〕と叫んで逃げていった（橋川、一九七六、二五）。このようにしてヨーロッパ人の心性を支配した「反トルコ」感情は、究極のところ、「トルコ人をアジアへ放逐せよ」という世論となっていった。

ところで、「近代化」改革の成果の一つとして、先に述べたように、ヨーロッパの言語を学んだトルコ人エリートにとって、「トルコ人」という言葉の持つこうしたイメージがかれらの心性をいたく傷つけたことは容易に察しが付く。ずっとのち、「トルコ史テーゼ」が提唱され、それを国民の間に浸透させようとしていた時代のことであるが、そのために設立されたトルコ歴史学協会の重鎮であるバイカル（B. S. Baykal）は、アタテュルクによる「トルコ史テーゼ」提唱の裏にある心性を次のように述べている（永田、二〇〇四、一四五）。

「ヨーロッパにおいてトルコ人に対して抱かれていた意見は極度に否定的であった。（中略）かれらによれば、トルコ人はキリスト教徒に力ずくで頸木をはめ、あらゆる文明的な資質と能力に欠ける下級の人間である。かれらの馬の蹄が踏んだ土地には草も生えない。かれらは文明の敵、悪の源泉である。文明世界でかれらの存在する場所はない。有名なイギリスの高官、グラッドストンは「世界のためにトルコ人の悪を消滅させる唯一の方法は、つぎのようである。すなわち、世界からかれらの存在を消し去ることである」といった。第一次世界大戦後トルコ民族に対して適用されたこうした措置（アナトリアの占領—引用者）は、何百年の間に培われてきた悪意に満ちたこの心情の現れである。（中略）これらすべてを熟知しているアタテュルクがトルコ史の真実を白日のもとに明らかにするために使った時間とエネルギーの消費を、先に述べた（ヨーロッパ人の—引用者）この精神に対する反発、そして反乱と理解することが必要である。」

この引用文中にあるグラッドストンの言葉は、一九九〇年代の「ボスニア紛争」の最中に盛んに使われた「民族浄化」という言葉を思い起こさせるが、かれのこの言葉は親トルコ派のディズレーリとの政治的駆け引きのなかで発せられた言葉であることに留意せねばならない。とはいえ、この言葉を知ったトルコ人にとっては、誠に心痛い言葉であるにちがいがない。

ヨーロッパ人が抱いていたトルコ人に対する「悪のイメージ」は、ヨーロッパを範としながら近代化を急いできた日本にもそのまま輸入された。たとえば、当時の日本に存在した大日本回教協会の評議員に名を連ねていた内ケ崎作三郎という人物が、バルカン戦争直後の一九一三年に公にした文章は、ヨーロッパでは政治的意味合いを込めて喧伝されたトルコ人バッシングが無批判なままに日本に輸入されたことを如実に示している（内ケ崎、一九一三、二一六―二二八）。

「土耳其民族は戦争には強き民族であるが、支配することの能力を有せぬ民族である。（中略）（ビザンチン文明は—引用者）血に汚れたる土耳其人の手に依りて撤去せられ、（中略）要するに、土耳其政府の（バルカン支配の—引用者）全時代を通じて罪悪また罪悪の政治であった。（中略）バルカンの聯合軍は老若相携えて、正義の剣を執って悪魔の軍に対したのである。」

このような、ヨーロッパのトルコ人バッシングが頂点に達したのが、第一次世界大戦のさなかに起きた、一九一六年のいわゆる「トルコ人によるアルメニア人の虐殺」である。その真相はいまだ解明されていないが、この事件は「トルコ人の残虐さ」を当時の国際世論に印象づけただけではなく、現在にいたるまで、「民族虐殺」あるいは「民族浄化」として長く記憶されていることは周知の事実である（永田、二〇〇四、二一八）。「トルコ人」という単語自体がユダヤ人同様差別用語であることを外国語の習得を通じて知ったトルコ人知識層にとって、ヨーロッパにおいてこれほど長い歴史を持つトルコ人バッシングは耐え難いものであったに違いない。これが「トルコ史テーゼ」提唱の心性史的背景である。

「トルコ史テーゼ」の「科学的」根拠

このテーゼの具体的な内容を克明に記述した『トルコ史概要』には参考文献リストが付されている。これによれば、利用された文献は全部で一二五冊、そのうちロシア語が一二、英語が一一、ドイツ語が一一、残りはすべてフランス語である。これらの文献は、一言でいえば、当時欧米で出版された一流の書物揃いである。『トルコ史概要』の執筆者たちが、これらの文献から「トルコ史テーゼ」の定立にとって都合の良い部分だけを引き出したり、権力者であるアタテュルクの意図に沿おうとする「おもねり」があったことは確かであろう。しかし一方では、当時、すなわち一九世紀末から二〇世紀前半にかけてのヨーロッパの学問状況を窺い知ることができる。したがって、以下にこの点を洗い出してみたい。これらの参考文献の中で、とくに重要だと思われるのは、つぎの文献である。

① リヒトホーフェン『支那』（一八七七—一九一二年刊、一九四二年に翻訳、全五巻、岩波書店）
② エルズワース・ハンチントン『気候と文明』（一九一五年刊、一九三八年、岩波文庫）
③ 同右『人文地理学概論』（一九二七年刊、一九二七年、積善館）
④ ジャック・ド・モルガン『有史以前の人類——先史学概論』（一九二四年刊、一九三三年、東京堂、鳥居龍蔵

博士校閲）

⑤　Ｈ・Ｇ・ウェルズ『世界文化史大系』（一九二一年刊、一九三八年、世界文化史大系刊行会）

⑥　ウジェーヌ・ピッタール『人種と歴史』（一九二四年刊、一九四一年、泰山房、ヨーロッパとアジアの二分冊）

このように、すべて日本語訳が存在する。日本語訳のないものでこの本の重要な典拠とされているものには、中央アジアの調査・探検で知られるアメリカのラファエル・パンペリーの『トルキスタンにおける調査――一九〇三年の探検　アナウの先史文明』（全二巻）、オーレル・スタインの大著『セリンディア』（全五巻）、ジョン・マーシャルの『モヘンジョ・ダロ』、ルネ・グルッセの『極東史』などがあるが、これらは、日本でもよく知られた著作である。日本ではあまり知られていないが、東洋学者の間で著名なものに、ギニュないしドギニュの『紀元前後から現在にいたるまでのフン、トルコ、モンゴル、そのほかの西方タタール人全史』（一七五六―五八年刊）、ヴァーンベーリの『中央アジアのスケッチ』（一八六九年刊）、レオン・カオンの『アジア史序説』（一八九六年刊）、アンリ・マスペロの『古代中国』（一九二七年刊）などがある。このほかにも、当時の有名な哲学者アンリ・ベール編集の『人類の進化』叢書で一冊ずつ取り上げられているものに、Ａ・モレの『ナイルとエジプト文明』、モレとダヴィイの『氏族から帝国へ』、ドラポルトの『メソポタミア文明』、Ｇ・グロッツの『エーゲ文明』、ジアルデの『ギリシア民族の形成』がある。この『人類の進化』叢書は、一九世紀フランス人類学の最大の貢献といわれている。しかも、このうちモレ、グロッツ、ドラポルトの著作は日本でも有名なリュシアン・フェーブルの『歴史への地理学的序説』やゴードン・チャイルドの『ヨーロッパ文明のあけぼの』などとともに、『文明史』シリーズの一環として一九六六年になって英訳されて出版されている。つまり、これらの著作は当時のヨーロッパを代表する著作であるばかりでなく、今日なお「古典」としての価値を持つとみなされている書物である（永田、二〇〇四、一五〇―一五一）。

こうしてみると、アタテュルクは当時ヨーロッパで知られていた一流の書物を収集し、それにもとづいて「トルコ史テーゼ」を作り上げたことがわかる。ところで、上に列挙した書物の中でもとりわけ重要なのは、すでに日本語に訳されている書物であり、これだけでも「トルコ史テーゼ」の骨組みは出来上がることがわかった。その理由は、このテーゼの出発点である中央アジアと中国の古代に関する研究は、当時大陸進出を狙っていた日本の政策から必要とされていた「大東亜」研究と軌を一にしていたため、これら中央アジアや人種論に関する欧米の研究がいち早く翻訳されていたからである。リヒトホーフェン（「シルクロード」の命名者）の『支那』を出版した東亜研究叢書は満鉄調査部から大東亜に関する基礎的文献の翻訳刊行を依頼されていた東亜研究叢書刊行会によるものである。その会長である田中清次郎は序文において次のように述べている（リヒトホーフェン、一九四二、一）。（本書の刊行は）「大東亜共栄圏の建設と謂ふ我国に負荷された崇高にして且つ広範複雑なる歴史的大事業の遂行の為には、大東亜各般の事象に関する徹底的な科学的研究が極めて肝要である」。この言説は、学問や研究が時局といかに密接に関わっているかを如実に示している。

そこで、『トルコ史概要』の内容を上に述べた文献のうち、和訳されたものを中心に検討してみよう。まず、『トルコ史概要』の第一章の冒頭に見られる「トルコ海」の存在である。古代の中央アジアに広大な「海」が存在したことは当時のヨーロッパの地理学者の間ではよく知られていたことである。リヒトホーフェンは『支那』において「トルコ海（トゥラン海）」の地理的境界を明解に論じている。近代地理学の創始者といわれるこの著名なドイツの学者はその境界を想定する地図を作成し、この本で提示している。この「トルコ海」の図はのちにH・G・ウェルズが『世界文化史大系』で紹介したことによって世界的に知られることになった。「トルコ史テーゼ」の普及に「任命」されたアーフェト・イナンが、第一回トルコ歴史学会大会で、テーゼの学問的価値を示す有力な証拠として配布した地図も、この「トルコ海」であるに違いない（永田、二〇〇四、一五三―一五四、リヒトフォーフェン、一九四二、三四―三五、三七、一四七）。つぎに地理的環境はどうであろうか。これについてもリヒトホーフェンは、「この地方が日は晴れやかに輝き水の豊かな山麓に存在し、当時そこに人類が生存していたとすれば、閉鎖的小集団を成すかれ等古代人にとり恵まれた生活条件を呈したであろう」と述べ、さらに「多くの人類学者がアーリヤ族の現住地をこの地方と考えている。（中略）アム河・シル河地方をアーリヤ族の起源地とする説が正しいと証明されたとすれば、嘗ての広大な海洋分布状態は、諸民族が原住地から移動したときまでに達した文化程度のみならず、その南と西への移動の原因に対しても一の鍵を与えるであろう」と記している（永田、二〇〇四、一五四、リヒトホーフェン、一九四二、二九四―二九八）。そして移住後、かれらが古代諸文明の建設に果たした役割については、当時の先史学の大家ジャック・ド・モルガンをはじめさまざまな学者の証言があるが、ジョセフ・ワシントン・ホールという人物の『アジアの反抗』に引用されている次の文章は、先史時代における中央アジアの地理的環境と住民の大移動、そして古代諸文明の建設に関する『トルコ史概要』第一章の記述とほとんど一致してさえいる（永田、二〇〇四、一五六、ワシントン・ホール、一九二八、七六―七七）。

「人類の文化も恐竜（中古時代の爬虫類）と同じく蒙古とトルキスタンとを包含する広漠たる中央亜細亜の草原に始まったということである。今は砂と礫とより成る（一字省略）半乾燥地であるけれども、（中略）嘗ては葦の生えた湖沼地であった。この謂ゆる「西方の天国」または支那の伝説にあるエデンの園であったところの此地方から気候が段々乾燥して行くにつれて、移住民は後から後からと、どしどし他の地方へ赴いた。

同じ説に従えば、この移民の流れは一派西に向かひ或はガンジス、チグリス・イウフラテス河、又はナイル河の渓谷に且つはミノア海岸に沿へるヘラス又はアナトリアに若しくばエトルリアに出でて吾々西欧文明の母が生まれたのである。」

モルガンにしてもワシントン・ホールにしても、中央アジアから移住したのはトルコ人ではなく、リヒトホーフェンがいうように「アーリア人」を想定していると思われる。そしてかれらが、メソポタミアで、エジプトで、インドで、そしてエーゲ海や地中海地域でヨーロッパ文明の母体を生み出したのである。これらの文献の記述を総合すれば、あるいは明らかに、あるいは暗に想定されている「アーリア人」を「トルコ人」におきかえさえすれば、それは「トルコ史テーゼ」の言説そのままであることは明らかである。

それでは、この中央アジアの「原住民」はアーリア人であるという考え方はどこからきたのであろうか？　これを明らかにするためには一八世紀から一九世紀にかけての西欧で議論された「人種論」に学ばねばならないが、ここでは、リンネ（一七〇七―七八）、ビュフォン（一七〇七―一七八八）、ウイリアム・ジョーンズ（一七四六―一七九四）を経て、一八六〇年代にマックス・ミュラーが「インド―ヨーロッパ」、「インド―ゲルマン」といった言い方を「アーリア」と言い換えるべきだと言い出してから「インド―ヨーロッパ語族」に属する言語を話す人びとはすべて「アーリア人」ということにされてしまった。そしてそれは「歴史上の偉大な進歩は、常に、白人であるアーリア人種によって成し遂げられてきた」という「アーリア主義」を生み出した。したがって、「アーリア主義」とはヨーロッパ人の祖先であるアーリア人が「格別優秀な民族で、古代ギリシア―ローマ、古代ペルシア、古代インドなど、人類史上の輝かしい文化のすべてを作ったのだ」と言うことが可能になった。では、このアーリア人種の「原住地」はどこかが次の問題である。この問題が議論された一八世紀のヨーロッパは、すべてのものの起源を東方に求めるというロマンティシズムの影響がまだ大きかった時代である。さきに名を挙げたビュフォンは、「（ホモサピエンスという）名をもつにふさわしい最初の人びとは、地球が十分に冷えたとき、カスピ海の東のどこかに現れた」といっている。このように、一八―一九世紀にかけてのヨーロッパで闘わされた議論のなかでアーリア人の中央アジア起源説が優勢であった。そして、いうまでもなく、このアーリア人が中央アジアの乾燥化とともに西へ、南へ移住してインド、ペルシア、そしてギリシア文明を築いたのである（永田、二〇〇四、一五七―一五九）。

ところで、「アーリア」という言葉は「トゥーラン」という言葉の対義語である。「トゥーラン」とは、カスピ海の東方一帯に広がった大平原が想定されているが、実際には存在しない架空の「理想郷」である。中央アジアから中国にいたるさらに広い地域一帯をさすことも多い。「トゥーラン」という概念自体は、古代イランにまでさかのぼるが、これが「アーリア人」と「トゥーラン人」の対抗関係として意識される発端は、一一世紀にトルコ系ガズナ朝（九七七―一一八六）の君主に献上されたペルシア語による『シャー・ナーマ（王書）』の主題のひとつであるイーラーン（すなわちアーリア）と、その北側に広がる中央アジア（トゥーラーン）における英雄たちの抗争を描いた民族叙事詩である。それがヨーロッパのオリエンタリストによって発見され、それがまた中央アジアの「原住民」論争に影響を与えたのである。

さきにふれたように、アーリア人の「原住地」をめぐる議論の中で優勢だったのは「アーリア人」派であったが、当時発展しつつあったトルコ学の専門家のなかには、中央アジアの「原住民」はトルコ・モンゴル系と主張する学者が存在した。かれらは、「トルコ人の美徳」、「トルコ人の文化的功績」をほめたたえることによって、当時のヨーロッパに流布していた「恐るべきトルコ人」といった「悪のイメージ」を糺そうと考えたのである。「トルコ史テーゼ」はこの心性が作り上げた「トルコ学」を基盤としたのである。かれらは、中央アジアの「原住民」は「アーリア人」ではなく、トルコ・モンゴル系の「トゥラン人」であると主張していた。かれらの中でトルコ人エリートにもっとも大きな影響を与えたのは、フランスの東洋学者レオン・カオンの「半ば科学的で、半ばロマンティックな」『アジア史序説』(一八九六年)である(Lewis, 1962, 340)。カオンは、一八七三年にパリで開催された「第一回国際オリエンタリスト会議」での報告「トゥラン人といわれる人種の先史時代における居住地と移住」において「トゥラン人」の移動の経路を示す地図を提示している。この国際会議は一九七三年以降「国際アジア・北アフリカ人文科学会議」と名前を変えて、現在も継続しているオリエント研究の最も権威ある学会の一つである。したがって、現在では荒唐無稽にしか受け取れない「トルコ史テーゼ」にも一九世紀のヨーロッパの「学問」に照らして、それなりの「科学的」根拠があったのである。ただし、この考え方による研究がヨーロッパのトルコ学の総体ではなく、あくまでもその一部分であることを指摘せねばならない。とりわけこの考え方を主張したデーヴィス、ヴァーンベーリ、レオン・カオンらのトルコ学者がいずれもユダヤ人であったことは偶然とは言い切れない面がある。なぜならば、かれらの心性には当時のヨーロッパ国際世論の中に潜むアンチ・セミティズムのまなざしに対する反発があったと思われるからである。その屈折した感情がトルコ人へのロマンティックな期待となってあらわれたのかもしれない。かれ自身ユダヤ人であるバーナード・ルイスは、名著『近代トルコの出現』において、ヨーロッパの言語を学んだ「青年トルコ人」たちが、ヨーロッパでトルコ人という言葉が侮蔑を意味する言葉以外の何物でもないことを知ったときの失望と落胆に同情を禁じ得ないといい、英語の辞書ではトルコ人はユダヤ人やウェールズ人とともに悪口をいうときの差別用語として用いられていると述べている。そしてさらに、トルコ人とユダヤ人がともにヨーロッパのどこにでも見られる中傷の対象となっているという仲間意識がデーヴィス、ヴァーンベーリ、レオン・カオン、そしてディズレーリのようなユダヤ人のトルコ学者あるいは「トルコびいき」を生み出したのだと続けている（永田、二〇〇四、一六六、Lewis, 1962, 354）。

つぎの問題は、トルコ人は「白色人種に属する」という「トルコ史テーゼ」の主張の由来である。このテーゼでは中央アジアの「原住民」は短頭型の頭蓋を持った白色人種のトルコ人とされているからである。この点からみると、「トルコ史テーゼ」がヨーロッパの「オリエンタリズム」に対する反発を出発点の一つとしていながら、同時にこれを受け継いでいることがわかる。すでにみたように、一八世紀以来のヨーロッパでは「人種論」がさかんに議論されていたが、それに関係の深い学問の一分野が頭蓋学で、これはドイツのブルーメンバハ（一七五二―一八四〇）によって確立された。かれはトルコ人をヨーロッパ人の起源をなすコーカソイド人種に分類した。しかし、「トルコ史テーゼ」に最も深い影響をあたえたのはスイスの人類学者ウジェーヌ・ピッタールである。かれの著作が日本語に翻訳されたことはすでに指摘した。かれは、バルカン、アナトリアおよび中央アジアに住むトルコ人の頭蓋の測定をした結果、トルコ人種が短頭型の特徴を持つことを確信していた。しかもかれは、新石器革命がトルコ人種によって達成されたと確信しており、中央アジアからトルコ人がナイルへ、イタリアへ、メソポタミアへ、そして中国へと移住していまだ文明化していない住民を文明化したのだと、まさに「トルコ史テーゼ」と同じことを主張している。教え子のアーフェト・イナンを通じてケマリストたちと親交の深かったかれは、のちに述べるように、「トルコ史テーゼ」が確立した一九三七年の「第二回トルコ歴史学大会」の名誉議長を務めるなど、「トルコ史テーゼ」構想の顧問役的存在であった（永田、二〇〇四、一六九―一七〇）。

以上が「トルコ史テーゼ」提唱の心性史的背景とテーゼの「科学的」根拠の概要である。パンペリーやリヒトホーフェンの探検を嚆矢として、一九世紀末から二〇世紀初頭にかけての欧米は、スウェン・ヘディン、オーレル・スタイン、アンダーソンらも加わって、中国北部から中央アジアにかけての探検による新たな「発見」が続き、一種の西域ブームが起こっていた時代である。これらヨーロッパの学問の成果は『トルコ史概要』第一一章「中央アジア史」で十分に活用されている。それでもなお、先史時代の中央アジアやオリエントに関しては不明な部分が多く存在したに違いない。事実『トルコ史概要』の中でも、従来の調査がヨーロッパ地域に偏重しており、アジア、とりわけアナトリアの調査・研究は不十分であり、ここにおける考古学的発掘の成果が世に問われれば、「トルコ史テーゼ」の正しさが証明されるはずであるとの確信が随所に吐露されている。そして、この課題に応えるべく設立されたのが、アタテュルクの唱道によって設立された「トルコ歴史学協会」、「トルコ言語学協会」、そして本章のテーマであるアンカラ大学言語・歴史-地理学部である。このうち、一九三二年七月に設立された「トルコ言語学協会」の活動の中で、社会的に、文化的にもっとも大きな影響を及ぼしたのは「トルコ語の純粋化」運動である。これは、当時使われていたトルコ語語彙の中に含まれる非トルコ系語彙（その大半はアラビア語およびペルシア語起源の語彙）を放擲し、それに代わるトルコ語語彙を文法から演繹して作り出す運動である。この協会により「純粋トルコ語」として一九三五年に示された一五九の単語のうち七〇—七五だけが現在使われている。この運動がしばしば「行き過ぎ」を批判されるゆえんである。この協会の設立者の一人で、トルコ現代文学の鼻祖と仰がれる民族主義的作家であるヤクプ・カドリー・カラオスマンオウルでさえこれらの単語をほとんど使っていない。それでも現在ではかなり多くの語彙が学校教育を媒介として社会的に流布している。なお、言語に関してしばしば話題に上るのは、アタテュルク自身が提唱した説で、トルコ語が世界で一番古い言語であるという「太陽言語」説である。この説はかれの死去とともに放棄された。

Ⅳ 「公定歴史学」の成立とアンカラ大学言語・歴史-地理学部の設立

すでに述べたように、『トルコ史概要』の内容はアタテュルクの要求を満たすものではなかった。アタテュルクの意図は、「トルコ史テーゼ」を学問的・科学的基礎の上に据えることであった。そこでかれは、この目的を実現するために、一九三一年四月に「トルコ歴史学協会」を設立した。その設立趣旨をかれは次のように述べている（永田、二〇〇四、一九八一一九九、永田、一九八一、四）。

「トルコ民族史研究は、これまでもっぱらヨーロッパ人の手によって進められてきた。しかし、かれらの研究はヨーロッパ諸語によって書かれた文献のみを典拠としていたため、その成果はトルコ民族の果たした世界史的役割を正当に評価することができなかった。また、かれらの中には、最初からトルコ人に対して偏見を持っている者が少なくなかった。したがって、これからのトルコ民族史研究は、トルコ人みずからの手で、自分たちの祖先が書き残したトルコ語史料を発掘し、分析することを通じて推進し、これを広く世界の人びとに披瀝することを目的としなければならない。」

このように述べられたアタテュルクの意向に沿って設立されたトルコ歴史学協会の基本綱領の第四条によれば、その活動は、

（１）発掘による成果を世界に公表するための出版

（2） 基本史料の出版
（3） 外国語で書かれた史料の翻訳・出版
（4） 文書館の史料の活用
（5） トルコ民族の世界文明における貢献を明らかにし、世界の学界に知らせること

に重点が置かれている。この基本方針は、機関誌である『ベレテン』および『史料』と名付けられた定期刊行物と各種出版物を通じて今日なお追求されている。協会の出版物目録を一瞥すると、アナトリアのヒッタイト遺跡の発掘報告の多いことが目立つ（永田、二〇〇四、一九九）。これはいうまでもなく、アナトリア最古の文明の建設者はギリシア人ではなく、ヒッタイト人であること、そしてこれがトルコ人であることを立証して、アナトリアにおけるトルコ共和国の生存権を主張することが「トルコ史テーゼ」提唱の政治的意図だったからである。実際、『トルコ史概要』では、ヒッタイト人は七千年前に中央アジアから移住したトルコ人であり、その時以来高度に発達した文明がもたらされたとしている。このため、アタテュルクの指示により協会は一九三五年から現在にいたるまでほぼ毎年アラジャヒョユクなどヒッタイト遺跡の発掘報告を刊行し、その際にかならずドイツ語やフランス語による要約や解説を付し、また発掘された遺物はアンカラの考古学博物館（現アナトリア文明博物館）に展示されて国民と国際学界にその成果をアピールしている。

一九三二年七月三日から一一日にかけてアタテュルクの「庇護」のもとで、トルコ歴史学協会の「第一回大会」がアンカラで開催された。大会には全国から一九八名の中学および高校教師、一八名の大学教員、その多くが国会議員である二五名のトルコ歴史学協会の正会員が出席した。まず、この大会の議長を務めた文部大臣エサト・ボズクルトが、アタテュルクが二階の席から見守る中で開会の挨拶を行った。かれの話は、挨拶というより

は「トルコ史テーゼ」の趣旨を、居ならぶ教師たちに訓辞するという性質のものであった。文部大臣の挨拶が終わると、司会のトルコ歴史学協会会長ユスフ・アクチュラ（ロシアから亡命した民族思想家）に指名された二名の教師が「トルコ史テーゼ」の提唱によって、トルコ民族の栄光ある過去を知っていかに勇気づけられたかを語り、アタテュルクへの賛辞を贈った。初日の午前のセッションが終わると、アタテュルクは会場を後にした。大会は、このように、あたかも「トルコ史テーゼ」の精神を地方から参集した教師たちに浸透させるための「儀式」のような雰囲気で始まったのである。したがって、その後の報告者たちは『トルコ史概要』の著者たちであった。最初に口火を開いたのは、「トルコ史テーゼ」の普及に「任命」されたアーフェト・イナンの「歴史以前と歴史のあけぼの」である。かの女は、先史時代の中央アジア、そこからのトルコ人の移住、トルコ人の人種的特徴などについて語り、先史時代の中央アジアに存在した「トルコ海」の地図を配布した。かの女のあとも「トルコ史テーゼ」の論点を紹介する発表が次々と行われ、「トルコ史テーゼ」の趣旨が参加者の間に沁み込んでいった。これらの発表に対して、トルコにおける近代歴史学の創設者ともいえるイスタンブル大学教授フアト・キョプリュリュ、パン・トルコ主義思想家でロシアのバシュクルディスタンからの亡命者であるイスタンブル大学教授ゼキ・ヴェリディ・トガンらの国際的に名の知られた「本物の」歴史家たちが、ときには遠慮がちに、ときには激しく反論した。しかし、アタテュルクの「後見」と、文部大臣の臨席のもとで行われた大会は、「トルコ史テーゼ」に反対する者を政治的権威によって沈黙させる雰囲気のなかで進行した。こうして、「トルコ史テーゼ」は認知された。一九三七年九月に行われた「第二回大会」では、ウジェーヌ・ピッタールが名誉議長、「トルコ史テーゼ」の執筆者の一人で協会の会長を務めるハサン・ジェミル・チャンベルの議長のもとで開催された。大会に参加した九〇名の専門家のうち四八名がヨーロッパからの参加者であった。つまり、この大会は「トルコ史テーゼ」を国際的に認知させようとする意図をもっていたことが分かる。この大会では、もはや「トルコ史テーゼ」に対する反対は姿を消した。B・E・ベハールは、これを「この明白な勝利によって、「トルコ史テーゼ」は恥ずかしげな、臆病な形であるにせよ、それが裁かれる時代は終わった」と述べている（永田、二〇〇四、一九九―二〇二）。

トルコ歴史学協会はさらに「トルコ史テーゼ」を全国的規模で国民に周知するべく高校生向けの教科書として『歴史』全四巻を出版した（永田、一九八二）。この教科書の第一巻に見られるトルコ人の故地である中央アジアの「内海」を含む桃源郷の描写に始まり、やがてここからのトルコ人の東・西・南への大移動、そして古代諸文明の成立に対するトルコ人の貢献という叙述は『トルコ史概要』とほぼ同じである。こうして「トルコ史テーゼ」はトルコ人の歴史認識を規定する「公定歴史学」となった。

ところで、オスマン帝国の長い時代を通じてその首都はイスタンブルであった。ここではオスマン帝国末期以来存在したダーリュリュ・フュヌーン（「諸学の館」）が一九三三年七月三一日に閉校となり、翌日の八月一日にイスタンブル大学が開校した。この意味では、トルコで「大学（üniversite）」という言葉が使われたのは、これが最初である。ただし、これは政治的な意図を持った「大学改革」の結果で、ダーリュリュ・フュヌーンの二四〇人の教員の内一五七人が解雇された。その中の一人にアフメト・レフィクがいる。かれは、一九〇九年にパリでセイニョボス、ラヴィッセ、クーランジェ、そしてミシュレなどフランスの実証主義的歴史学を学んで帰国後、オスマン帝国に関する多数の啓蒙的著作を著わし、また史料紹介を精力的に行った。現在でもかれの業績は高く評価されている。しかし、かれは一九二五年に「反共和主義活動」のかどでアタテュルクの共和人民党の一党独裁体制を護持するための橋頭保である「独立法廷」に引き出された。このときの裁判官の一人が「トルコ史テーゼ」推進役の一人で元文部大臣のレシト・ガーリプであった（永田、二〇〇四、二〇一一）。レフィクは、この「改革」によって、自分の弟子であり、かつ未完ではあるがいまなお評価の高い『イスタンブル百科事典』やオスマン時代を扱った多数の歴史小説で知られるレシャット・エクレム・コチュともども大学を追われ、在野で研究を続けることを余儀なくされた。この二人の経歴と業績から明らかなように、この「大学改革」とは、「トルコ史テーゼ」同様、オスマン的・イスラム的過去からの決別を意味していた。このようにして追放された教員たちに代わる人材は二つのルートからリクルートされた。そのひとつは、ドイツからトルコへ亡命した人たちである。このころ、ドイツではヒトラーの人種主義政策のために三〇〇〇名にのぼる学者が海外へ避難したといわれるが、トルコはかれらの一部を受け入れたのである。その多くは言語学者と考古学者であるユダヤ人であった。イスタンブル大学の「改革」は、一面では「トルコ史テーゼ」を強化する意図を持っていたといえよう。かれらは、イスタンブル大学だけではなく、アンカラ大学、アンカラ高等農学校、「行政校」などでも雇用された。もうひとつは、海外留学から帰ったトルコ人たちである。その一人が、のちにトルコを代表する社会学者となるニヤーズィ・ベルケスである。ただ、かれの場合はすぐのちにアンカラ大学へ移ることになる。

アンカラは、古代からシルクロード上に位置する東西貿易の中継点にある重要な商業都市であったが、一九世紀以後の商業の衰退とともに、地方の一小都市となっていた。このため、新生共和国の首都にふさわしい大学が必要であった。そこで、一九二五年に「法律学校」、一九三三年に「高等農学校」が設立された。つづく一九三五年に「言語・歴史‐地理学部」が設立され、翌年にはオスマン帝国の近代官僚を養成する目的で一八五九年にイスタンブルに設立された「行政校」がアンカラに移転され、のちにアンカラ大学の政治学部となった。その後もいくつかの学部が作られた結果、一九四六年にアンカラ大学が正式に発足した。このうち、言語・歴史‐地理学部の設立事情に関して、同学部のホームページにはおおむね、つぎのように記されている。「一九三六年に一九五人の学生とともに授業が開始されたこの学部は、一九四六年六月一三日までは文部省の直轄であった。その後「大学法」四九三六号によってアンカラ大学に組み込まれた。この学部はトルコ人およびトルコの歴史研究にとっての基礎となるべきシュメール語とヒッタイト語からラテン語とギリシア語にいたるまで、古代の東方と西方の諸言語に加えて、現代の諸言語と地理、哲学、心理学、社会学といったさまざまな社会科学の分野において教育を行う一つの学術組織である。本学部においては現代世界に歩調を合わせることを目的とした一八の学科と七一の専攻がある。このうち一七の学科と六五の専攻で教育がおこなわれている」。以上は現時点での大学側の公式見解である。しかし、一九三五年の開校式当日に、当時の文部大臣は「アタテュルクの天賦の才と神聖なる御手によって創造された歴史と言語活動、これに結びつく考古学・地理学の発展のためにアンカラに一つの学部が開設されるであろう」とあるように、この学部がまさに「トルコ史テーゼ」を強化し、発展させるべく設立されたことが高らかに謳われている。

したがって、この学部の学科編成は「トルコ史テーゼ」の目的に沿った形で、つぎのように説明されている（永田、二〇〇四、二〇二）。

（1）言語学科―シュメール、アッカド、サンスクリット、中国、ヒッタイトの諸語、すなわちトルコ語の親類と思われる諸言語の比較研究

（2）歴史学科―中央アジアから来たトルコ人の、歴史を超越した長い存在とそのほかの諸文明に対する貢献とを実証すること

（3）地理学科―文明のゆりかごと見られる、そしてトルコ人の深い痕跡のあるアナトリアの土地に関する

この学部で、アーフェト・イナンが最初の授業をしたときにはかの女はまだ大学生だった。かの女自身も迷っていたがアタテュルクがかの女に一刻も早く役目を果たすよう命じた。つまり、すでに述べたように、かの女は「トルコ史テーゼ」の普及に「任命」された存在であった。かの女は大学で教えることのできる資格を獲得するために、ウジェーヌ・ピッタールが学長を務めるジュネーブ大学に留学した。

上に示した学科編成の中で、イスタンブル大学同様ドイツから招聘された教授陣が、「トルコ史テーゼ」強化のために、とくに言語学科で活躍した。その一人であるシュメール学と古代オリエント諸語学のランツバーガー（Benno Landsberger, 1890-1968）は、ライプツィヒ大学教授であった。かれの教え子であるヒッタイト学のセダット・アルプによれば、かれはシオニストであり、東ヨーロッパから逃げてイスラエルに行こうとするユダヤ人たちでかれの研究室はいっぱいであったという。かれは一九四八年に罷免されると、シカゴ大学のオリエント研究所教授となった。ヒッタイト学のギュターボック（Hans Georg Güterbock, 1908-2000）もユダヤ人である。ベルリン博物館で助手としてトルコのボアズキョイでヒッタイト遺跡の研究をしている最中にヒトラー政権によって罷免され、一九三六年に言語・歴史-地理学部にヒッタイト学教授として赴任した。かれは、ヒッタイトの碑文研究の世界的権威の一人であるクルト・ビッテル（Kurt Bittel）とともにボアズキョイの「ニシャンタシュ」遺跡に刻まれた王の名前がシュッピルリウマシュであることを解読した。かれは、一九四八年に罷免されたけれど、のちにトルコ歴史学協会の名誉会員となった。かれがまさに働き盛りの時に罷免されなければ、トルコがヒッタイト学の中心になったであろうといわれている。罷免後、シカゴ大学のオリエント学研究所に赴任した。一九六二年には「アメリカ・オリエント学会」会長に選ばれ、また、一九六八―七七年までトルコの「アメリカ研究所

（American Research Institute）」の会長を務めた。

この二人は「トルコ史テーゼ」の定立に貢献のあった学者で、シュメール人やヒッタイト人がトルコ人であることを主張していた。

エーバーハルト（Wolfram Eberhard, 1909-1989）は、ベルリンの人類学博物館の館員として勤務している間に、中国語、モンゴル語、日本語を学んだ。一九三四年に資料集めのために中国へ行き、そこで村を巡回して民話を収集した。一九三六年にドイツへもどり、ライプツィヒのグラッシ博物館の館長になった。このころナチズムに参加するよう圧迫されたというが、一九三七年にアメリカの奨学金を得て、最初はアメリカへ、そこから日本と中国へ行ったときに、言語・歴史-地理学部から招聘された。ここでかれはトルコ語で授業をした。かれの一五五点の出版物のうち七〇がトルコ史、トルコ文化、民族史である（以上 Dölen, 2010, 156-157）。かれは、日本でもなじみの深い中国史の世界的権威で、かれと親交のある大林太良は、エーバーハルトから直接聞いた話として、コミュニスト、ユダヤ人、そしてエーバーハルトのような自由主義者が言語・歴史-地理学部に集まっていたという。そしてここで中国史を教えたアンカラ時代が、エーバーハルトの学問が花を咲かせた時代だったという（大林、一九九九、二二三）。エーバーハルトはすべての王朝が中国人起源であると主張する自民族中心主義的な中国史テーゼを批判する人物として知られていた。現在ではよく知られていることだが、唐王朝のような中国王朝の一部がトルコ族起源であるとするかれの問題意識は、「トルコ史テーゼ」にとっても非常に都合がよかったわけである。言ってみれば、「トルコ史テーゼ」は、まさにこの点を肥大化させたものである。かれの主著の一つである『中国の歴史』はトルコ語で出版され、トルコ歴史学協会の出版物のうち「世界史シリーズ」の一冊となっている。大林は、エーバーハルトが民族という観点から中国の歴史を見ているという点に共感を示しているが、エーバーハルトはトルコ滞在中にアナトリア東部で民俗学的調査を行い、『南東アナトリアの吟遊詩人の謡』を出版しているが、この本は、トルコの民俗学研究のうえできわめて貴重な業績である（Eberhard, 1980）。かれは、一九四八年に罷免されたのち、カリフォルニア大学バークレー校に赴任し、一九七六年の定年まで奉職した。

ルーベン（Walter Ruben, 1899-1982）はハンブルグ生まれの古代インド学者。フランクフルト大学などで教鞭をとっているとき、ナチス政権によって罷免された。言語・歴史-地理学部に招聘されてインド学専攻を創設。四八年に罷免されると、チリのサンチャゴ大学の教授に赴任した。一九五〇年にドイツ民主共和国に戻り、ベルリンのフンボルト大学のインド学教授となった。古代インド学の世界的権威の一人である。ローデ（Georg Rohde, 1899-1960）はベルリン生まれの言語学者。一九三三年に妻がユダヤ人であったため職を追われた。言語学者ノルデン（Eduard Norden）の推薦で言語・歴史-地理学部に招聘され、古典言語学専攻の教授になる。四八年の罷免後、一九四九年にベルリン自由大学教授。五二年に学長。ハラースィ・クン（Tibor Halasi-kun, 1914-1991）は、ザグレブ生まれのハンガリー人。一九四二年に招聘され、ハンガリー学教授・ハンガリー学研究所長を務め、五二年までここで研究をつづけた。五三年にアメリカへ行ってコロンビア大学でトルコ史、トルコ文学、トルコ語の教鞭をとる。トルコの「アメリカ研究所」の設立者。

以上みてきたように、アンカラ大学（とくに言語・歴史-地理学部）は、アタテュルクが要求した「トルコ史テーゼ」を科学的基礎の上に確立・発展させるべく、きわめて明確な政治的イデオロギーのもとに創設された大学である。「大学」や「学部」が、各国の政治や社会情勢と無関係ではありえないにしても、これほど強烈な、そして学問とはおよそ縁の遠いイデオロギーを「成熟」させ、国民の間に普及させる目的をもって創設された例は、欧米や日本では類を見ないのではなかろうか。ところで、さきに紹介したドイツ人教師たちが、ハンガリー人のハラースィ・クンを例外として、いずれも一九四八年にそろって罷免されたのはなぜであろうか。その理由もまたきわめて政治的なものである。かれらが招聘された時期、すなわち一九三〇年代の後半以後のトルコでは、ナチズムの影響もあって、人種主義的な民族主義、トゥラン主義が高揚したが、その温床となったのがアンカラ大学言語・歴史-地理学部であった。この運動のイデオローグはイスタンブル大学教授フアト・キョプリュリュの助手を務めた経験のあるニハール・アトスズ（一九〇五―一九七五）である。かれは、第一回トルコ歴史学大会で「トルコ史テーゼ」に沿った発表を批判したゼキ・ヴェリディ・トガンに対して、かれを誹謗するがごとき反論を行ったレシト・ガーリブへの抗議電報をペルテヴ・ポラタヴらとともに送り付けたことから、ガーリブに目の敵にされた。このため、一九三三年のイスタンブル大学の「改革」によって助手の職を罷免された。また、自分が発行した雑誌『オルフン Orhun』誌上でトルコ歴史学協会から出版された『歴史』（全四巻）を批判して停刊処分を受けた。こうした経験に照らしてみると、かれが「トルコ史テーゼ」に反対の立場にあることは明らかである。かれは、その後定年に達するまで長い間イスタンブルにあるスレイマニエ・モスク付属の図書館に勤務するかたわら、一九六四年に発刊した『オテュケン Ötüken』誌を通じて、人種主義的色の濃いトゥラン主義のイデオローグとなった（Dölen, 2010, 130–131）。「トルコ史テーゼ」は一面でトゥラン主義ないしはパン・トルコ主義と相通じるところがあるのだが、このテーゼを提唱したアタテュルクの真意は、オスマン帝国を滅亡に導いた非現実的なパン・トルコ主義やパン・イスラム主義を否定し、武力で勝ち取った祖国アナトリアだけを防衛しようとするところにある。その多くがナチズムの圧迫を受けたユダヤ系のドイツ人を招聘したのもランツバーガーとギュターボックのように、またエーバーハルトのように「トルコ史テーゼ」の擁護に好都合な学問的な見解をもっていたからである。第二次世界大戦後の米ソを中心とした東西両陣営対立の構造の中で反共基地の一角に位置づけられたトルコでは、ナチズムの崩壊とは裏腹に人種主義的なトゥラン主義が高揚した。これに対する共和人民党および民主党のトゥラン主義陣営に対する態度は微妙であった。たとえば、アタテュルクの路線を継承した第二代大統領イスメト・イノニュのもとで、一九四五年にイスタンブル大学教授ゼキ・ヴェリディ・トガン、のちに民族主義者行動党の党首となるウルトラ・ナショナリスト、アルパスラン・トゥルケシュらとともにアトスズも逮捕され、それぞれ実刑を言い渡されたが、四七年の三月にかれらは全員釈放されている（永田、一九九〇、六五）。こうした状況の中で、トゥラン主義運動が目標としたのは左翼的学者や文化人、ジャーナリストに対する攻撃であった。当然、直接共産主義とは関わりのない「民主主義者」も「赤」呼ばわりされた。この中でトゥラン主義者の攻撃の目標になったのが、アンカラ大学言語・歴史-地理学部の三人の学者、すなわちペルテヴ・ナーイリ・ボラタヴ（一九〇七―一九九八）、社会学者でマルクス主義者のベヒジェ・ボラン（一九一〇―一九八七）、そしてさきに名を挙げたニヤーズィ・ベルケス（一九〇八―一九八八）である。複雑な法廷闘争の末、かれら三人は一九四八年にアンカラ大学を罷免された（Dölen, 2010, 146-150）。前述のドイツ人教師たちが同じ年に罷免されたのも、かれらがこの三人を庇護しようとしたことと密接に関係していたが、他方では、アトスズらにとって「トルコ史テーゼ」の擁護はもはや不要であるとされたことにも関係するようである。

おわりに

本章では、最初に、オスマン帝国時代のトルコを中心とした伝統的教育体系、一九世紀以後の「近代化」改革の中における教育改革を概観した。イスラムを中心とした伝統的教育体系の中にあっても、エンデルーンにおける教育は将来の官僚を育成することが明確な目標とされていたし、近代における教育改革の中でも時代の要請にこたえられる近代的な官僚を養成する「行政校（ミュルキエ）」が、当時のトルコの教育体系の中で重要な位置を占めていた。しかし、「大学」の設立への道程という観点からすれば、「諸学の館」とでも訳しうる「ダーリュリュ・フュヌーン」の設立がオスマン帝国末期に実現していた。イスラムに代わる世俗的な国民国家であるトルコ共和国の発足とともに、この「ダーリュリュ・フュヌーン」がいち早く「イスタンブル大学」に改組されたが、このときナショナリストの養成という共和国の理念から見て適任ではないと判断された多数の教員が追放された。このように、「大学」設立の理念が時の政治や思想、あるいは社会状況に左右されることは、どの国や地域でも同じである。しかし、一九世紀を通じてヨーロッパ列強の植民地化の歴史を払拭して独立したアジア・アフリカの諸国にとっては、「大学」とは、時代の要請に応じた学問を教えるだけではなく、いやその学問さえ、新たに建国の道を歩む「国民」統合のための最大の武器であった。本章で、伝統とは全く切り離された形で設立されたアンカラ大学言語・歴史‐地理学部の創設をその「理念」という視角から取り上げたのは、欧米・日本とはまた異なる「大学」あるいは「学部」概念を示す事例となるのではなかろうかと考えたからである。

（永田雄三）

参考文献

単行本

日本語によるもの

三橋冨治男『トルコの歴史』紀伊国屋新書　一九六四年

永田雄三（編訳）『トルコの教科書』全三巻、ほるぷ出版社、一九八一年

永田雄三（編著）『新版世界各国史9　西アジア史Ⅱ　イラン・トルコ』山川出版社、二〇〇二年

永田雄三『前近代トルコの地方名士—カラオスマンオウル家の研究—』刀水書房　二〇〇九年

岡田英弘『世界史の誕生』筑摩書房、一九九二年

黒田壽郎（編）『イスラーム辞典』東京堂出版　平成五年

リチャード・クロッグ（高久暁訳）『ギリシア近現代史』新評論、一九九八年

橋川文三『黄禍物語』筑摩書房、一九七六年

リヒトホーフェン（望月勝海・佐藤晴生訳）『支那』第一巻、岩波書店、一九四二年

ピッタール（古在学訳）『アジアの人種と歴史』泰山房、一九四一年

ハンチントン（間崎万里訳）『気候と文明』岩波文庫、一九三八年

ハンチントン『人文地理学概論』積善館、一九二七年

ジャック・ド・モルガン（成田重郎訳）『有史以前の人類——先史学概論——』東京堂、一九三三年

ジョセフ・ワシントン・ホール（川田友之訳）『亜細亜の反抗——白人世界的跋扈の終焉』大観社、一九二八年

H・G・ウェルズ（長谷部文雄・阿部知二訳）『世界文化史大系』世界文化史大系刊行会、一九三八年

外国語によるもの

Büşra Ersanlı Behar, *İktidar ve Tarih, Türkiye'de "Resmi Tarih" Tezinin Oluşumu (1929-1937)*, İstanbul, 1992 (2. Baskı).

Emre Dölen, *Türkiye Üniversite Tarihi 5 Özerk Üniversite Dönemi, 1946-1981*, İstanbul, 2010.

İlhan Tekeli-Selim İlkin, *Osmanlı İmparatorluğu'nda Eğitim ve Bilgi Üretim Sisteminin Oluşumu ve dönüşümü* Ankara, 1993.

Bernard Lewis, *The Emergence of Modern Turkey*, Oxford University Press, 1962.

Wolfram Eberhard, *A Minstrel Tales from Southerneastern Turkey*, Arno Press, 1980.

雑誌・単行本所収の論文

日本語によるもの

永田雄三「トルコにおける「公定歴史学」の成立――「トルコ史テーゼ」分析の一視角」寺内威太郎・李成市・永田雄三・矢島國雄『植民地主義と歴史学――そのまなざしが残したもの』刀水書房、二〇〇四年、一〇七―二三三頁

永田雄三「オスマン帝国における近代教育の導入　文官養成校（ミュルキエ）の教師と学生たちを中心に」『駿台史学』第一一一号、二〇〇一年二月、六三―九〇頁

永田雄三「パン・トルコ主義の基盤」、板垣雄三（編）『シリーズ世界史への問い――歴史のなかの地域』岩波書店、一九九〇年、四七―七三頁

大林太良「エーバーハルト（ヴォルフラム）」尾形勇他（編）『二〇世紀の歴史家たち（3）　世界編（上）』刀水書房、一九九九年、二二三―二四五頁

秋葉淳「オスマン帝国末期イスタンブルのメドレセ教育――教育課程と学生生活」『史学雑誌』一〇五―一、一九九六年一月、六二―八四頁

上村清雄「ヨーロッパ美術にあらわれたトルコ人　序説」『歴史学研究』六四六号、一九九三年六月、二八―三七頁

内ケ崎作三郎「バルカン戦争の文明史的意義」『六合雑誌』三八五巻、一九一三年一月、二一六―二二八頁

外国語によるもの

Ekmeleddin İhsanoğlu, Osmanlı Eğitim ve Bilim Müesseseleri, E. İhsanoğlu (ed.), *Osmanlı Devleti ve Medeniyeti Tarihi*, Vol. 2, İstanbul, 1988, pp. 223-361.

第六章　日本近代における大学の成立過程とその特色

——古代大学寮との比較を通して——

はじめに

本章は、明治維新期から明治一〇年に東京大学が創設されるまでの時期を中心に、日本において近代大学をどのように理解し、その設立に向けてどのように制度設計を行ったかについて明らかにしようとするものである。

日本における近代大学は、明治一〇年の東京大学の設立をもって始まるとされている。それは現在の東京大学においても大学創設記念日を明治一〇年四月一二日としていることからも理解できる。一方で、中山茂や寺﨑昌男などによる大学史研究の蓄積によって、明治一九年の帝国大学の成立こそが明確な理念をもった大学のスタートであるといった見方がなされてきた。こうしたことからこれまで日本の近代大学を研究する場合、その対象の中心となったのは、帝国大学制度やそこでの学術研究であった。

ところで、近代日本における最初の教育制度として成立した明治五年の学制は、全国を八学区に区分し、その学区毎に大学一校を設置する計画であった。また、明治四年の文部省設置以前に、大学校といったものが存在したことも広く知られている。こうした時期、明治政府は大学についてどのよう理解していたのであろうか。

明治初年の大学についての先行研究としては、大久保利謙草稿になる『東京帝国大学五十年史』があげられる。

これは大久保利謙が東京帝国大学を卒業した昭和三年から三年間編纂事業として行われたものであるが、当時はまだ国史学科に近代史講座のない頃であり、この研究がまさに「日本近代史学事始め」でもあった[1]。戦後になってからのものとしては国立教育研究所の『日本近代教育百年史』や仲新・寺﨑昌男編『大学の歴史』(『学校の歴史』第四巻)の当該時期の部分があげられよう。これらの先行研究では、明治二年の大学校における国学派と漢学派の抗争の後、洋学派主導による大学構想が実現されていったという解釈がなされてきた。そして、洋学派による大学構想として、その原型を諸外国に求め、ドイツ型、フランス型、イギリス型、あるいは折衷型などといったような、いわゆるモデル輸入論が主に語られてきたのである。

日本の学術、ことに教育学などが明治以降に輸入された学問であるため、教育史的視点からは西洋モデルを洋学派が輸入したといった解釈で理解されてきたのであるが、はたしてモデル輸入といった解釈で日本の近代大学が理解できるのであろうか。

もちろん、西洋大学において創造され、大学機能を特徴づけるとされるものは幾つかある。たとえば学位制度であったり、学部、学科といった教学の組織形態などもそうであろう。本章でも取り上げている学位制度については、寺﨑昌男によって学制期から帝国大学時まで研究されている[2]。しかしながら、こうした西洋起源の制度といったものですら、日本に導入された際、西洋と同じ理解がなされたのかには疑問がある。むしろ、近代日本が西洋と対峙して発展していくためには、明治政府が大学制度を導入する際、西洋諸国の制度を調査しながら、なおかつ、それをダイレクトに移入するのではなく、そこでは「日本的解釈」と選択を行ったと考えるほうが自然なのではないだろうか。そして、そのことによって西洋大学とは異なった大学像を生み出すことになっても不思議ではないのである。

そこで本章では明治維新期に構想された大学について、古代の大学寮にその原型を求めていたことに着目し、また、近代の太政官制度の中に位置するものとして大学が形作られていった過程に注目することから日本型近代大学の実像を明らかにしようとするものである。

Ⅰ　明治維新期の大学構想

（1）明治初年の大学校構想

学習院から大学校への変遷

日本における近代が明治維新を画期として本格的にスタートしていくことは、周知のとおりである。しかしながら、明治維新は一方において、王政復古をもって進められたことも事実である。このことは慶応三年一一月一七日に大樹並びに各藩に対して「神祇官ヲ始太政官旧儀御再興之　思召ニ候間何レハ八省其外寮司之内へ諸藩ヲ被為召加年々交代可有勤仕細目之儀者追々可被　仰出」といった布告を為していることから十分理解でき、明治政府の政体が古代的な復古的体制であることからもうかがい知れる[3]。こうしたことは、文教政策においても同様であり、大学寮の再興をもって人材養成をしようと企図している。

そもそも幕末の弘化四年に京都において学習院が創設されるとき、理想としては大学寮や四姓学校の復興にあった。当時、公家にあっては学問の場というものがなく、摂関清華大臣家では自宅に儒者などを招き学問を行うが、それ以下のものでは町の儒家へ赴いて学ぶほかなく、こうしたことから一般公家の学問教育は衰退していた。そのため公家の学習所を設立する動きが現れてきた。しかしながら、かつて竹内式部が講じた尊王論によって朝幕関係に緊張関係をもたらしたいわゆる宝暦の事件のこともあり、幕府との交渉に当たっては、尊王論につながるような学問を行うことを憚り、表向きは、堂上の稽古所といったものを開講したのである。これが国家の官吏を養成する「大学」という名称にせず公家が個々に学習をする「学習」院とされた理由であった[4]。こうしたいきさつから、幕府が崩壊し明治維新を迎えた明治元年四月一五日に学習院は名称も新たに大学寮代として再出発することになる。

この大学寮代は、はじめ学習院の所在地であった御所の北、開明門院旧地に所在していた。それを明治元年八月一七日に梶井宮へ移転し、新しい規則をもって建て替える旨の通達を出している。

今度大学寮代梶井宮へ相移規則被建替候ニ付テハ不遠御開校被為在候間無懈怠出席可有之様被仰出候事[5]

この通達には但し書きに「但御開校日限追テ被仰出候事」とあり、「不遠御開校」について通達することを明示している。では、大学寮代に代わって開校されるものとはいかなるものだったのだろうか。

大学寮代から京師大学校へ

明治元年四月に開設された大学寮代は早くもその九月には新しい学校として開校されることになる。これについては、行政官から九月一六日に布告された次の文章によって理解できる。

大学校御取建被遊天下ノ人才ヲ集メ文武共盛ニ被為備度思召候處方今御多端之折柄未タ御取調モ行届兼候間先仮ニ九条家ヲ皇学所梶井宮ヲ漢学所ニ被用候旨被仰出候就テハ兼テ御布令之通先宮堂上及非蔵人諸官人共望ニ随ヒ入学致候就中三十未満小番被免之輩ハ成丈ヶ勤学致候様可心掛旨被仰出候事[6]

つまり、大学寮代は漢学所へと変更されている。これは、将来的には漢学所が皇学所と共に大学校というものになる過程として位置づけられたものといえる。このことは、明治二年六月一五日に東京の昌平学校が大学校へと変更された後、明らかとなる。それは、明治二年の九月二日に出された京都の留守長官からの文言によって伺える。

京師大学校御建替ニ付皇学所漢学所当分御廃止之事

右ノ通東京ヨリ御沙汰ニ付此段相達候事(7)

よく知られている通り、昌平学校が大学校となるのは、先に述べた明治二年六月のことであった。このとき同時に京都においても大学校名称に変わったのか、それ以前かあるいは以後なのか詳らかでないが、少なくとも九月には京師大学校と呼ばれていたことは確かである。このことは、ともすれば元々江戸にあった昌平学校と和学講談所、これに開成学校や医学校をあわせて大学校が作られたと考えがちではあるが、そこに京都における大学の系譜も念頭におくべきであろう。あくまで、明治二年四月、東京に太政官を移したことによって、東京で大学校構想が進展していくことになったのである。

ところで、大学寮代が皇漢学所に変更されたとき、どういう目的を持った学校とされたのであろうか。先の明治元年九月一六日の布告の続きにある規則を見てみよう。

規則

一国体ヲ弁シ名分ヲ正スヘキ事

一漢土西洋ノ学ハ共ニ皇道ノ羽翼タル事

但シ中世以来武門大権ヲ執リ名分取違候者巨多有之向後屹度可心得事

一虚文空論ヲ禁シ着実ニ修行文武一致ニ教諭可致事

一皇学漢学共互ニ是非ヲ争ヒ固我之偏執不可有事

一入学ハ八歳ヨリ三十歳マテニ被定候事
一毎年両度学業成否可試事
一入学之儀毎月初五日ニ被定候尤当日正服着用之事
但入学致度輩ハ其前月二十九日迄ニ弁官事へ可届出事(8)

ここには皇学と漢学は是非を争わないよう規定しつつも、「漢土西洋ノ学」は「皇道ノ羽翼」であるとし、第一に挙げている「国体ヲ弁シ名分ヲ正ス」こととあわせてみれば、皇学優位であるのは明白といえよう。すでに学習院において、創設の当初は朱子学を中心とした講義がなされていたものの、時代が降るにつれ、儒学も朱子一辺倒でなくなり、さらに国学も講義されるように変質していた。そして幕末学習院は尊皇攘夷の政治堂と化したこともあり、皇学による国体論が生み出される素地は形成されていたといえよう。

実は、この時期に京都において大学計画を立案していたのが、政府の学校掛に任命されていた平田鐵胤《かねたね》であり、矢野玄道《はるみち》、玉松操などであった。彼らは岩倉具視に積極的に献策するなどし、国学思想の大学確立に関与していった。

皇学所と漢学所は、合わせて京師大学校とされていたことは見たとおりであるが、実はこのほか兵学校も兼ねていたようである。明治二年の正月一四日に行政官からの沙汰に次のようなものがある。

先般三学所入学之面々弁事へ願出候様相達置候處以来ハ三学所共入学之面々其御用掛リへ直ニ可願出候事(9)

ここにある三学所については法令全書の欄外表記によって皇学所、漢学所、京都兵学校と知ることができる。そしてこの三学所は同時期に廃止されている。すでに見たとおり明治二年九月二日及び一〇日の沙汰によって皇学所と漢学所は廃止された。また、同九月四日には京都兵学校が大坂兵学寮へと移転になっている。このように三学所はこの時期一体として扱っていたようである。

ここで東京の大学校についてあわせてみてみたい。明治二年六月一五日に定められた規則によれば次の通りである。

大学校

一神典国典ニ依テ国体ヲ弁テ兼而漢籍ヲ講明シ実学実用ヲ成ヲ以テ要トス

大学校分局三所

一大学校区域未広悉ク三校ヲ設ヶ難シ姑ク其名ヲ殊ニシ以分局トス然ルニ大学校ノ名ハ三校ヲ総テ是ヲ称スルナリ

開成学校

一普通学ヨリ専門学科ニ至ル迄其理ヲ究メ其技ヲ精ウスルヲ要トス

兵学校

一今此局ヲ設ヶス姑ク是ヲ軍務官ニ付ス

医学校

一医理ヲ明ニシ薬性ヲ審ニシ以テ健康ヲ保全シ病院ヲ設ヶ諸患ヲ療シ実験ヲ究ルヲ要トス(10)

これによれば大学校に分局が三つあり、開成学校、兵学校、医学校とされている。ただ今は兵学校に関しての局を設けていないとされている。しかしながら、兵学校も大学校に含めるべきものとされていたことは確かである。このことは京師大学校においての京都兵学校の存在をあわせて考えると、大学の分局には兵学校をおくべきものと捉えていたといえよう。

大学寮代が皇漢学所へ変更されたときの沙汰に「大学校御取建被遊天下ノ人才ヲ集メ文武共盛ニ被為備度　思召候」といった文言があった。ここでは大学校を文武とも備わったものとして構想されている。要するに当時の大学とは、皇学（国学）、漢学、西洋学、医学、兵学をあわせたものとの理解があったのである。

（2）明治初年の大学校の系譜

さて、明治初年の大学校の系譜の一端に幕末の学習院があることはこれまで見てきたとおりである。そして、学習院創設の折には大学寮の再興を意識していたこともあり、近代大学の設立の系譜に古代の大学寮があることは確かであるといえよう。とはいえ、八百年近くも前のものをそのまま再興することなど現実にはかなうはずもなく、「王政復古神武創業ノ始」にもどすといった理念的な面を重視したと捉えたほうがよいであろう。

たとえば、のちに大学東校となる医学校についてみても、当時の教師は幕末の西洋医学所から受け継いだものであった。一例を挙げれば、田代基徳がそうである。彼は文久元年に大坂適塾に入門している。そして師の緒方洪庵が文久二年八月に西洋医学所頭取として大坂から招聘されたときにともに下行し、医学所の句読師となっている。そして慶応三年には医学所塾監、明治元年には医学校助教、明治五年には東校大助教となっている。このような幕末から明治維新期へは人的にもそのまま系譜としてつながっていたのである(11)。

こうしてみると、大学校の系譜としては、現実には近世以来の人的系譜としてつながっている淵源校にあり、明治維新期に、どういった理念の下に発展を遂げようとしていたかによるといえよう。そこで、はじめに古代大学寮の制度をどういった形で受容したかについてみていくことにしよう。

古代の大学寮　日本における大学寮の成立はいつごろであろうか。これについては、現在まで明確な成立時期は確定されておらず、研究者によっては近江令の制定された時期に置いている。それは、天智朝において百済の遺臣鬼室集斯《きしつしゅうし》が日本書紀にはじめて学頭職として記載されていることから近江令の中に学令がすでに存在していたとする考えにもとづくものである。但し、日本書紀に大学寮の名が現れるのは天武天皇四年正月の記事からであり、天武朝の頃には、そうした官司が設置されていたという理解でよいであろう。近江令や飛鳥浄御原令はその実態が不明なこともあり、ここでは大宝令以後の大学寮がいかなるものであったのか見てみよう。

大学寮とは、式部省の被管である。式部省は文官の考課、選叙や朝廷の礼儀について司る役所であり、このことからも大学寮は文官養成の役所であったことが理解できる。このため学ぶべき学問は、官人としての素養とされた経学であった。

学令によれば、大学生となるものは、位階で五位以上の子孫、東西史部の子及び八位以上の子で特に願い出のあったものとされている。入学については、年齢を一三から一六歳までとし、聡明な者を選ぶよう規定している。在学期間は最長九年である。

大学寮の職員構成については、職員令で次のようになっている。

頭一人、助一人、大允一人、少允一人、大属一人、少属一人、
博士一人、助教二人、学生四百人、音博士二人、書博士二人、算博士二人、算生三十人、使部廿人、直丁二人。(12)

大学寮は事務組織として、長官として事務の統括をする「頭」、長官の補佐をする次官の「助」、一般事務官である「允」、書記である「属」のいわゆる四等官と教学部門を担当する博士や助教からなる。職員令に示された

教官は大宝、養老令の規定であり、その後、神亀五年には、文章博士、律博士、直講博士が置かれるようになった。この時期には、大学の中で分科があったと考えられ、明経、明法、算、紀伝の四科が成立した。平安に至り大江や菅原といった学問の専門となる氏家が成立することにより家塾が生まれ、また官吏の養成機関としても、藤原北家中心の蔭位制による任官によって、大学寮は衰退していく。そして、治承元年の都の大火によって大学寮は延焼し、以後大学寮の復興はなかったのである。

古代大学寮の影響　これまで見たとおり、古代の大学寮は式部省の部局のひとつであり、そこでは学生に教授し官吏を養成する目的を持つものであった。そして行政機構の部局としての位置づけから、大学寮の組織は、事務的な行政官吏の系統と学問に関係する博士の系統の二つによって構成されたものになっていた。たとえば正六位に大学助という事務官と大学博士という教官が官位相当職として存在する。また、正七位には大学大允と助教が同じく官位相当職として存在する。こうした事務官と教官による構成が大学寮の特色であった。そして、この組織構成は近代における大学校でも踏襲されることになるのである。

明治二年七月八日の職員令による大学校の職員構成は次の通りである。

別当　一人
　掌監督大学校及開成医学二校病院。監修国史。総判府藩県学政。
大監　一人　少監　一人
　掌同別当。
大丞　三人　権大丞

少丞　三人　権小丞
　掌糺判校事。
大主簿　三人　少主簿　九人
　掌同余大少録大少主典。
大博士　八人　中博士　十人
少博士
　掌教試生徒。修撰国史。翻訳洋書。知病院治療。
大助教　中助教　少助教
　掌同博士。
大寮長　中寮長　少寮長
　掌監督学寮生徒。
大得業生　中得業生
少得業生
　掌授句讀。翻訳。治療等事。
史生
　掌繕寫公文。謄録書史。
大寫字生　中寫字生
少寫字生

掌同史生。
校掌
使部[13]

ここにある別当から少主簿までは現代で言う事務官であり、大博士から少寫字生までは教官、技官に相当するといえよう。こうした職員令の並び方をみても、律令規定と同様に大学校においても行政系統と教学系統を分け、先に行政官を規定していることがわかる。また、博士、助教、得業生は大学寮における名称をそのまま用いている。

学問としては、大学寮がいわゆる四書五経など経学を中心としたものであるのに対して、大学校のそれは、西洋医学や近代科学、兵学までも含めていて、大学寮とは全く異なったものである。しかしながら組織としては、明らかに復古的な体制を創ろうとしていたことが理解できるであろう。

西洋大学の影響

一方、この時期の大学校には、西洋制度の影響は全くなかったのであろうか。先に見たように皇漢学所の規定では「国体ヲ弁シ名分ヲ正スヘキ事」とあり、大学校の規定でも「神典国典ニ依テ国体ヲ弁テ兼而漢籍ヲ講明シ実学実用ヲ成ヲ以テ要トス」とされ、「神典国典」による国体を明らかにすることが大学の第一の使命とされている。大久保利謙によれば、この時期の思想的背景として平田鐵胤、矢野玄道などの国学者の影響があり、それによって国体という語が用いられたとされている[14]。そのため、大学校には西洋的な影響が見当たらない。しかしながら、明治三年二月に大学校が「大学」と改称されて示された大学規則には、学科を次のように規定している。

学科		
教科	神教学	
	修身学	
法科	国法	民法
	商法	刑法
	詞訟法	萬国公法
	利用厚生学	典禮学
	政治学	國勢学
理科	格致学	星学
	地質学	金石学
	動物学	植物学
	化学	重学
	数学	器械学
	度量学	築造学
予科		

数学度量　格致学
化学鉱土植物学

医科
本科
解剖学　薬物学
原病学
病屍剖験学医科断訟法
内科外科及雑科治療学兼摂生法

文科
紀伝学
文章学
性理学(15)

ここでは学科を西洋大学に倣って教科、法科、理科、医科、文科の五科に分類している。なかでも「教科」は神教学と修身学から構成されており、西洋の大学における神学部との類似性が注目される。中世以来、ヨーロッパの大学が神学、法学、医学、哲学（人文学）の四学部を中心に発展していったことと比較したとき、明らかにそれを意識していたといえよう。日本において、西洋の大学に関する情報はすでに近世初頭にはイエズス会を通じて入っていた。しかしながら禁教政策によってごく一部の知識に止まり、新井白石などが職方外記によってヨーロッパの大学が四科であったことを知っていた可能性があるものの、この知識は世間には広まらなかったこともあり、大学規則は明治二年ごろに制度取調局などから知りえた知識によって構想されたといえるのではないだろうか。大学規則の学体の項目には「天地ノ公道ニ基キ知識ヲ世界ニ求ムルノ　聖旨ニ副ハンヲ要ス」とあり[16]、五箇条の御誓文にある広く知識を世界に求めることを示している。こうした影響によって大学校から大学に変更されたときにはじめて、西洋型の大学を意図したといえよう。しかしそれでもなお、先に述べたとおり大学東校の教官が緒方洪庵の弟子であったことからも理解できるように、直接的な影響とはいい難い。大学東校に日本人留学生が帰ってくるのははるか後、明治八年橋本綱常がドイツより帰国してからのことである。

このように明治維新期の大学校の系譜を見たとき、直接的に西洋から影響を受けることができなかったことに加え、維新というそれまでの制度を一洗し、王政復古しようとする政策の上で、幕府時代の学問所とは異なったものとして、古代律令期の大学寮を制度的に取り入れたのだといえよう。

Ⅱ　明治初期の大学構想

明治維新期においては、王政復古の号令によって、神武創業へ立ち返る施策が相次いで示された。国内体制が太政官制に基づいて形作られていくことによって、教学の中心的機関も古代の大学寮を基にした大学校を創設しようとした。しかしながら、こうして創られた大学校は国学派、漢学派の対立によって閉鎖されることになり、大学自体が一旦解消されてしまった。その後、明治五年に至って学制の頒布によって再び大学について改めて規定することになる。

ここでは、明治維新期の大学構想に関して、西洋から入ってきた学位制度と専門学校をいかに大学寮を含めた太政官制度に位置づけていったのかについて検討する。

(1) 明治初期の学位制度

近代日本において、学位規定が明確な形で示されることとなったのは、明治五年の学制によってである。そこには、「教員ノ事」の第四十二章で「大学校教員ハ学士ノ称ヲ得シモノニ非サレハ許サス」とあり、学士であることが大学教員の資格要件とされている。この学士については、第百八十二章において「学士ノ称号ヲ分テ五等トス一等学士ヲ上等トシ五等学士ヲ下等トス」とあり、続く章においてその内容が示されている。[17] それら要旨をまとめると次のようになる。

一等学士　大学成業ノモノ追々実地研究シ熟達ノモノニ与フルモノニシテ即チ知識ノ美称
二等学士　同右
三等学士　大学科（法科医科理科文科）ヲ卒ルモノ
四等学士　大学ニ進ムノ後一二学科（化学、解剖学、性法ノ類）或ハ四五学科を修ムル者
五等学士　同右あるいは、中学教科卒業大学へ入リ修業凡一ヵ年ノ後及第スル者

このように、学士の等級は大学における学業の習得状況によって分けられたものである。また、五等学士については第百八十七章において「五等学士ノ称号ハ全ク学術ニ関スルコト等ヲ新ニ発明シ或ハ希有ノ著書及ヒ大部ノ書籍ヲ新ニ著述スルモノ等ニ与フルコトアリ」とされ、大学での成業とは関係なく、今日の論文博士のような扱いで学士の称号を与える道を作っている。

ところで、ここに見られる「学士」という用語はどこから用いたものであろうか。大宝令においては、東宮職員令に皇太子に近侍する役職として「学士」の語が見られる。これは、「掌執経奉説」とされ、いわゆる皇太子の侍講といった役職といえよう。唐令の中にも「学士」の語は見られるが、明治初頭においての通用語として

は、学問のある人といった意味で用いられており、そこから学位の名称として当てられたと推察される。

学制の制定は、明治政府において、岩倉具視、大久保利通、木戸孝允といった面々が条約改正に関わる遣米欧使節団として海外視察に向かった後のいわゆる留守政府によってなされたものであり、翻訳的で現実性に欠けたものとして理解されていた。

実際、この時期にはおよそ大学そのものが存在しないにもかかわらず、学位の規定を作成し、中学校教員の資格として「大学免状ヲ得シモノ」と定められているのである。

こうしたことから、五等級に分けられた学士の学位制度は、明治六年には見直され、「学位称号ハ分テ三等トス」とし、博士、学士、得業士といったものに変更された。また、大学についても現実には存在しないわけであるから、明治六年四月二八日のいわゆる「学制二編追加」によって専門学校規定を加えている。そこには「専門学校ニ於テソノ学科卒業スル者ハ大学科卒業ノモノト同シク学士ノ称号ヲ与フルモノトス」とあり[18]、専門学校は大学と同格のものとして扱われていた。この明治六年四月の時期に創られた専門学校こそが大学南校の後裔、開成学校である。

明治六年八月一二日太政官布告第二百九十六号をもって文部省官職と学位称号の規定が先の通り改正されたのであるが、ここでは三等に分けられた学業上の差異は記載されていない。また、『明治職官沿革表』によって見る限り、東京大学成立後の明治一二年六月一二日に制定された学位称号である、卒業学科ごとの名称がつく、法学士、理学士、医学士、文学士、製薬士まで改正もなく、この三等級に分けられた学位は実質機能しなかったといえるであろう。しかしながら、この学位の名称については検討しておく必要があろう。それは、先に見た「学士」と同様ここで用いられている用語も古代の律令格式に存在する語だからである。

では「博士」とは何か。これはすでに見たとおり大学寮の教授職の名称である。本来の博士は経書を教授する職であり、明経博士とも呼ばれた。このほか、音博士、書博士、算博士があり、後に令外官として文章博士、明法博士という職もそれぞれの学を教授する職を意味した。ところが博士は官職を示す語としてだけではなく、その道に秀でた者の意としても用いられていたとされる。それは続日本紀養老五年正月甲戌条の詔にある「明経第一博士」などの用例から推察できるとされている[19]。

また、「得業士」についても文章得業生や明法得業生など学生のうち試験に及第した者でさらに大学寮で学んでいる者に対する用語の転用と考えて間違いないであろう。このことから推察すると、明治六年の「博士」「学士」「得業士」はそれぞれ明治五年の学制で示された五等級の学士のうち、博士が一等学士ないしは二等学士、学士が三等学士、得業士が四等学士ないしは五等学士に当てはまるといえよう。

こうした学位称号に関しては、学制よりも前の大学校には見ることがなく、なぜ学制に規定されるようになったのであろうか。学制は、文部省の制定によって「全国ノ学政ハ之ヲ文部一省ニ統フ」ため、急いで学制取調掛を設け数か月で起草されたものである[20]。この制定に関しては正確な資料を得ることができないと『明治以降教育制度発達史』の中でも述べられているが[21]、その内容に関しては、「殆ど外国制度の翻訳」とあるように、当時の日本の状況とはかけ離れた内容となっている。このことはすでに述べたとおりで、当時は大学がないにもかかわらず、大学の免状を持ったものしか中学校の教員になれないといった規定を作っていることからも窺える。このような翻訳に頼った制度設計であったためどこまで内容の理解が及んでいるのか疑問がある。事実木戸孝允は明治六年一月二六日に田中不二麿と教育問題について談議し、「政府が徒に欧米諸国の開化に心酔して其真想を覈査せず妄に外観の形式を模倣して施設したれば事実に乖睽する所多きを痛歎」したとされている[22]。こうしたことは学位に関する規定においても、五等に分けられた学士によっても言えるのではないだろうか。このとき学位については学の「位」といった理解がなされていたと考えられる。これより後の明治一一年東京大学理学部化学科を卒業した高松豊吉の学位記の写真が『東京帝国大学五十年史』に掲載されているが、それによれば「理学士ノ位」とされている（本書二六七頁の写真参照）。そもそも学位記とは学「位記」であり、位記とは公式令によって文書をもって官位を証明したものである。つまり位階制度として学位も捉えられたと推測できる。実際、明治四年の太政官制が成立する時期から以降、各国の等位を参照して宮中における席次を確定させる算段を行っている。[23]こうしたものとして捉えれば、学制に記載された学位称号が一等から五等まで等級化することの意味も理解できよう。事実『明治職官沿革表』においてこの等級化された学位称号について、わざわざ「学士称号ハ唯五等ノ品階ヲ定ルモノニシテ官等ニ比例セシニ非ス」と断り書きを加えている。[24]こうしてみると明治初年において、「文位」（位階）、「勲位」（勲等）とならんで「学位」も捉えられたといえよう。

（２）専門学の諸学校

明治五年に制定された学制においては、大学について細かな規定が設けられていた。しかし現実にはそうしたものは存在しないのであり、実態に即した内容への改正は必要不可欠であったといえよう。こうした状況で、明治六年に「学制二編追加」は行われたのである。そこには先に見たとおり専門学校についての規定が示されており、卒業生の学位は大学卒業と同じとされていた。それでは、専門学校は大学と同格の存在として捉えられていたのであろうか。この問題を考えるため学制における専門学校についての規定から見ていくことにしよう。

学制の第百九十章では、

外国教師ニテ教授スル高尚ナル学校法学校理学校諸芸学校ノ類之ヲ汎称シテ専門学校ト云フ(25)

とある。ここに示されているものは、後の明治一〇年代に数多く創られた私立専門学校とは異なり、外国教師すなわちお雇い外国人が講義する高度な教育機関とされている。この時期には開成学校が文部省所管学校としてあるほか、他の省のものとして次のものが存在した。

明治四年八月設置　工部省工学寮

明治四年九月設置　司法省明法寮

明治五年四月設置　開拓使仮学校

こうした文部省管轄外の学校については、学制とは関連がなく、別個に扱うべきだとの教育史家の意見もある。しかしながら、当時は、太政官制の下に行政執行がされており、今日までみられる後の内閣制度とは異なり、各省庁によって行政責任が完結しておらず、主要な事務については、太政官にて決済されていた。このため、各省に存在する専門学校は類似した形態をとっており、改正があれば他も連動して行われていたのである。

ところでこの時期、後に開成学校と併合して東京大学の一学部となる医学校も明治五年の学制頒布と同時に東校から改称された。また、「学制二編追加」では、第百九十八章以下第二百七章まで専門学校ごとの規定が書かれており、そこに示された諸学校は、外国語学校、獣医学校、商業学校、農業学校、工業学校、鉱山学校、諸芸学校、理学校、医学校、法学校であり、未だ独立して存在しない学校がここでも示されている。こうしたことからも学制の規定を文部省管轄の学校だけで理解するより、他の省に存在する専門学校も含めて捉えたほうが、当時の政府における専門学校理解につながるであろう。

ここでは、工部省工学寮、司法省明法寮を含めてその特徴について見ていくことにしよう。

はじめに明治六年における工学寮の職制について示せば次の通りである。

頭、権頭、助、権助、大属、権大属、中属、権中属、少属、権少属

また、外人教師については次の通りである。

工学校都検兼工学博士器械学	英人	ダイエル
工学校数学教師	同	マルシヤル
工学校助教及工芸工作場雛形士	同	キング
工学校助教	同	クラーク
同	同	コーレー
工学校理学博士	同	エルトン
工学校化学博士	同	ダイベルス
工学校英学教授	同	クレゲー
工学校製図教師	同	モンデー

ここにみられる職員構成は、これまで見てきた古代の大学寮や近代の大学校と同様に、寮の事務官としての頭以下の系統と教官としての博士の系統から成り立っている。ここで示したお雇い外国人の職名は、『旧工部大学校史料・同附録』にある太政官正院への届書の案とされているものによるが、同書の「傭外国人各務擔當表」によれば博士、助教の肩書きはすべて「教師」となっている。(26)

一方、司法省明法寮について同時期のものを見ると、当然ではあるが官制上一等寮として同格であるため、

「頭、権頭、助、権助、大属、権大属、中属、権中属、少属、権少属」は変わらず、このほか法律職としての法官が存在する。また、外国人教師については明法寮創設時期には、法学顧問の教師としてフランスから来たブスケと南校から移ってきたリベロール、通訳を担当したとされるガリーであり、このときの役職名は不明であるが、『司法省沿革史』を見る限り、ここでも「教師」であったといえよう[27]。ところで、こうした外国人教師に対する取り扱いは、文部省の専門学校でも同様であり、明治五年に開成学校へ天皇臨幸があったときの天覧授業について『東京帝国大学五十年史』では、次のように記載している。

佛教師レピシエ並田中少教授
天文学進講[28]

ここに見られるように日本人に対しては「少教授」といった官制上の職名（七等）を記しながら外国人教師については「佛教師」とするに止まる。これは、工部省工学寮の工学校都検すなわち教頭職にダイエルが着任しても、職名としては「教師」であり、同じことは開成学校教頭フルベッキについてもいえた。このことは、当時の専門学校を理解するのに大変重要なことである。それは、教学上お雇い外国人の知識が不可欠であり、その能力に頼らざるを得ないにもかかわらず、彼らには官職が与えられなかったため、公的な運営について決定権がなかった。たとえば、「東京開成学校処務規則及権限」には「学校長事故アル時ハ所属教員及吏員ヲ撰テ校務ヲ代理セシムルヲ得ヘシ」とあり[29]、学校長の権限は「所属教員」や「吏員」に委譲されることがあっても「外国教員」には委ねられないのである。こうした規定からすれば、あくまでも専門学校は官制上の役所の一部に過ぎないものといえよう。

ここで今一度明治四年の行政制度に注目してみたい。明治二年七月太政官制は改正され、大宝の制に倣ったものとなった。さらに明治四年の太政官改正では太政官に正院、左院、右院を置き、右院の下に神祇、外務、大蔵、兵部、文部、工部、司法、宮内の各省が置かれ、議政官として太政大臣、左右大臣、参議が備わった。こうした太政官制の役所のひとつとして工学寮や明法寮は創設されたのである。たとえば工学寮は明治四年八月一四日に「工部省中寮司左の通被置候事」という太政官布告によって、勧工、鉱山、鉄道とともに第一等寮として創設されたのである。ここでいう第一等寮とは、その長官である頭の官職が三等である役所ということである。こうしてみると工学寮とは太政官の機関であり、その中にある学校は今日の感覚で見た学校とは異なったものとして捉えるべきであろう。このことは、司法省明法寮でも同様であり、こちらはそもそも学校という呼称は用いられず、明法寮生徒掛という役所の掛として扱われていた。明治八年、外局としての明法寮が廃され、司法省本省に法学課を置き法学生徒を管理するようになってもまだ学校はなく、一般に使われている法学校の呼称は、明治一〇年に新たな局課分掌を定めたときに学校課が置かれ、その分掌に「法学校ヲ總提シ及ヒ生徒ヲ監督ス」といった形で初見するのである。

ここで大宝令、養老令における大学寮及び大学寮以外の代表的官吏養成機関と比較してみていきたい。古代の八省で官吏養成を受け持った役所とされるものは、中務省の陰陽寮、式部省の大学寮、治部省の雅楽寮、宮内省の典薬寮が代表的である。これらは各寮における分野ごとに教えるものと学ぶものが「師」と「生」といったように対となって構成され、今でいう技官を養成した。このうち陰陽寮と典薬寮は大学寮に准じた扱いがなされており、それは次のようなものである。

陰陽寮

頭一人、助一人、允一人、大属一人、小属一人、

陰陽師六人、陰陽博士一人、陰陽生十人
暦博士一人、暦生十人
天文博士一人、天文生十人
漏剋博士二人、守辰丁廿人
使部廿人、直丁二人

典薬寮

頭一人、助一人、允一人、大属一人、小属一人、
医師十人、医博士一人、医生　人
針師五人、針博士一人、針生廿人
案摩師二人、案摩博士一人、案摩生十人
呪禁師二人、呪禁博士一人、呪禁生六人
薬園師二人、薬園生六人
使部廿人、直丁二人、薬戸、乳戸[30]

陰陽寮、典薬寮ともに大学寮と類似しているのは、学生に対して諸分野を教授するところにある。『続日本紀』によれば、天平二年三月二七日に陰陽医術七曜頒暦等を国家の要の道として奨励している。これによって陰陽、典薬の二寮の学生は大学寮に准じた扱いがなされるようになった[31]。大学寮がいわゆる文官養成の機関であるとするならば、これらは技術官養成機関といえるであろう。こうした理解は明治初年にもみられた。それは学校掛の平田鐵胤などが大学校構想を立案したとき「天下ノ人才ヲ集メ文武共盛ニ被為備度」ものとして、大学を文武官

の機関とし捉えようとしており、また、この時期には太政官が再興されたことよって典薬寮も備わっていたのである。つまり、文官と技術官とは別の機関によって養成されようとしていた。但し、この時の典薬寮は西洋医学の優位性が認められたことから医学校にその機能を吸収され、廃止されたのであった。

大学校の規則が定まり、幕末以来の系譜を持つ医学校が大学校分局とされたのとは異なり、近代以後、新たに求められた技術分野が、独自の技術官の養成機関を計画するのはむしろ当然であっただろう。このとき、各省の外局としての寮においてその役割を担わせたのが工部省工学寮であり、司法省法学寮であった。こうして理解するならば、なぜ学制において専門学校の種類を羅列しておきながら、結果としては、総合的な専門学校である開成学校と医学校のほか外国語学校しか官立として設立しなかったのかが理解できるであろう。つまり専門の技術官を必要としていた各省が太政官制の下の人材養成の場として独自の機関を設置したからある。

ところで、以上見てきた専門学校ははたして大学とどう違うのであろうか。

明治二〇年一〇月四日に「文部省官制中改正」が行われ、学務局を「専門学務局」と「普通学務局」とに分化させた。このとき、専門学務局の分掌すべき学校として「帝国大学高等師範学校高等中学校高等専門学校」（一課）と「技芸学校」（二課）、「美術学校音楽学校」（三課）を挙げている。ここに見る官制上の分掌分類では、専門学とは、高等ないし専門の学を授けるものを指しており、大学とそれ以外の高等ないしは専門の学校を区別していない。また、大蔵省が編纂した『官令沿革表』の学制の項目においても、学校の事項に関する種別として「普通学」と「専門学」との二種に分けている。これは明治一〇年までの沿革を記載した表によるものであるが、ここでは専門学に記載されているものは文部省の開成学校などのみならず、先に見た工部省や司法省、そのほか開拓使、内務省の専門学校も含めて記載されている。こうしてみるとこの時期には、大学と専門学校を特に区別する意識はなかったのではないだろうか。工部省工学寮の工学校では、その課程を普通学を授ける小学と専門学を授ける大学に分かち、それをスクールとコウレージに英訳している。これなどからもヨーロッパにおけるユニバーシティをのみ大学として理解していたのではないと分かる。つまり、大学と専門学校の相違は、学制に見られる専門一科のものを専門学校としたに過ぎない。逆に言えば、この当時の理解では大学と専門学校の差異は大きくはないのである。

Ⅲ　西洋大学についての理解と影響

これまで見てきたとおり、明治維新期の大学は、日本古代に存在した大学寮を制度的に復活させたものとして構想されていた。それは、王政復古の観点からも太政官制度の下の官司として位置づけていたことからも理解できることであった。とはいえ、時代の状況から見て、当時の大学が西洋からの影響を全く受けなかったわけではないのは当然のことである。では一体どういう面で影響があったのであろうか。

明治五年の学制については、すでに述べたとおり当時の国情を無視したいかにも翻訳的なものであった。そしてどの国から影響を受けたのかという点に関しては、『明治以降教育制度発達史』において「主として佛国の学制を模倣したもののやうに思はれる。然も一方には米国の制度をも参酌したものの如くである」と述べているように[32]、フランスとアメリカの影響が指摘され、その後の研究によってそれがほぼ確定した観がある。特に尾形裕康の『学制実施経緯の研究』では、「わが学制の案文起草については、一般にフランスやその他西洋諸国の模倣あるいは翻訳であるとか、中には単にフランスの「ギゾー法」の翻訳であると抽象的にのみ表現せられて来た」

とこれまでの研究方法を批判した上で、「学制と西洋教育制度との比較一覧表」を作成し、さらに「学制と西洋教育制度との類似点摘出表」を示して、フランスの影響の大きさを提示した。また、アメリカの教育方法が当時流入される状況にあったことを含めて、「行政面ではフランス流をとりながら、教育の実際面においてアメリカ流」と結論づけた[33]。但し、ここで対象としているのが普通教育を中心としたものであり、専門教育に関する項目については検討されていない。そこで学制の作成に影響を与えたとされる『佛国学制』から、明治初期に西洋大学がどのように理解されていたのか見ていくことにしよう。

（1）『佛国学制』にみる西洋大学理解の実情

『佛国学制』とは、当然ながら当時のフランスの学制について記述したものであり、全体は三篇からなる。初編が小学総論、二編が中学総論、三篇が大学総論であり、初編及び二編は明治六年九月に、三篇は明治九年二月に文部省から刊行された。初編及び二編の訳者は佐澤太郎であり、河津祐之閲となっている。また、三篇の訳は河津祐之、内村耿之介校である。海後宗臣は「佛国学制解題」のなかで、佐澤太郎が明治五年二月に文部省に出仕し編輯寮に勤務したことや『佛国学制』の用語の類似点などから、「本書が明治五年学制の台本として使用されたことは益々疑ひ得ないこと」と言い切る[34]。この解釈は、尾形裕康が学制条文と西洋各国の条文を比較した上で類似点を数値化してフランスの影響について検討したものと比べれば推論的な面もないではないが、これは、当時の文部省出版物の製作の意義について積極的な評価を示したものであり、傾聴すべきものといえよう。

さて、この『佛国学制』の三篇大学総論は、フランスの今日で言うところの高等教育全般について記述している。よく知られているように当時のフランス学制は、帝国大学による公教育全体を支配したものであった。このことから『佛国学制』では、大学総論を「ウニベェルシテー」管轄とそれ以外のもの、すなわちコレージュ・ド・フランスや東方語学校などのいわゆる専門学校などで分類している。つぎに「ウニベェルシテー」の部分について目次を掲げてみよう。

巻之一

大学総論

第一鋼　翰林院総論

第一目　教門翰林院

第二目　法門翰林院

第一款　法門翰林院ノ教科

第二款　教授ヲ委任スル教師及ヒ代教師

第三款　生徒ノ「アンスクリプシオン」

第四款　法門翰林院ニ於テ品級ヲ得ルコト

第一件　学力ノ証書

第二件「バカロレア」級ノ免状

第三件「リサンス」級ノ免状

第四件「ドクトラー」級ノ免状

第五款　法門翰林院褒賞ノ制

第六款　法門翰林院ニテ諸級ヲ得タル人ニ適フベキ諸職

第三目　医門翰林院
第一款　医術製薬予備校
第一件　一般ノ規則
第二件　予備校ノ管理法
第三件　「アンスクリプシオン」
第四件　講席
第五件　試験及ヒ監督
第二款　医門翰林院
第一件　医門翰林院ノ教科
第二件　翰林院ノ職務
第三件　教師并ニ「アグレゼー」ノ職務
第一章　教師ト「アグレゼー」トニ普通ナル規則
第二章　教師特別ノ規則
第三章　「アグレゼー」特別ノ規則
第四件　生徒ノ入学「アンスクリプシオン」試験及ヒ品級
巻之二
第一鋼第三目ノ続
第三款　養生医員トナル修業及ヒ試験

第四款　陸官軍医ヲ教育スル事
　第一件　陸軍医ノ修業
　第二件　海軍医士ノ教育
　　第一件　生徒ノ入学及ヒ教育
　　第二件　闘芸会試験審司及闘芸会ノ条目
第五款　収生婦職業ノ修業試験及ヒ免状
第六款　製薬学校
　第一件　製薬学校ノ律例
　第二件　教科
　第三件　「アンクリプシオン」試験及ヒ其費
　第四件　製薬博士免状
第四目　理門翰林院并ニ文門翰林院
　第一款　理門及ヒ文門翰林院普通ノ規則
　第二款　理門翰林院
　第三款　文門翰林院

目次を見てまず目を引くのは「翰林院」という用語である。では一体これは何だろうか。「翰林院総論」では、「翰林院ハ、諸学ノ奥妙ヲ伝授シ且ツ学生ニ品級ヲ授クルガ為メニ設クルモノナリ」と述べ、「「ウニヴェルシテ

ｌ」ノ内ニ、翰林院五種ヲ置ク」という。その五種を、

第一　教門翰林院
第二　法門翰林院
第三　医門翰林院
第四　理門翰林院
第五　文門翰林院

と箇条書きし、つづいて翰林院の機能について「翰林院ハ、専門学ヲ教授スルノミナラズ、又試験ニ依リテ諸業ヲ営ムニ必要ナルベキ品級ヲ生徒ニ授クルコトヲ務トス」と説明している(35)。ここから、翰林院とはまさにファキュルテつまり学部のことを指していると分かる。そして、『佛国学制』では、五種の翰林院ごとにその特色を記載する形態をとっている。

明治五年の学制では、大学に関して、

大学ハ高尚ノ諸学ヲ教ル専門科ノ学校ナリ其学科大略左ノ如シ
理学　化学　法学　医学　数理学(36)

と述べるにとどまり、大学の形態についての言及はなく、このため学部組織についての記載はない。これは明治三年の大学規則で学科について教科、法科、理科、医科、文科の五科に分類しているのと大差なく、西洋大学についての理解がまだ深まっていなかったといえよう。

一方、『佛国学制』は翻訳ではあるものの、大学の組織と機能について、正確に記述している。そして、「翰林院」をファキュルテの訳として用いたことは、まさに大学の組織とその意義を正確に理解していたのではないだ

ろうか。そもそも翰林院とは唐以来清朝まで内廷の文書立案を行った役所のことであり、転じて学者の集う場を指すようになった。ここでは学者の集まる機関の訳として妙訳といえよう。

ところで、「ウニヴェルシテー」内におかれた五種の翰林院の所在地は、それぞれ次のように述べられている。教門翰林院は、「アルシェウェーク管轄寺院」と同じで、プロテスタントについては別にストラスブールにある。法門翰林院はパリ、ディジョン、グルノーブル、エクス・アン・プロヴァンス、トゥールーズ、ポアチエ、レンヌ、カン、ストラスブールにある。医門翰林院はパリ、モンペリエ、ストラスブールにある。理門翰林院はパリ、ブザンソン、ボルドー、カン、クレルモン、ディジョン、グルノーブル、リール、リヨン、マルセイユ、モンペリエ、ナンシー、ポアチエ、レンヌ、ストラスブール、トゥールーズにある。文門翰林院はパリ、エクス・アン・プロヴァンス、ブザンソン、ボルドー、カン、クレルモン、ディジョン、ドュウェー、グルノーブル、リヨン、モンペリエ、ナンシー、ポアチエ、レンヌ、ストラスブール、トゥールーズにある。

これを見ると、たとえばパリやストラスブール、モンペリエには、すべての翰林院があり、都市全体として総合大学としてのまとまることのできる環境にある。実際これらの地の大学は中世以来の大学の伝統を受け継いだものである。ところが、ここでは翰林院ごとに独立したものとして捉えられており、このことは当時の日本人にとって西洋大学を理解するうえで何らかの影響を与えているのではないだろうか。手塚武彦は『大学の歴史』の中で、フランスの近代大学について、「学部が高等教育・研究の基本的な機関であり、地理的に近いものがまとまった連合組織が大学とされたのである。すなわち、ひとつの大学が設けられてそれがいくつかの学部から組織されるという形ではなく、まず学部が設けられてそれがいくつか集まって大学の名をつけているわけである。したがって、「学部」はむしろ「分科大学」と訳したほうが実態に近い」と述べている。(37)『佛国学制』三篇が刊行されるのが明治九年のことであり、翌年に東京大学が成立することとあわせてみると、独立した専門機関である東京開成学校と東京医学校が統合されて東京大学になることを妨げない理由として理解できよう。

次に、学位についてみてみよう。『佛国学制』の中で学位については「品級」という用語で説明されている。その部分を翰林院総論の中から引用してみよう。

品級ハ、生徒学術成業ノ証ニシテ、其勉学セシコト、試験ヲ経タリシコトヲ示ス者ナリ、翰林院ニ於テ品級ヲ得ザレバ、某職某業ヲ営ムコトヲ許サズ、法門翰林院ニ於テ品級ヲ得ザレバ、裁判官吏等トナルコト能ハズ、医門翰林院ニ於テ品級ヲ得ザレバ、医業ヲ営ムコトヲ得ズ、教門翰林院ニ於テ品級ヲ取ラザレバ、高僧トナルコトヲ得ズ、是レ右ノ諸職ニ有用ナル学術ノ成業ヲ保証スルガ為メナリ[38]、

ここでは「学位」を「品級」と呼んでいるが、これは『明治職官沿革表』の中で学位称号についての断り書きで「品階ヲ定ムルモノ」とした「品階」と同義的に使っているのであろう。推測であるが、すでに学制頒布後のことであり、学位称号といった法律用語が確立した後で、その語を用いていないのはやや気にかかるところであり、この翻訳の原本が学制頒布以前であった可能性がある。

学位の種類については、先に掲載した目次にあるように、「バカロレア」「リサンス」「ドクトラー」としている。また、五種の翰林院ごとにそれぞれの学位の取得方法について、学修内容、試験、論駁などを紹介している。そして、フランスの学位授与方法を次のように記載している。

品級ノ免状ハ、国王ノ命ヲ以テ之ヲ出シ、翰林院長之ニ答名シ、大学長官之ニ検印ス、但シ長官若シ其免状ヲ以テ定則ニ違フコトアリト思ハヾ、検印セザル権ヲ有ス[39]、

ここに述べられたフランスの学位授与は、ナポレオン帝政のもとでの勅令によるものを紹介している。つまり、フランスにおいて学位の授与は、「分科大学長」に相当する翰林院長の署名と文部大臣を兼任した大学長官の検印とをうけて勅命として公布されるものである。これは個別の大学において学位を授与するアメリカやドイツなどの大学とは明らかに異なる。

そしてこの影響を当時の日本が受けていたことは紛れもない事実である。学制第百八十八章には「学士ノ称号ヲ与フルモノハ大学等ヨリ具状シ文部卿　奏聞ノ上之ヲ補ス」とあり、大学から具申を受けた文部卿が天皇に上奏するものとなっている。このような天皇への上奏については、東京大学創立後、学位授与権が大学に移行された後には削除されたものの、文部卿の署名検印についてはその後も継続されている。つまり学位とは、国家の認証したものであることを明確にしているのである。

外国からの影響はどのように形で受け入れられたのか

このように、『佛国学制』と日本の学制やその後の東京大学を見ると類似性は確かに認められる。しかし、では当時の日本の大学はフランス型の大学になっていったのであろうか。繰り返しになるが、明治一〇年の東京大学の創設は、東京開成学校と東京医学校の合併によって行われたものであった。この両校は、もともと別の沿革を持ち、学校の目的も運営に関しても異なったものであった。このことのみを見ると、フランスの大学の影響で東京大学が成立したように見える。しかし果たして事はそう単純ではない。そのことを示すために、東京大学創設当時、東京医学校のお雇い外国人であったベルツの残した日記から、この時期の状況を見てみよう。次に引用するのは明治一〇年五月一五日付のもので、西南戦争についての記述の後、東京大学創設について記載した部分である。

いまひとつの出来事——われわれの小さい社会内の一小革命だが、今度は政府自身がまき起こしたもので、すなわち医学校と開成学校を合併して綜合大学をつくることである。この改革を決定したとき、関係官庁の念頭にあったのは、明らかに一種のドイツ式大学であった。そこでとにかく四学部が設けられた。このうち、われわれの学校は医学部を構成し、一方開成学校は他の三学部、すなわち理、文、法の各学部を引受けるのである。最初のうち、われわれは想像した——方針はわれわれと反対であって、今度はわれわれのところにも英国式が採用されるのだと。さっさと引き上げるべき時期だ——との意見も少なくはなかった。ことに二、三のものは猛烈に不平を鳴らした。またもや自分は、たった一人で楽観説をとなえたが、結局あとで自説の正しかったことがわかって、満足だった。滑稽なことには、あとでわかったのだが、開成学校の方でも自校に反対の方策であると思っていたのである。同校では、ドイツ人優遇だとの苦情を述べていた！　今では双方とも平静になった。名称が変わった以外には、今までのところ、何もなかったからである。新しい日本人の長官は任命されず、目下不在中ではあるが池田氏が、そのまま医学部長である。(40)

この日記をみると、当時の大学、専門学校運営について、いくつかの雰囲気を読み取ることができる。第一に、東京医学校はドイツ式の学校であったということ。第二は、一方の東京開成学校は英国式とみなされていたこと。第三には、ベルツの目から見て、東京大学はドイツ大学を構想していたと捉えていることである。

東京医学校がドイツ式の学校となったのは、明治四年にドイツからお雇い外国人として陸軍軍医正レオポルド・ミュレルと海軍軍医テオドール・ホフマンの来日によって、医学教育改革を行ってからである。もともと医学校は、幕末の蘭医によって講義がなされていたものであったが、維新後、英米語学の流行と英国公使パークスの推挙によるウイリアム・ウィリスの雇用によって、英米流の医学に傾斜していた。しかしながら、学術上の医学の地位はドイツによらねばならないという立場から、医道改正御用係岩佐純、相良知安の献策と政府の判断によってドイツ人お雇外国人の採用になったのである。[41]

一方の東京開成学校は、もとの大学南校以来、英語、仏語、独語の三科による普通教育を行っていたが、専門教育機関として東京開成学校に改変するとき、各専門学科に英仏独三科を併置するか、特定外国語にするかといった議論の中で、専ら英語によるとされたのである。こうした通用外国語の問題から、東京大学創設時にお雇い外国人の間で、自校とは別のものになるのではないかといった不安があったようである。

どの国を採用するかの問題

この時期、どこの国の影響下に大学を創設するかは大きな課題であったといえよう。東京大学が創設された直後の時期に文部卿となった寺島宗則のもとに、明治一二年九月二九日、英国香港政庁長官であるJ・B・ヘンネッシヒから次のような要望が寄せられた。

小生はここに敢て貴下および貴下の同僚に対しまして、貴国の内政問題につき、たとへ多くの理由があるといたしましても、申し上げようとは思ひませぬ。しかし、貴下ならびに他の日本の各位は、自己の国民が何を欲し、何に関心をもち、何を希望するかにつき他の如何なる外国人よりも、一層よく知っているのであります。しかし、小生はただ単にヒントを申上げる程度に止まりましたが箱（函）館において、小生は教育問題にふれ、アメリカの教育制度を優先的に認めてはならないと申上げたのであります。（略）陸軍、海軍および警察官が他の文明諸国のそれと同じようなユニホーム（制服）を着用することが有利であることは、たやすく理解されます。しかし、なぜ日本の婦人が、自分たちの立派な衣服があるのにかかわらず、パリ、ロンドンの夷狄の野蛮なそして、奇妙な流行の服を身にまとわなければならないのか小生は理解できないとこ

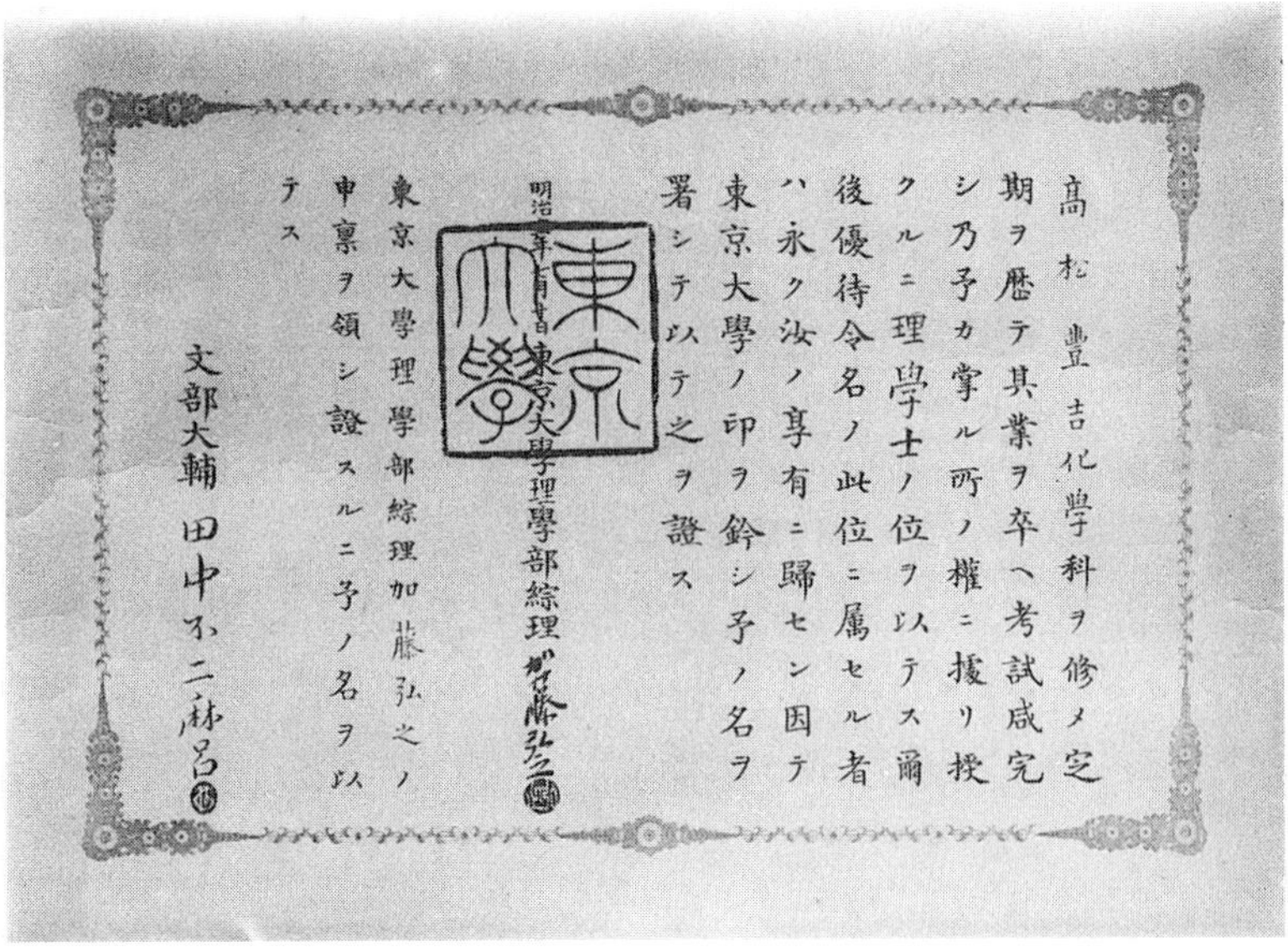
高松豊吉化學科ヲ修メ定期ヲ歴テ其業ヲ卒ヘ考試咸完シ乃予カ掌ル所ノ權ニ據リ授クルニ理學士ノ位ヲ以テス爾後優待令名ノ此位ニ屬セル者ハ永ク汝ノ享有ニ歸セン因テ東京大學ノ印ヲ鈐シ予ノ名ヲ署シテ以テ之ヲ證ス

明治[illegible]年七月十日　東京大學理學部綜理　加藤弘之

東京大學理學部綜理加藤弘之ノ申稟ヲ領シ證スルニ予ノ名ヲ以テス

文部大輔　田中不二麿

学位記（東京大学）（出典：『東京帝国大学五十年史』）

ろであります。（略）小生がこのように、外国の事例に従うことがあまりに多すぎると申上げましたが、小生が参観いたしました東京大学において、教鞭をとるアメリカ人の教授達を公平に評価しますと、まさにそのように見られないでしょうか[42]。

ここには、イギリス人から見た東京大学のアメリカ人教授に対する批判的な目が見受けられる。この要望書からでは、具体的な内容についてはつかめないが、日本の実情と合わない外国の事例の踏襲があったのだと推測できよう。また、この時期は、東京開成学校の創設時期に比べて、お雇い外国人の人数で英国人が減少し米国人が増加へと変化していた時期でもあり、イギリス人のアメリカ人に対する批判もあったと考えられる。

アメリカの教育に対しては、田中不二麿や森有礼が信奉していたこともあり師範教育を中心に受け入れられていった経緯があるが、しかし批判もなかっ

たわけではない。たとえば、明治五年二月一二日付、大木喬任宛中島永元書簡には、

当合衆国に於ては只様文明之弊に流れ徒に不羈自由而已を唱へ、己あるを知て国家あるを不知勢に移行、随而留学之生徒は不及申在之諸官員自然共和風に吹れ、無識之輩種々悪説を唱出言語道断不可言次第に御坐候。依而米人御雇入之儀は暫く御見合可然奉存候。勿論以後米国留学は一人も御許無之様奉存候。[43]

とある。これは、大木喬任に対して、森有礼弁務官からアメリカの教育制度を用いるべきとの建議があるが、今後、遣欧使節の大久保利通や伊藤博文が帰国後には物議を醸すと思われるので、引用文の通り、アメリカへの留学や米人お雇い外国人の採用はしないように求めている。特にここで注目すべきは、国家観について「己あるを知て国家あるを不知」といった点であろう。

アメリカの大学そのものについても、明治三年に小幡甚三郎訳の『西洋学校軌範』において、コロンビア大学の規則を紹介している。ここでは、「ハコルチー」すなわちファカルティーを「大学士」と訳し、教員団の紹介をしている。その後の項で「アカデミック、スチュデント」を「尋常学生」、「ロー、スチュデント」を「法律学生」、「メヂカル、スチュデント」を「医学生」と訳し、続いて修業方法などを記載している。[44]ところでこの規則の最初は、「チユルスチー」から始まる。すなわち理事会（trustee）である。この段階ですでに他国とは異なる理事会運営による大学というアメリカの独特な大学制度を知っていたことがわかる。そして、こうした理事会運営による大学は、国家の枠組みに組み込まれているフランスの大学とは異なったものとして理解されたであろうし、こうした大学は、日本の国家観からしてみると受け入れがたかったのであろう。

イギリスからはアメリカに対する批判の目があり、日本人としてもアメリカに対しては判断を保留した向きもあった。また、お雇いドイツ人とお雇いイギリス人の間でも互いに牽制し合う向きもあった。このようにどの国

の文化制度を導入するかといった点は、外交上難しいものがある。こうした点は、すでに幕末に幕府がオランダから軍事教官を雇い入れるときに経験しており、当時のオランダ政府は、英米などに敵対行為をさせるために軍事教育をしていると誤解されないため、日本人は個人の資格でオランダ人を雇い入れるよう献策したという(45)。つまり、明治維新期の為政者は外交上の観点から特定の国家に傾くことを避け、個別の外国人を通じて制度や文化を導入したのである。このことは、大学や学問に関しても同様であった。

したがって、日本の大学においては、個々の学問分野に関しては採用したお雇い外国人の国籍などから、さまざまな影響を受けてきたものの、制度全体に関しては、国家制度に組み込まれていたフランスの大学制度にそれなりの親和性と影響がある以外は、特定の国家の制度を導入するということは無かったのである。

Ⅳ　日本近代における大学構想の特徴

これまで見てきたとおり、日本の近代大学の特徴は、古代大学寮を制度的に模倣して形成されたところにあった。このことは、太政官制の官司（役所）の域から出ないものであった。それは、西洋大学の最も典型的な特徴とされている学位制度というものを、日本的な解釈によって理解していたことからも言えるのではないだろうか。そもそも中世以来の西洋大学における学位とは、職業ギルドにおいて通用する資格的なものであった。大学においては、教授資格であり、その他法曹、医学、神学の世界でも職業資格や職階と直結するものである。しかしながら、日本では、官制に位置づくものとして大学を捉えたため、この学位についても、官職に関わる位階制度と類似させて理解しようとしたのである。

こうした官制と大学に関する問題について、ここでは角度を変えて再検討してみたい。

学位から見た近代大学の特徴

次に示す史料は、明治一四年四月二一日に文部省が太政官に対して、文部省職掌章程並びに事務章程の改定に対して内容の確認を行ったものである。

第五条ニ学位称号ヲ与フル事ト有之本條ハ学位ヲ授クル其学科ヲ履修シ若クハ其試業ニ合格スル條規ノ制定ヲ指示シ候儀ニテ某学生某学科ヲ卒業シ某試業ニ合格スル毎ニ某学位ヲ某誰ヘ授クルト否トヲ経伺スル儀ニハ有之間敷蓋シ学位ノ如キハ官吏ノ任命叙位授勲等ト其性質ヲ異ニシ独其学力ヲ表章スルニ過キサル者ナレハ固ヨリ政府ノ特旨ニ出ルモノニモ無之其学力優等ニシテ試験ニ合格シ学位ヲ受クルニ適応スル者ニハ必ス之ヲ授与スルニアラサレハ甚タ不都合ノ儀ト存候條傍以テ本條ノ意ハ無論其條規ノ制定或ハ釐革ニ止リ候儀ト心得可然哉(46)

この「文部省伺」が出されるに至る背景はこうである。太政官において明治八年に「職制章程」が定められ、文部省についても定まった。そこでは、第二十条で「学位称号ヲ付与スル事」が文部省事務の一つとされたのである。これは、明治一三年一月二九日の職制章程の改正で「学位称号ニ関スル通則ヲ制定スル事」となった。すでに、このときは東京大学が創設された後であり、明治一一年より東京大学に学位授与権が与えられていたからである。ところが、明治一三年一二月二日に再度の職制章程の改正があり、再び「学位称号ヲ与フル事」とされたのである。こうした経緯から、学位についての伺が上申されたのであった。

「文部省伺」の内容を見ると、文部省の事務権限は、学位に関する条規の制定と改革についてであり、誰に学位を出すかなどではないと理解しているが、それでよいかたずねている。この考えを補強するため、「学位ノ如キハ官吏ノ任命叙位授勲等ト其性質ヲ異ニシ独其学力ヲ表章スルニ過キサル者ナレハ」といい、わざわざ叙位叙勲と比較してその相違を述べている。このことは、この時期学位について位階や勲位と混同する向きがあったことを傍証するものといえるであろう。また、学位は「学力」といった捉え方もしており、「文部省伺」にある「学力優等ニシテ試験ニ合格シ学位ヲ受クルニ適応スル者」とは、当時、東京大学では卒業者すべてに学位称号を授与していたのと比べて、文部省の理解はそのハードルを高くしている。この時期、工部大学校では、卒業生のすべてに学位を与えることはせず、「それは優等生に限られ、之を受くる者は十の二を出ず、他の多数は無称号であった」といった扱いをしていた(47)。この時の文部省の考え方は工部省と共通させようとしたものといえよう。

日本における当時の学位が成績と結びつけられたことと位階や勲位と混同していた理由はどこにあったのだろうか。やはり、ここでも日本においての解釈が、律令制度の解釈を適用したからだと考えざるを得ない。それは、養老令の選叙令において、大学寮の出身者に対しては、成績によって任官時の位階を定めた規定があったのである。たとえば、秀才の出身で成績が上々のものには正八位上、上中のものには正八位下といったものである。こうした律令規定を近代の大学における学位を解釈するのに用いたと捉えられよう。

太政官と近代大学

この「文部省伺」は、文部省と太政官との関係についても示唆してくれている。それは、太政官において職制章程を定め、それを文部省へ達として送られてくるのであるが、疑義があれば、伺を上申することができるというものである。『法規分類大全』によれば、このとき伺に関する質問が太政官法制部から文部省へ寄せられたようである。それに対する回答が、「文部省ヨリ法制部へ回答」として残されている。そこには、文部省としては「学位ハ東京大学ニ於テ授与スルモノトス」といった文部省内での規定を記載した書類と共に回答したとされている。こうした回答を受けて、太政官の指令が、明治一四年五月二十三日付で「伺ノ通」としておくられてきている[48]。

この往復を見る限り、重要事項に関しては、あくまで太政官の指示を仰がねばならないということが分かる。ここに出てくる法制部とは、明治一三年の太政官の機構改革で省を超えたものとして参議が統括する部署のことである。こうした決済処理は、省を超え太政官としての統一性を生み出すこととなった。さらに明治一四年の官制改革では、主管事務に関することは各省卿の副署による責任体制を確立させ、複数の省に亘る事務は各省卿の連署が必要とされたのである[49]。そしてまさにこうした時期に、専門学務関係の改変が行われ、工部大学校や司法省法学校は東京大学に吸収されていったのである。

この後、明治一八年には、それまでの太政大臣、左右大臣、参議、省卿を統合した総理大臣及び各省大臣が誕生し、行政が一体化された内閣制度が確立した。これに連動した形で翌明治一九年に東京大学が改変され、帝国大学が設置されたのであった。

おわりに

本稿は、明治初期の近代大学構想について、大学寮からの影響を機軸に分析したものであった。これまで、大学とは西洋中世に起源を持つものであり、その特徴的機能が世界中に拡散されていくものとして捉えられていた。もちろん、それ自体は誤りではないが、植民地域を別として、歴史的な重層性をもつ国家・地域において、西洋型の大学がそのまま移入されていくものであるのか甚だ疑問をもたれる向きもあるのではなかろうか。

西洋の中世大学の持つ特徴は、本稿で取り上げた学位以外にも多くあげられる。たとえば、試験制度であり、学科課程であり、学生のもつ休暇や通行の自由もある。しかし、こういったものも実は、古代の学令をみればすでに存在しているものである。中国や日本その他東アジアの律令国家においては、学令によって大学的機関は七、八世紀には形作られていたのである。但し、こうしたものが近代に至るまで形を変えることなく存在したのではなく、多くは一旦消滅してしまったのであった。しかしながら、近代日本は王制復古の下、古代制度を近代的制度に組み替えることによって再登場させることとなったため、こうした日本の近代大学は古代大学寮の制度的枠組みの中で、西洋の学術・文化をはじめとしてあらゆる先進的なものを矛盾しないように日本的解釈をしつつ取り込んでいったのだといえよう。

もともと西洋大学は、中世のギルド社会を背景として成立したため、独立した組合意識をもったものである。これに対して、日本の大学は、古代大学寮を模倣しながら近代太政官制度の機関として成立したため、国家機関の一部であるとの意識から逃れられないでいる。まさにこうした意識が、現代においても、二〇〇〇年の省庁再編と時を同じくして、公務員の人員削減と連動した形で国立大学の独立行政法人化（国立大学法人）としての改革が行われたこととも無縁ではないといえよう。

（吉村　日出東）

引用文献・参考文献

（1）大久保利謙『日本近代史学事始め』岩波新書、一九九六年、七二―八二頁

（2）寺﨑昌男「学位制度および修史事業」（海後宗臣編『井上毅の教育政策』東京大学出版会、一九六八年）、「学位―どう変わってきたか」『プロムナード東京大学史』東京大学出版会、一九九二年
（3）『法令全書（明治年間）』第一巻、内閣官報局編、（復刻）原書房、一九七四年、四頁
（4）『学習院史』学習院、一九二八年、一四頁
（5）前掲『法令全書』第一巻、二五八頁
（6）前書、二九五―二九六頁
（7）前掲『法令全書』第二巻、三三六頁
（8）前掲『法令全書』第一巻、二九六頁
（9）前掲『法令全書』第二巻、一三―一四頁
（10）前書、二一〇頁
（11）川嶌眞人『蘭学の泉　ここに湧く』西日本臨床医学研究所、一九九二年、二〇三―二〇四頁
（12）『新訂増補国史大系　律　令義解』吉川弘文館、二〇〇四年、三九頁
（13）前掲『法令全書』第二巻、二五六―二五八頁
（14）大久保利謙「皇・漢両学所の興廃」『明治維新と教育』（大久保利謙歴史著作集第四）吉川弘文館、一九八七年
（15）前掲『法令全書』第三巻、八〇―八一頁
（16）前書、七九頁
（17）前掲『法令全書』第六巻ノ二、一九七五年、一五〇四―一五〇五頁
（18）前書、一五一五頁
（19）早川庄八『日本古代官僚制の研究』岩波書店、一九八六年、四一〇―四一二頁
（20）原口清『日本近代国家の形成』岩波書店、一九六八年、一二九頁
（21）『明治以降教育制度発達史』教育資料調査会、一九三八年、一九六四年重版、三五五頁
（22）『松菊木戸公傳』下、明治書院、一九二七年、一五四三頁
（23）『秘書類纂　官制関係資料』原書房、一九六九年、四三―七八頁
（24）『明治職官沿革表』合本1、原書房、一九七八年、七八頁
（25）前掲『法令全書』第六巻ノ二、一五〇七頁
（26）『旧工部大学校史料・同附録』青史社、一九八七年、七四頁、三五三―三五六頁

(27)「司法省沿革史」『法曹記事』第弐拾五巻第五号、第六号、第八号、第九号、第十二号、第弐拾六巻第一号、一九一五年、一九一六年
(28)『東京帝国大学五十年史』東京帝国大学、一九三二年、三三三頁
(29)前書、二八六頁
(30)前掲『新訂増補国史大系　律　令義解』、三六頁、五一頁
(31)『新訂増補国史大系〈普及版〉続日本紀』吉川弘文館、一九七四年、一二一―一二三頁
(32)前掲『明治以降教育制度発達史』、三五五―三五六頁
(33)尾形裕康『学制実施経緯の研究』校倉書房、一九六三年
(34)海後宗臣「佛国学制解題」『明治文化全集』第十八巻、日本評論社、一九六七年第二版、一六頁
(35)『佛国学制』第三編巻ノ一、文部省、一八七六年、和綴一―二頁
(36)『新訂増補国史大系　続日本紀』前篇、吉川弘文館、一九七四年、一二一―一二二頁
(37)手塚武彦「フランスの大学」『大学の歴史』(『学校の歴史』第四巻)第一法規出版、一九七九年、二九八―二九九頁
(38)前掲『佛国学制』第三編巻ノ一、和綴一―二頁
(39)前書、和綴二頁
(40)トク・ベルツ編、菅沼竜太郎訳『ベルツの日記』上、岩波文庫、一九七九年、六七―六八頁
(41)石黒忠悳『懐旧九十年』岩波文庫、一九八三年、一七二―一七六頁
(42)『寺島宗則関係資料』下巻、示人社、一九八七年、六二九頁
(43)『伊藤博文関係文書』六、塙書房、一九七八年、九九頁
(44)『西洋学校軌範』巻ノ下(前掲『明治文化全集』第十八巻に所収)
(45)梅渓昇『お雇い外国人　明治日本の脇役たち』講談社学術文庫、二〇〇七年、四四頁
(46)『法規分類大全　官職門十四』内閣記録局、一八九一年、四八頁
(47)「学位に関する争議」前掲『旧工部大学校史料・同附録』、八六頁
(48)前掲『法規分類大全　官職門十四』、四八―五〇頁
(49)鈴木安蔵『太政官制と内閣制』昭和刊行会、一九四四年、八三―九三頁

第七章　「学部」と「学位」を見なおす
――日本への導入と変貌の歴史から――

はじめに

日本の大学は、一九世紀後半にヨーロッパ・アメリカの大学制度を吸収して成立した。すなわち欧米近代大学制度がいわば成熟を遂げ、あるいは近代化を完成しようとしていた時期に、世界大学史に参入した。一四〇年経った現在、当時導入された諸制度のあるものは継承され、あるものは著しい変貌を経ている。しかし、現在まで継承された制度といえども、ある種の変貌を経験せざるを得なかった。そしてその変貌自体が、大学・学問研究・教育の二一世紀にかけての揺らぎを象徴する。他方、すでに制度的変貌を遂げながらも、実はその制度の原型が象徴した――正確にはその制度の導入によって生まれ、または強化された――意識や観念は大学関係者や学界に色濃く残り、大学運営に実質的影響を残している。

その代表的な例として「学部」「講座制」「学位」を挙げることができる。

「学部」は、文字通り日本製のタームとして成立したが、それに対応する欧米特にドイツでの実態も多様かつ不定型であった（横尾、二〇〇〇）。そのために日本における意味理解も多様であり、科学技術と大学の変化という圧迫のもとで、今日も内容や形態は動揺を免れない。

とりわけ注目すべきは、一九九〇年代以降の大学設置基準「大綱化」の時期を過ぎたころからその名称は著しい変化を遂げ、今や明治期以来の慣行を全く脱して、「作られ方」の原理そのものが変質を遂げたのではないかと思われることである。筆者は、そのような変貌の背後に大学の経営主義だけを見るのでは不十分ではないかと考えている。実は専門学そのものが迫られている変貌と社会的意義、さらには専門学を支える若い世代の学問意識が変質しつつあるのではないか、という仮説を抱いている。

一方、「講座制」は、ヨーロッパ諸国の大学における既成制度への正確な理解を経て導入された。ヨーロッパにおける起源は、学部制度より古い。しかし導入時には、日本の大学の官僚制的構造のもとで文部大臣による学問政策の一方法としても機能した。くわえて、その後の展開のなかで、講座は、大学内部の教員の人的組織の骨格をなすシステムとなり、特に教員の階層制を強化し封建的な上下関係に立つ教官人事システムをサポートするものとして機能した。一方また、研究・教育の流動性への強い壁になったために絶えざる批判を免れず、特に一九六〇年代末の大学紛争時には学生たちの激しい批判対象となった。ところがこれと併行して、大学内の実態においては原形をとどめないほどの変貌と多様化を遂げ、近年に至って制度上は消えた。

「学位制度」のヨーロッパ的起源は講座よりもさらに古い。しかし明治以後の日本の大学は、この制度を、講座制よりやや早く、しかも「博士」という単一の呼称に収斂させる方向で移入した。そしてその後の展開は、「大学院」というもう一つの制度との関連（または非関連）という形で行われた。すなわち、学位は世界大学に最も普遍的な制度であるにもかかわらず、日本への移入と展開は、逆に極めて特殊的である。変遷の大きさとそれを巡る社会的意識という面からは、三つの制度のうち最も変化の大きいものではなかったかと思われる。大学院制度と合わせて考えるのが順当であろうが、本章では学位制度の方に焦点を当てて展望・考察してみよう。

以上の三つの制度は、一世紀以上の期間、日本の大学の近代化に貢献してきた。とはいえ、実はその理解において多様かつ曖昧な部分を含み、また修正や変遷も経験してきた。それゆえに、両者の変遷と評価、周囲からの反応等を精細に分析すれば、それは単に両制度の個別史たるにとどまらず、実は日本の近代大学の歴史的性格の総体を掘り下げることになるのではないかと考えられる。

筆者はこれまで以上の三者のうち特に講座制の導入について、さまざまな機会に研究を公にしてきた（海後編、一九六七、寺﨑、二〇〇〇）。また高等教育制度史を含む通史も参考になろう（天野、一九八九）。そこで本章では、現在もなお有効に機能している「学部制度」と「学位制度」の二つを取り上げることとする。

その両制度について、

① なるべく正確な史的変遷を概説するとともに、
② その変化と修正が語る日本的事情を究明し、
③ それぞれの今後の課題を指摘する、

という視角から整理して共同研究の課題に応えよう。

Ｉ　「学部」制度

(1)　初期東京大学の「学部」

日本の「学部」制度は、一八七七（明治一〇）年に先ず東京大学において実現したと信じられてきた。この年四月一二日に太政官が東京大学設置を布達したとき、次のように記されていたからである。

「東京大学ニ四学部ヲ置《おく》　旧東京開成学校ニハ文学部理学部法学部ヲ置旧東京医学校ニハ医学部ヲ置《おき》候事」

東京開成学校はその昔大学南校と称し、東京医学校は幕末の種痘所以来の流れを引く学校だった。それらに文・理・法学部を置き、また医学部を置くというのだから、これが日本の大学における「学部」の始まりだと考えられても不思議はなかった。多くの教育史・大学史概説書は、東京大学の発足をもって「四つの学部が設けられた」というように記述している。同じころ、工部大学校や司法省の法学校、駒場農学校、札幌農学校といった専門教育機関が発足したが、それらの組織規定には学部という語はなかった。

しかし、東京大学内の諸資料を検索し、併せて管理運営制度を詳細に調べると、右の記述は誤りである。第一に、東京開成学校の後身として置かれたはずの文・理・法の三学部は、しばしば「法理文三学部」とか「法理文学部」というように一括して呼ばれていた。しかもその三学部には一人の「綜理」がいて、それは新設東京大学の二人の綜理の中の一人だった。すなわち、当然東京医学校の後身にも綜理が存在したことになる。前者には加藤弘之、後者には池田専斎が任命されていた。くわえて、四つの学部には学部長という職はなく、「長」がいるだけであった。

これらは異様な制度であった。

第一に、一大学に二人の学長がいるということはおかしい。果たして東京大学という大学は、一大学だったのか。第二に、学部に「学部長」がいないとはどういうことか。果たして独立体としての学部だったといえようか。第三に、独立性という観点から見れば、「法理文三学部」というように一括して束にした呼称もおかしい。後世の大学学部でこのように呼ばれた例はない。法文学部や理工学部は生まれたが、それらは複合分野で構成される一学部であった。

このような疑問をもって推察すると、答えは限られる。

一つは、この時期の東京大学は、校地の分散（法理文学部は神田一橋、医学部は和泉町）から見ても、一個の綜合大学ではなかった。二つの文部省立学校を便宜的に統合してかりに「東京大学」と称した複合的高等教育機関であった。それゆえ、先の布達にいう「四学部」の「学部」とは「一つの専門学を教授する部局」というべきタームである。もちろん、東京大学を設置した文部省の「部局」のことであった。

以上の説を裏書きするものに、「部」という言葉がある。太政官の組織の中で「部」とは官庁のセクションを意味した。すなわち、東京大学に開設された「学部」とは、「ある領域の学問の教授を担当する部局」という意味だった。従って初期東京大学には「学部長」は置かれず、「部長」だけが置かれた。文部省と東京大学が一体のものであった当時、例えば「文学部」を「文『学部』」と見なすことはそもそも誤りで、「文学『部』」と読むべきなのである（寺﨑、二〇〇七）。

下って一八八一（明治一四）年には学内制度が大幅に変わり、二人いた綜理は全学で一人の「総理」になり、加藤弘之がその席についた。従って彼は統合された総合大学である東京大学の初代学長ということになるわけであるが、その後も一八八六年まで「学部長」職は置かれなかった。

右と同じ一八八一年には、初の全学的総合的管理運営機関として「東京大学諮詢会」という学長諮問会議が発足した。だが、そこにも医学部長や文学部長の席はなく、ただ「部長」たちが加わっているだけだった。メンバーには教授や嘱託講師などが多数いたが、その会議は、後の評議会などと違ってあたかも「省議」の席というにひとしかった。

要するに、この時期、大学のなかに後世いうところの「学部」というものは存在しなかったのである。

(2) 帝国大学分科大学の発足

「学『部』」の時代の後には、「分科大学」の時代が来た。

内閣制度を発足させた伊藤博文は、初代の文部大臣に森有禮を起用し、協力して帝国大学制度を発足させた。東京大学には工部大学校・司法省の法学校・駒場農学校などの官立専門教育機関が統合され、さらに大学院を併置する「帝国大学」という名の大学になった。

帝国大学はこの後京都、仙台、福岡、札幌、というように拡大して行ったが、それらの基本組織も「分科大学」であった。分科大学は、教育組織としてはアンダーグラジュエート段階を担当したが、東京大学その他の専門教育機関が持っていた、修了者に「学士」という学位を与える権限すなわち学位授与権を失った。本章Ⅱで述べるように、帝国大学が持つことになった権限は、新設の大学院の課程修了者に「博士」という学位を与えることだけとなった。

かつての「学『部』」から分科大学が引き継いだのは、学内的位置の法制上の低さである。すなわち分科大学は、大学院と並んで「帝国大学」の二大構成機関であり、その各々に「職員」を持つ独立体の形をなしてはいた(帝国大学令十一条)。しかしその「長」である分科大学長は、「帝国大学総長ノ命令ノ範囲内ニ於テ」分科大学の「事務ヲ掌理」する権限しか与えられなかった。「教頭」という職も置かれたが、その職務は「教授及助教授ノ職務ヲ監督シ及教室ノ秩序ヲ保持スルコトヲ掌ル」というものだった。帝国大学内には「評議会」という新設の運営機関が置かれたが、そのメンバーは文部大臣の直接任命によって決まるもので総長による選任権さえ持たず、従って分科大学の組織と関わりはないものになっていた。そして総長自身の権限もまた「文部大臣ノ命ヲ承ケ」(帝国大学令六条)大学を運営することにとどまっていた。

すなわち、帝国大学の管理権限は、文部大臣（およびその命を受けた総長）による一元的な支配を可能にするシステムにほかならなかったのであり、分科大学はその下端に位置する機構に過ぎなかった。また教授たちは、社会的にはともかく制度的には「帝国大学教授」ではなく、「法科大学教授」「理科大学教授」等であった。

このシステムは、以後約七年間つづいた。その終わりの点で、各分科大学には教授会が発足し、また講座がおかれた（一八九二年＝明治二六）。この二つの制度がどのような政治的判断によって生まれ、またそれらが帝国大学の自治的性格にどのように反映したか、さらに後の帝国大学の自治のいかなる基盤になったかは、筆者の既刊書に譲る（寺﨑、二〇〇〇）。初期帝国大学制度における分科大学は、少なくとも法制度上は、「行政機構上のセクション」という性格を継承し、しかもかつての「学『部』」に比べると割拠性の強いセクションであった。

この割拠性が「学『部』」との微妙な、しかし後世重要な意味を持つ違いであった。すなわち、分科大学は大学院と並んでともかく大学の中の確然たる教育組織であった。さらにまた教授および助教授、舎監、書記は「分科大学の職員」であった。すなわち、分科大学は、おのずから「学術技芸」の内容をなす「専科ノ学」の学者・教授者の所属機関であるとともに、彼らの帰属集団という性格を次第に強く持つことになった。他方、帝国大学そのものの職員は、総長以下評議官、書記官、書記にすぎない。それはいわば行政組織そのものである。これに比べれば、分科大学は教育（大学院生および分科大学学生の教育）と教授の研究の舞台たる「教場」をつかさどる大学現場の管理組織であった。

先述のように文部大臣を頂点とする権限とヒエラルヒーとを持つ帝国大学の制度とこの実態とは、矛盾した。

矛盾に気付いたのは、有能な法制官僚であるとともに欧米大学制度への調査研究を怠らなかった第六代文部大臣井上毅であった。彼のもとで、講座制の導入が起案され、また分科大学教授会の制度化が実施された（寺﨑、二〇〇〇）。

（3）「教場」の自治

こうして、日清戦争下の財政難にもかかわらず実現した講座制・教授会は、その後の大学の自治の堅固な制度的基盤に転じて行った。

視点を変えれば、行政機構である「帝国大学」の管轄下におかれた分科大学は、行政支配によって無限にコントロールされうる位置に置かれながらも、「学長」までも持つ独立性を保障されたことによって、学者集団形成の基盤に転じていったことになる。平たく言えば、憲政国家の建設と社会の近代化を推進するために政府がつくった帝国大学内部に、アカデミズムを身につけた「鬼子」の集団が、分科大学を基盤に生まれたことを意味した。分科大学が行政権力との間に深刻な緊張を生み出したのは、大正期に入ってからである。京都帝国大学で総長澤柳政太郎と法科大学教授団の間に起きた周知の「澤柳事件」について詳述する必要はないであろう。総長が各分科大学の頭越しに行った七人の教授に対する休職発令処分は、法科大学教授団による激しい抗議を招いた。ただし当時「教授団」という制度が存在したわけではない。しかし「法科大学教授会」に基礎を置く教授たちは、そもそも大学教授の人事は教授会において審議されるべきもので、総長といえども恣意的に行使すべきものではないと抗議した。結局、当時の文部大臣・奥田義人と教授団との間に東京帝国大学法科大学教授二人が仲介して、両者の間に合意が成立した。

「教官ノ任免ヲ具状スルニ当リ総長ガ教授会ト協議スルハ差支ナク且妥当ナリ」

というのがその全文である。

さかのぼって補うと、日清戦争期の井上毅による改革においても、教授会には教官人事権は認められなかった。なぜなら、それを認めることによって、大日本帝国憲法が天皇大権の一つとして規定していた官吏任免権を教授会が侵犯することになるからである（海後編、一九六七）。しかしその後二〇年経っていた。京都帝国大学で澤柳事件が起きるまでの間に、東北・九州・北海道の三帝国大学が新設されていたが、それらの各分科大学の教官人事がすべて各総長の手に掌握されていたと考えるのは無理である。先記の協議はその慣行を確認し、「差支ナク」「妥当」といういわば制度外的な表現のもとに、認可を勝ち取ったものというべきであろう。

以後、戦時下にいたるまで、この文言は少なくとも否定はされなかった。教官選考に際してはメンバーが投票を行って事実上決定するという慣行も、教授会で採用され続けた。ただし、昭和期以降、憲法が規定する天皇大権との関係でこの慣行に批判を向けた勢力があった。それは一九三七年に文部大臣に就任した荒木貞夫である。

荒木は現役の陸軍大将であったから、背後には一九三五年以来の天皇機関説排撃とそれに続く国体明徴運動を進めた軍部および右翼勢力の要求があったと推測される。彼は教授の選考に教授会が無記名投票を行うこと、さらに学長を選挙をもって選出することを大学人による天皇大権の侵犯だと非難し、諸帝国大学の代表者たちと対抗した。

結局のところ、帝国大学側はいくつかの譲歩をしながらも、記名投票形式を取ることまでは妥協せざるを得なかった。その経緯についてもここで深く触れる余裕はない（東京大学、一九八四）。ただし戦時下も学部教授会が教官人事への参画を全く手放すということはなく、また文部大臣の任命権にゆだねるということもなかった。

戦後、文部省が学校教育法（一九四七年三月）を制定したとき、先ず大学には常例として数個の学部を置くことを定め（第五十三条＝当時）、くわえて学部には教授会を必ず設けること、そしてその教授会は「重要な事項を審議する」ものとすること（第五十九条＝同）を定めたのは、当時の文部省当局にもやはり大正期の大学令時代の自治の精神を回復継承するという姿勢があったからだと推測される。そして大学教員の側には「教授会の自治」が「大学自治」の根幹をなすものであり、とりわけ教官（私学にあっては教員）の人事権こそが教授会自治権のすべてであるという観念が浸透したのも、上記のような歴史的経験が生み出したものであった（海後・寺﨑、一九六八）。

（4）学部への批判

組織としての「学部」の問題に戻ろう。

これまで述べたように、一九一〇年代に確認された学部という組織は、戦後復活してあらためて大学制度の基本に位置づいた。しかしその意義と役割が正面から問題にされた経験が少なくとも戦後六〇年間に三度あった。

第一が一九六〇年代後半のステューデントパワーによる教授会権限への批判であった。第二が七〇年代初めの筑波大学設置をきっかけとする「学部に代わる機関」の設置である。第三が近年特に二一世紀に入ってからの大学の流動である。

第一の事件は、六〇年代末の大学紛争の時期に起きた。東京大学の学生たちは大学批判の運動の中で、先ず学部教授会及び評議会が持っていた学生懲戒権に激しく抗議した。ストライキに対する参与・参加、教職員への暴行等に対する教授会や評議会等の懲戒権の行使の仕方およびその質――「教育的処分」という名のパターナリズム――を批判した。もちろん学生たちの立場は一様ではなく、学内における学生の権利の承認を求める立場からのもの、あるいは大学そのものの体制内的存在を批判する立場からのものなど、さまざまであった。しかし、戦後二〇数年の間、大学自治の根幹とされてきた学部教授会・評議会の権限に対して、正面からの批判を行ったのである。こののち、多くの大学では、試験の際の不正行為等に対する処分権は残ったものの、少なくとも「教育的処分」と称される学生処分権は消えた。

学部に対する第二の事件は、紛争直後から政府によって進められた「新構想大学」創設の動きである。東京教育大学の廃止・筑波大学の創設に発するいくつかの新構想大学創設が、一九七三年春から数年間続いた。この間、「学部」という形態に代わる新しい組織が構想され、学校教育法上、次のような条文が成立した。

「大学には、学部を置くことを常例とする。ただし、当該大学の教育研究上の目的を達成するため有益かつ適切である場合においては、学部以外の教育研究上の基本となる組織を置くことができる」（第八五条＝現行）。

「ただし」以下の部分が新しく加わった。この「学部に代わる基本組織」の要件および設置手続き等については「大学設置基準」第六条が規定することとなった。学系、学類、学群等の呼称を持つ組織がいくつかの大学に置かれ、ここに大正期以降初めて「学部を持たない大学」が生まれることになった。

この改変が意図したのは、建前の上では、管理運営権限の集中化による大学運営の効率化であり、また大学組織の有効で弾力的な運営を実現することであった。特に後者の目的を達成するために、従来学部の中の基本組織とされてきた講座制も、新構想諸大学では撤廃された。学部教授会も制度上はなくなり、その権限のある部分は学長、副学長、あるいは上部の管理運営機関に集中された。

もちろんこの改変を促した状況的要因は複雑であった。

六〇年代末の大学紛争の時代に、学生たちの運動に対応する機動的な対応力を大学が持ち得ないこと、全学的意思形成の機能に欠けること、さらに学部教授会自治が強固に過ぎるのをこの際矯正しようとする政略もあったこと、そして学部に発するボトムアップの管理運営作業に対して効率的なトップダウン的意思決定を求める教授たちの希望も強かったことなどが、根強く存在した。その中で、戦後四半世紀の間、大学の自治をめぐって潜在してきた多くの問題を一掃したいという政策が進行したのは否定できない。

一方、この制度改変がその後多くの大学に浸透したかと言えば、そうではなかった。いくつかの大学は「学部に代わる組織」を採用したが、圧倒的多数の大学は、従来の学部教授会を基幹とする大学管理運営方式を変えなかった。

（5） 教育・学問の新事態とプレッシャー

第三に、このような流れに次いで学部制度は最後の動揺を経験している。それは学士課程段階の教育再編の動きであり、以上の改変から約三〇年後に起き、今も続行しつつある。

改変を促すプレッシャーを二つあげることが出来る。

一つは、学部の枠を超えた共通教育・教養教育の創成等が各大学に求められていることである。くわえて大学が「全入」状態に近づくにつれ、「学部を超えた全学的規模に立つ初年次教育」への必要性も高い。

これらのプレッシャーは、伝統的に「学科課程編成権」として認められてきた学部教授会権限を、少なくとも相対化することを要請する。さらに加えて、共通教育・教養教育・初年次教育等の課程の創成や運営は、学部にまたがる複数のディシプリンを持つ教員集団によって協同的に担われなければ成功しない。権限と実態とにまたがるこのプレッシャーは、「閉じられた専門家集団としての学部」という側面に対するアンチテーゼになりうる。そもそも共通教育や教養教育、初年次教育は学生のためにある。とすれば、こうしたプレッシャーは、大衆化し、またユニバーサル化しつつある学生層の力が「学部」という伝統的制度に対してあらためて促している、深部の変質ということができよう。

二つ目は、学部の「質」に関係している。すなわち学部と専門学ディシプリンとの関係に変化を促す性質のプレッシャーであり、端的には学部名称の大きな変動として現れる。近年、日本の大学における学部名称の変化は著しいものがあり、ある新聞は、二〇〇七年一一月時点の調査に基づきつつ、日本の大学の学位記に表示される学士号の種類（同時に学生の学習領域の種類でもある）は、総計で少なくとも五八〇種に及んでいると報道している（朝日新聞、二〇〇七年一一月四日）。また、筆者が二〇〇六年度の『全国大学一覧』を用いて最近数年間の新設学部の中から「従来なかった学部名称」を拾い上げたところ、左記のようなものがあることが分かった。

英語情報マネジメント、アジア太平洋マネジメント、ヒューマンケア、環境創造、情報フロンティア、生命システム工学、システム科学技術、総合リハビリテーション、看護福祉心理、環境情報ビジネス、社会イノベーション、危機管理、ホスピタリティーツーリズム、コミュニティー福祉。

右記の各語の後ろに「学部」という言葉を付ければそのまま現存の大学学部になる。この事態は、設置認可行政への規制緩和が行われているここ数年間に進行し続けており、今後も続くであろう。

もちろん前記の新聞も、また大学内の教員の少なからぬ部分も、この傾向を肯定しているわけではない。なぜなら明らかな経営主義・便宜主義、そして結果としての無秩序が見て取れるからである。命名の背後には、志願者を集めなければサバイバルできないという大学の苦境がある。それを承知しながらも批判が行われるのは、大学にとって市場主義の侵入と経営中心主義の横行が問題であるばかりでなく（例えば中央教育審議会の答申においてさえも批判が表明されている。中央教育審議会、二〇〇八）、こうした名称決定のプロセスが、往々にして透明性を欠いたまま専制的な方法で行われることが多いからである。批判にはまた、これらの名称が従来の伝統的学部名称を大きく踏み外しているという前提もあるようである。そのことを語る文書証拠を挙げることはできない。だが、上記のリストに象徴的な大学の「混迷」を論じる大学人は少なくないし、またこの状況を肯定する議論には少なからぬ抵抗もある。

だが、反論を覚悟で筆者の考えを述べよう。

この変化の背後には学部設置の原理の大きな変質があるのではないか。すなわち「専門領域があるから学部をつくる」という原理から「課題があるから学部をつくる」という原理への転換である。「課題」という言葉が大げさならば、「社会的実践ないし事業があり、それに伴う人材需要があるとき学部はできる」と言いかえてもよい。前に例示した多くの新学部名称に共通するのは、伝統的専門ディシプリンから見て、境界領域、複合領域、超領域的な名称を持つことである。これは、伝統的専門ディシプリンの側から言えばいわばその「液状化」が起きているとさえ言うことができる。そしてまた、その事態は、逆にこれら諸領域の側からの問題提起すなわち「新しい社会的ないし地球的課題が生まれているのに、大学はそれに対応する人材を育成していないのではないか」「専門学は一体何のためにあるのか」という問いかけでもあるのではないか。

先にふれた大学紛争の時代、学生たちの大学批判の一つに「専門馬鹿」という言葉があった。彼らは、これをもっぱら学問研究を公害や社会的問題と隔絶した場で「専門的」に行う研究者・教授集団への倫理的批判として提出した。今は、それに類似する社会的対立テーゼが、学部組織や大学カリキュラム改変という形をとって大学内部に現れつつあるということは出来ないだろうか（寺﨑、二〇一〇）。

その傾向は、特に教養教育のカリキュラムを創造する際に最も鮮明に現れている。なぜなら教養教育のカリキュラムは、①そもそも前提として専門学の束縛を離れた所に成立するコース群であるばかりでなく、②教育内容は必然的に現代的諸課題との緊密な連関のもとに考えざるをえないからである。

筆者は、かつて東京大学の歴史をトピック的に分析した著作のむすびとして次のように述べたことがある。「そもそも学部は現代の学問体系と対応しているのか。学部とは何かを考えることは、大学・学問・教育の全体を考えることになる。しかしそれはもう東京大学史をこえた世界大学史のテーマである」（寺﨑、二〇〇七）。この世界大学史的テーマを比較史的に行う時期は、今である。

Ⅱ　学位制度

(1)　最近の動向

学位制度については先ず最近加えられた大きな改変から見ておくことが必要である。

第一に指摘できるのは、学位の種類の著しい単純化であり、第二に、学位を教育課程と直接に結合させようという政策動向である。この二つは、密接に結びついている。

第一の「単純化」は、一九九〇年から起きた。当時の大学審議会は答申で学位の種類を「学士」「修士」「博士」の三種類に単純化することを提案し、文部省（当時）はこれを受けて、直ちに学位規則を改訂した（一九九一年六月）。この改訂によって、それまで学位規則に例示されていた医学、法学、文学といった、専攻分野に応じた専攻学術名は消え、学位の「種類」というのは、専攻名を除く右の三種類に限定されることとなった。その代わり、それまで学位でなかった学士号が新たに学位の一種として「復権」した。さらに短期大学修了者には「準学士」の学位が与えられることとなった。大学制度との関係で言えば、これも学位の一種ということができる。これに最新設の「専門職学位」を加えるとすれば、学位は五種類となる。

第二にあげた教育課程との結合は、一九九二年に突然起きたわけではない。九〇年代後半以降二〇〇〇年代にかけて次々に進められた大学・高等教育再編の動向のもとで、あらためて強調されるようになった。

大学の教育、大学院の教育及び両者の連関、将来デザイン等に関する答申がいくつ出たか、ここに列挙するのはやめよう。それらを通じて次第に強調されてきたのは、前記の「学位」が教育と学習の到達点であること、それに向かって正課の教育課程が編成されるべきこと、という論点であった。

先ず大学審議会で大学院教育のあり方が示され、次いでいわゆる学部段階の教育改革に及んだ。二〇〇七年以降継続的に発表された中央教育審議会の答申は、題目に「学士課程教育」（の「再構築」ないし「構築」）という文言を使うまでになった。そしてその到達点の水準をグローバルな視点から見直そうという「水準保証」「質保証」そのための「成果評価」といった新視点も、しきりに強調されるようになった。

言い方を変えれば、「学位」というものは、単純化された反面、大学・高等教育改革のキー概念として用いられる制度になったのである。明治以降の日本の学位史にかつてなかった変化であり、地味で目立たないにもかかわらず、実は大学にとって大きな変化であるということができる。いうまでもなく、学位制度は種類だけでなく、学術水準、教授資格等の諸制度と密接な関連を持つ。しかし同時に、社会的・学術的には、威信体系としての役割を果たす。威信体系の中でかつて唯一最高の位置を占めていた「博士」はいかにつくられ、いかに変化したかというのが本論の一課題である。

学位制度の今後の展開はまだ予測することはできないが、こうした変化をふまえて、以下の叙述では次の二点を特に中心的な観点としたい。

第一に、旧制大学時代の日本の知識人の発想では、「学位」といえばもっぱら「博士」を意味した。その「博士中心の学位観」は、どのように成立してきたか。

第二に、大学および大学院の教育と博士学位との関係はかつてどのようなものであったか、戦後においてその関係はいかに考えられて今日にいたったか。

特に大学院制度と学位制度とは大きな関連をもっている。本章では大学院制度を正面から叙述する予定はない。その概要をこの観点のもとに触れることで、責めをふさぎたい。

ちなみに、筆者はこれまで近代日本の学位の歴史についていくつかの小史を発表してきた（寺﨑、二〇〇六）。それらで前提とした学位制度の時期区分を、あらためて再構成すると次のようになる。

Ⅰ　黎明期（一八六八〜一八八七）
Ⅱ　学位令第一期（一八八七〜一八九七）
Ⅲ　学位令第二期（一八九八〜一九一九）
Ⅳ　学位令第三期（一九二〇〜一九五三）
Ⅴ　大学院基準・学位規則期（一九五三〜一九七三）
Ⅵ　大学院設置基準・学位規則期（一九七四〜一九九〇）
Ⅶ　設置基準大綱化・新学位制度期（一九九〇〜二〇〇二）

Ⅷ　同・専門職学位新設期（二〇〇三〜）

ⅠからⅣまでが旧制大学時代（第二次世界大戦直後まで）に当たり、ⅤからⅦは新制大学時代に当たる。Ⅶは二〇〇〇年代の現在まで連なり、ⅧはⅦとあわせての現行制度である。

（2）博士中心の学位観の形成

「学位とは博士のことである」。この考え方が形成されたのは、おそらく明治中期、すなわち学位令（一八八七年＝明治二〇、勅令十三号）が制定されて以降のことである、同令は、後述するように「博士」と「大博士」の二つを学位として定めた。

しかしそれ以前のⅠ期すなわち「黎明期」に学位制度がなかったわけではない。

先ず、一八七二年（明治五）に太政官が制定した「学制」には、既に大学卒業者に学士号を与えるという構想が見られ、しかもその称号は「五等学士」から「一等学士」までに区分されていた。五等学士・四等学士は大学の限定された学科の修了者、三等学士は大学の卒業者、そして一等・二等学士は大学卒業後「実地研究ニ熟達シタル者」ということになっていた。ただし、このとき学制本文の中に「学位」という文言が出ていたわけではない。あくまで「学士という称号を与える」という規定であった。

しかし数年経って一八七〇年代末になると、学位という言葉は日本の大学に市民権を得る。元号でいえば明治一〇年代に入ったその時期、日本には中央官省のイニシャティブのもとに、工部大学校、法学校、駒場農学校、札幌農学校といった専門高等教育機関が生まれた。東京大学もその一つであった。これらのうち、工部大学校と東京大学が修了者に学士という学位を与える制度を取った。最も明確な制度を採用したのは工部大学校で、成績に応じて一等から五等までの学士号を準備した。他方、東京大学は、卒業者全員に学位としての学士号を授与した。工部大学校の一等学士は英語で the degree of Master of Civil Engineering と記されていたから、イギリスの当時の学位制度に従ったものかと見られる。東京大学に学位制度採用を奨めたのは、文部省顧問として来日していたアメリカ人Ｄ・モルレーであった（以上の全経過については国立教育研究所、一九七四）。

いずれにせよ、この時期の「学位としての学士」制度が欧米からの輸入だったことは間違いない。くわえて、この時期の学位（としての学士号）が、高等教育機関における学習修了証明だったことは明らかである。つまりこの時期は、「学位」が教育課程修了と堅く結びついていた例外的な時代だったということができる。

(3) 大博士頂点の学位令

これが一挙に転轍したのが、次のⅡ、Ⅲすなわち学位令第１期と第２期だった。当時の文部大臣・森有禮が創ったと見られる学位制度は、先述の学位令によって発足したが、それは次のような規定に支えられていた。

（１）学位の種類を「博士」と「大博士」の二つに限定したこと。
（２）従って、「学士」は学位から除外されたこと。
（３）博士号取得の資格は第一に「大学院ニ入リ定規ノ試験ヲ経タル者」であると定めたものの、それと並んで「之ト同等以上ノ学力アル者ニ帝国大学評議会ノ議ヲ経」た場合にも与えると定めたこと。
（４）大博士は「博士会議」の議を経、さらに閣議を経て、授けること。
（５）博士・大博士の授与権者はいずれも文部大臣としたこと。

通覧してみると、濃厚な日本的特殊性というべきものが貫かれている（大臣授与権者制度、大博士制度など）。

しかし、本論の観点から見ると次の点が特に注目される。

すなわち、学士号の除外と学位種類の「博士」「大博士」への限定である。

まず「学士」は学位から振り落とされた。時期を下っていうと、このときから一九九一年までの一世紀以上の間、日本の大学のアンダーグラジュエート課程は、学位制度と無関係なものになった。それは他面、「学位」というものにはもっぱら大学院だけが関係する、というシステムになったことでもあった。

ただし他の一つの事実を付け加えておかなければならない。それは、このとき一時文部省内にも「学士」を学位の一種とするという構想があったらしいことである。

帝国大学令が出てから二か月も経たない一八八六年四月二六日、文部省学務局長名で帝国大学総長宛に「学位条例草案」という文書が渡され、意見が求められている。それによれば、学位の種類は「学士」「少博士」「大博士」の三種となっていた（そのほかに卒業生中学業優秀な者には「得業士」という称号を与える旨、総長は文部大臣に稟請してよいとされていた。ただしこの得業士は単なる称号である）。このうち学位としての「学士」は「学術技芸ノ蘊奥ヲ攻究シタル者」に授けられる。その標準は「帝国大学院ノ学業ヲ卒ヘタル者若クハ之ニ等シキ学芸ヲ有スルモノ」に限られ、これに対して、文部大臣が奏請（天皇に申し出る）し、総長がその旨を発表し、身分としては奏任官六等をもって遇する。従って、この「学士」は学位令にいうところの「博士」に相当する位置にある。これに対し「少博士」は「学術技芸ノ蘊奥ヲ攻究シ且ツ学林ニ功績アル者」に文部大臣自らが授けるというのだから、いわばアカデミーへの貢献を評価される栄称である。奏任官四等をもって遇される。「大博士」は「学術俊秀且ツ学芸ヲ以テ帝室国家ニ勲功アル者」に授与され、総理大臣が授与業務を行い、勅任官二等で遇される（東京大学、一九八四）。

「学士」を学位のまま温存している点は、形式的には前史を受け継いでいた。ただし、その「学士」は大学院修了に直結する学位であった。他方、博士に「少」と「大」を付けると定めたことは太政官時代以来の当時の立法慣例に適合していた。また大学が「学術技芸の蘊奥を攻究する」ということは、帝国大学令が第一条に定めた文言に合致している。すなわちこの草案は、帝国大学令と一種の合理的な相関を持つ条例案であった。だがこの構想は、途中で消えた。理由は分からない。しかしその結果、先に述べたようにアンダーグラジュエート課程修了と学位との関係は全く遮断されたのであった。

ここで第二の但し書きをくわえると、そもそも学士号を学位とするかしないかについては、すでに帝国大学令が原則だけは決めていた。「分科大学ノ学科ヲ卒ヘ定規ノ試験ヲ経タル者ニハ卒業証書ヲ授与ス」（第三条）というのがそれである。先に述べた「学位条例草案」は、この規定を前提として、その上に得業士という称号（栄称）を置くという構想だったのである。しかし公布された学位令ではこの得業士号は消え、少博士から「少」の字も消え、翌年の学位令では先述のように単純な博士・大博士制度になってしまった。

前提として、森有禮は、「アンダーグラジュエート段階の修了程度ではまだ学位を与えることはできない」という考え方を強く持っていたようである。学位令を決めた閣議の席で彼は、①そもそも分科大学卒業生は学位を与える段階に至っていない。②しかし数年間学業を積んできたのだから「普通ノ学校卒業者」とは異なる、という二点を強調し、③従って、帝国大学分科大学の卒業生にだけは「学士」という称号を与える、と主張して、それを通した。これを先に引いた帝国大学令第三条と比べると、「卒業証書授与」の上に「学士号授与」が加わったことになる。

特に③の点はその後の学士号に重要な意味をくわえた。すなわちこの称号を名乗ることで、明治・大正前期の男子青年はどれかの帝国大学を卒業した者であることを、説明抜きに公言することになったわけである。

さて、この学位制度発足は二つの意味を持っていた。

一つは、結果的にはその後「博士」が学位の唯一の象徴となったことである。学位からの「学士」の除外がこれを加速した。この点は先に触れたのでくり返さない。

二つは、学位に対する国家威信の付与が確実に行われたことである。この点についてはむしろ他の言い方が適切かも知れない。学位制度それ自体が、内閣制度を補強する威信体系の創出をめざしたのだ、と。「学士」「博士」にそれぞれ官等相当の待遇を予定した「学位条例草案」には、特にこの特徴が現れている。

(4) 文部大臣と帝国大学評議会の対立

森は、最初の博士候補者を帝国大学評議会に諮問したとき、評議会との間に対立事件を起こしている。彼の諮問した博士数人が、評議会によって否決されたのである（東京大学、一九八四）。その悶着の際、彼は述べている。

「抑大博士ノ学位ヲ授クルニハ其人ニ取リテ最大名誉ナリト思考セラルル方法ヲ以テ之ヲ授ケサルベカラズ、故ニ先ツ博士ノ学位ヲ得タル後更ニ学問功績ニ依リテ大博士ニ選挙セラルルハ最大名誉ナルベシ」

だから先ず博士を選んでほしい、というわけである。大博士を頂点とする学位のヒエラルヒーの建設こそが、森の、そして学位令の最大目的だったことが語られている。

このような制度をどの国から学んだかは、はっきりしない。著者は、学位のヒエラルヒー制と大博士制度は、国家博士を頂点とするフランスの学位制度に学んだのではないかと考えているが（寺﨑、二〇〇六）確証はない。ただ、「博士は大博士創設のための制度だ」というに近い意図性をもって博士制度が出発したことは、確実だと思われる。

しかし先述のように大博士授与は実行されなかった。その代わり、大博士が持つべかりし威信と権威とは博士に引き移された。

大博士制度が勅令から消えたのは前掲Ⅲ期の学位令第二期に入ってからである。すなわち一八九八年から一九一九年までの二〇年間余に過ぎないが、この時期には、他方で、博士学位の授与手続きが増えたという変化があった。というのも、Ⅱ期には、①大学院の試験、②帝国大学評議会の審議、という二つの手続きがあっただけだったが、第Ⅲ期には、これに③博士会の承認、④帝国大学総長の推薦、という二つが追加されたからである。当然、授与数も増えた。

ⅡとⅢの時期（一八八七～一九一九）の通算三二年間を、戦前は「旧学位令期」と呼ぶこともあった。この時期のことについて筆者は他の機会に記したこともある（寺﨑、二〇〇七）ので、ここでは要点に止めよう。

第一に、授与権者が文部大臣であるというシステムは続いた。大学は授与権者ではなく審査者にとどまった。

第二に、総長推薦という手続きが加わったことによって「学位としての博士の授受者は帝国大学関係者を主とするものである」という伝統こそ崩れなかったものの、「博士会推薦」という手続きが加わったために、その幅にやや広がりができた。例えば「文学博士」に文芸の実作者が加わった（例―歌人の佐佐木信綱、作家の幸田露伴など）。第二に、Ⅲ期には帝国大学が増設されたため（京都、東北、九州、北海道）それぞれの総長からの推薦で博士号が出るようになり、一部の大学では博士号取得者が増えた（寺﨑、一九七五）。

(5) 大正期の改革

戦前の学位制度史にとって大きなエポックになったのは、Ⅳの学位令第三期である。一九二〇年から一九五三年までの三三年間は、戦後になって「旧制学位制度期」と呼ばれたこともあるが、この時期の初めには、少なくとも学位制度に関する根本的な議論が初めておおやけの会議で行われ、そして逆説的なことに、そのときの革新的な議論の一部は、戦後も長い間日本の学界の通念を形成した。一部は今もなお残存している。やはり要点だけを記しておこう。

第一に、授与主体は文部大臣から大学に移った。その基本にあったのはもちろん大学の自治問題だったが、同時に、一九一八年(大正七)末に制定された大学令によって府県立大学・私立大学が生まれたことが大きな背景となっていた。第二に、その大学令によって大学には学部が置かれ、その学部には必ず研究科を置くという制度になったことも大きい。つまり、学部という大学の基本組織が、博士学位を生み出す基盤として成立した。学位授与権を大学に移す制度的基礎になった。そして第三に、それまで法令上存在した「博士会議」なるものがさして機能を発揮していなかったことも、その廃止の要因ではなかったかと思われる。

第四に、近年刊行された著作で、舘昭は、このときの学部と大学院の関係を「アメリカの大学における分野ごとのスクールの考えと一致している」と評価し、その背後に、アメリカにおけるグラジュエート・スクールは本来的にユニヴァーシティの中にあるもので、対立しているものではない、という観察を披瀝している(舘、二〇〇七)。この判断が正しいとすると、このとき日本の指導者たちは学部(Fakultät)の制度をドイツに学んだが、大学院・学位制度は(後述の山川健次郎の意見等も含めて)アメリカに学んだ、ということになる。興味ある指摘で、今後も考えたい。

新しい学位令（一九二〇年九月、勅令二百号）は次のことを定めた。すなわち、①学位の種類（専攻分野別の称号）は大学が定めること、②学位に関する規程も大学が定めること、③学位の所持者が「其ノ栄誉ヲ汚辱スル行為」があるときは大学が規程に則って文部大臣の認可を経た上で「学位ノ授与ヲ取消ス」ことができること、④旧学位令のもとで学位を得た者が同様の行為を行ったときは、文部大臣が「其学位ヲ褫奪《ちだつ》ス」るものとすること。

これらはすべて旧学位令に比べて新しい点であったが、この学位制度を審議した内閣総理大臣諮問機関・臨時教育会議における論議をもとに新学位制度の特質を振り返ると、次の三点が特に注目される（文部省大臣官房企画室、一九七九。寺﨑、二〇〇七）。

第一は、博士学位の威信、第二は、成果発表義務、第三は、大学院教育課程との関係である。

第一の威信問題については、先ず「国家威信」の低下への危惧ともいうべき論点が、一部の委員から主張された。学位令が勅令の形式で出されていること、授与権者が天皇大権の輔弼を職務とする文部大臣であること、この二つを根拠に、博士学位はそもそも天皇から下賜されるものではないのか、という議論であった。もちろんこれには、そもそも学位を大学が出すのはおかしいという授与主体問題も絡んでいた。だが、この議論は大勢を占めることはできず、先述のように大学自治論が優勢となる中で、立ち消えに近い形となった。

しかし、学位の社会的威信の問題となると、それは第二の成果発表義務とも絡んできた。旧令時代の博士学位は一方的に授与されるだけで、条件や理由が公開されるチャンスもなく授与者側の義務もなかった。これに比べて、新学位令は次のように定めていた。

「学位ヲ授与セラレタル者ハ授与ノ日ヨリ六月内ニ其ノ提出ニ係ル論文ヲ印刷公表スヘシ」（以下略、第七条）

略したのは、授与前に公刊した業績があるとき、および文部大臣が「其ノ印刷公表ヲ相当ナラスト認メタルトキ」はこの限りではない、という但し書きである。後者の但し書きは、治安上の観点からの制約であったと見られる。

以上のように、博士学位の威信問題は、現在から見ると想像以上の影響を改革論に与えた。しかし結果としては、博士学位授与手続きに大きな透明性を与え、また社会的公正さを保証したということができる。

この論点について見逃すことができないのは、当時東京帝国大学総長だった物理学者・山川健次郎の臨時教育会議委員としての役割である。若いころに米国に留学して学位を取り、東京大学に戻ってからは日本人初の物理学教員となった山川は、博士学位はもともと栄典ではなく称号であり、「エライ大学者ヲ奨励スル為ノモノデハナイ」「若イ人ノ奨励デアル」「博士グラキハ余リ大シタモノデナイ」といった明快な発言を残している。一方でもっぱらヨーロッパの学位を論じた有力委員が、「ヨーロッパ諸国の学位の基準は高く，国威を賭けているのに対し、アメリカの学位は「濫授」の代表だ」と論じていたのに比べれば、対蹠的な発言だった。その山川が「学位は大いに出そう、しかしその証拠を示すことが必要だ」と論じて、論文印刷公開の制度を提案したのであった。

ここで評価すべきは、日本の学位制度がアメリカのPh・D・制度に近づいたということではなく、発足以来の国家威信体系からようやく解放されて，研究成果の水準を保証する公平な制度に転換したことである。

前掲第三の論点、学位と研究科の教育課程との関係を見よう。少なくとも法文上は、両者の関係は格段に密接になった。

「学位ヲ授与セラルヘキ者ハ大学学部研究科ニ於テ二年以上研究ニ従事シ論文ヲ提出シテ学部教員会ノ審査ニ合格シタル者又ハ論文ヲ提出シテ学部教員会ニ於テ之ト同等以上ノ学力アリト認メタル者トス」（第四条）

研究科在学最低期間はわずか二年となり、また論文提出というただ一つの手続きに絞られた。後段の「之ト同等以上ノ者」云々は、いわゆる「論文博士」制度である。

結局山川の論じた博士論が勅令に生かされたことになる。右の条文に「教員会」とあって大学令が各大学学部に公認した「教授会」となっていないのは、大学内に学位審査のための専門委員会が生まれるであろうことを予測してのことであろう。

このようにして、ともかく新しい「大学授与」を原則とする博士制度は出発した。それは戦後も新学位制度と一時並行して、一九六三年まで続いた。「博士学位と研究科の関係」という観点からくり返していえば、「大学令」および新「学位令」以降の学位制度は画期的な位置を占めるものであった。

(6) 新制大学院と学位

戦後の制度に移る。

学校教育法の規定を参照するまでもなく、学位の基盤たる新制大学院そのものが国家原理を脱していわば学術・教育の原理に立つものになった。すなわち学位の「国家威信」は消失した。他方、博士一本の学位制度から新学位である「修士」が加わった。学位の種類に中間学位が設定されたことになる。そして何よりも大きな変化は、大学院の内部教育に「単位制度」が導入され、さらに修士・博士の学位取得に向かって「課程化」されたことである。

いずれの改革も前掲の第V期に起きた。きっかけとなったのは大学基準協会による大学院基準の制定であり、その背後に占領軍担当官の専門的意見が強く働き、結果としてアメリカの大学院制度と近似したシステムが導入された。これらの詳細な経緯について、筆者はこれまで多くの調査や著作を通じて発表してきた（海後・寺﨑、一九六九。寺﨑、二〇〇六。大学基準協会、二〇〇四。その他）ので、ここにはくり返さない。

冒頭で述べたように、二〇〇〇年代初めの現在、大学院教育のあり方は、高等教育政策上の重要問題となっている。だがその中に取り上げられている論題のほとんどは、少なくとも制度上はこの時期に解答が与えられていたものである。学位獲得と大学院教育課程の修了とは、一八八八年の学位令以降と比べて比較にならないほどに強く結合した。少なくともそのような制度となった。教育課程修了は、シーケンス（順次性）を持つカリキュラムと論文作成とによって保証されるべきものになった。

次のⅥ期への変化は、「大学院設置基準・学位規則期」と記したように、大学院と学位に関する所掌の権限が、文部省の手に大きく移ったことである。

いくつかの大きな変化があった。

第一は、修士・博士の両学位について「課程修了の証明」としての意義をはっきりとさせたことである。修士についてはすでに一九五七年以降から「大学基準」の目的規定が改正を経ており、応用的能力や実務能力を評価するものとなって（海後・寺﨑、一九六九、大学基準協会　二〇〇四）、上記の性格は強まっていた。やがて高度経済成長期を経て安定成長期に入ったころには、工学・農学・理学・薬学等の分野では事実上アンダーグラジュエート段階の学習と連結したものに変わっていた。修士課程はいわば「学士課程教育の延長」という位置を占めるようになっていた。

これに対し、博士課程はなお大きな問題を抱えていた。具体的には、法・経・文・教育等の人文社会科学分野での授与が伸びなかったことである。その理由の一つには学位規則における規定の高度さがあった。

〈Ⅴ期の規定〉

博士の学位は、独創的研究によって新領域を開拓し、学術水準を高め文化の進展に寄与するとともに、専攻の学問分野について研究を指導する能力を有する者に授与するものとする。

〈Ⅵ期の規定〉

博士の学位は、専攻分野について研究者として自立して研究活動を行うに必要な高度の研究能力及びその基礎となる豊かな学識を有する者に授与するものとする。

両者の違いは明らかである。旧規定（それはⅤ期の「大学院基準」のころから定まっていたものであった）は、「新領域開拓」「文化進展への寄与」「研究指導能力」という短期的には計測不可能なポイントを掲げていた点で、Ⅱ～Ⅳ期の「博士」像のままであった。あまりに高度な要求が、新制大学院の出発にもかかわらず継承されていた。Ⅵ期の規則が博士学位水準を「研究者としての自立証明」だけに絞ったのは、画期的な改正であった。

第二は、学位規則別表の博士種類列挙中に、「学術博士」が設定されたことであった。説明としては左記のように記されている。

（1）学術博士は、最近の学術研究の発展に対処し、且つ、学位の種類の簡素化を推進するという観点から、既存の博士の種類と同水準の総括的な博士の種類として設けたものであること。

（2）したがって、学術博士は、広く学術の各分野について授与することが可能なものであるが、新しい観点から設けられた博士の種類であることにかんがみその取り扱いについてはなお慎重を期すべき点があるので、当面は、学際領域等既存の種類の博士を授与することが必ずしも適当でない分野を専攻した者について授与することが適当であること。（文部省大学教育局通知三七五号、一九七四年七月一七日）

博士の種類の簡素化、博士種類の伝統的ディシプリンからの解放、境界領域博士の新設、という三つの観点が並列的に述べられている。他方、水準を下げる措置ではない、という点も強調されていた。

全体として遠慮がちに見える説明ではあった。しかしその背後には、一方で人文・社会科学分野でいわば機能麻痺を起こしていた「博士」学位の授与を促進し、他方、日本への留学生たちがなかなか博士号をとれないという国際的なプレッシャーに応じなければならないという配慮が、この時点ですでに必要とされていたと見られるのである。一九七四年のこの措置は、今振りかえると、九〇年代初めに起きた学位種類単純化への大きなステップとなった。

その後、学術博士は、水準を下げて受け取られるというわけではなかったものの、多くの大学で生まれていた教養学、総合科学等の新学部で授与されるようになり、旧来の各専門分野の内蔵するヒエラルヒー体系から脱したかたちで授与することができるようになった。この点に関しては今後なお実証が必要だが、改正当時余り注目されなかった論点として明記しておく必要がある（関連資料は寺﨑編、一九七五参照）。

このときの他の重要な改正は、学位の授与主体が、旧来の大学だけでなく、文部省直轄（当時）の学位授与機構にも拡大されたことである。

Ⅶ期およびⅧ期の学位制度については、冒頭に述べたような変化の渦中にあるので、ここに詳述するのはやめよう。学士号は学位に「復権」し、種類の単純化は進行し、中教審による大学院および学位に対する答申は精密化して出され、しかも中央教育審議会による「学士課程教育の構築」答申（二〇〇八）によって学位の出され方は次第に増えてきた。

一八八八年の学位令以降およそ一二〇年を経て、日本の学位制度は、かつてと全く相貌を変えて進行している。

まとめ

学位制度の歩みを俯瞰してみると、次のようなことが言える。

(1)中世ヨーロッパ大学以来およそ九〇〇年におよぶ学位制度の歴史を、日本はわずか一二〇年の間に、実にあわただしく辿ってきた。

しかもその歩みは、単に学者集団の中の、あるいは学者集団と学生集団との間の栄称授与又は資格付与制度の変遷にとどまらず、大学の国家化および社会の近代化という文脈の中での絶えざる動揺の歴史であった。

(2)一二〇年の中で、欧米学位制度の純粋な導入が行われたのは、あえていえば、Ⅰの時期、すなわち高等教育課程修了が学士学位に直結した一〇年間弱の「前史」部分にとどまるのではないか。

(3)一八八八年の学位制度施行以降は、学位のあり方は極めて日本的な特殊性を帯びた。

すなわちそれは特権的な地位を占めた帝国大学の大学院における教育との制度的な関係を一応持ちながらも、しかもその課程修了とは弱い結びつきしか持たず、特に授与手続きが複雑化した第Ⅲ期以降は、大学をも越えた、天皇を頂点とする威信体系のもとに位置づけられ、少なくとも博士会推薦の場合は宮中で「下賜」される、という手続きさえ持たせられながら推移した。

(4)学位と大学との関わりが明確化した第Ⅳ期以降においても、博士だけを学位と見る見方は変わらず、その権威性は、国家を離れたかたちながらも、継続した。

(5)戦後の改革は、明らかにアメリカ大学院制度の圧倒的な影響のもとに、新大学院制度の発足という制度的インパクトを受けたことによって進んだ。画期的な変革を意味したこの改革下においても、新制度を支える大学側の意識や教員の心性は直ちに変わらず、専門分野ごとの学位授与状況の変化は大いに異なったと見られる。しかし、学位水準に対するグローバル・インパクトの強化、学士・修士・博士という学位の新分類、専門職学位の登場等に向かって組織されるべき教育課程の組織化と充実といった課題強調のもとで、新しい学位制度自体もなお動揺を免れないであろう。

（6）以上の叙述で触れられなかった問題に、いわゆる「論文博士」問題がある。

Ⅱ～Ⅳ期にわたって「論文」による博士学位授与制度は一貫して続いていた。しかし本来は大学院制度と学位制度の画期的結合期であるⅤ期に廃止されて当然の制度であった。だがそのようには運んでいない。

新制大学院を経由しない博士志願者がなお多く存在することが配慮されたのか、あるいは新制博士課程修了が博士学位に直結すること自体への疑念があったのか、それとも例えば研究機関や会社・官庁等に有職のまま博士を得る道を残しておかねばならないという配慮があったのか、確たる証拠は見あたらないが、近年のような政策推移のもとでは存続に疑問も出されており、早晩課題となることは免れないと思われる。

（7）近代日本の学位の歴史は、いわば大学史に付随した傍系制度の系譜のように見える。しかし改めて通観してみると、それは大学の国家的位置と大学制度の社会的位相とに密接にかかわり、またそれらの歩みを象徴するキー・システムの一つだということができる。言いかえれば、少なくともヨーロッパにおいては、学習・学生のギルド集団としての大学は、近代国家体制成立の遥か以前から存在した。しかし日本の場合、両者の前後関係は全く逆であった。この相違が、（1）にあげた動揺を生み出した基本的背景である。

むすび

「学部」と「学位」との二つの制度の成立経緯と質の変遷を検討してきた。大学制度の国際交流、伝播ないし導入を明らかにするという本研究の主題に絞って、両者を比較することで「むすび」に代えよう。

欧米の制度モデルを確かめる。これは明治以降の日本が近代大学を建設するに当たってまさに不可避の作業だった。どの国の大学・高等教育制度の何がモデルだったか、という点に絞れば、それなりに探究の関心や興味はそそられる。大学史研究の場でその研究は行われてきたし（大学史研究会、二〇〇四）、多くの個人著作のなかでも試みられてきたことである。

しかしこの論考で筆者が再考察を試みたかったのはそのテーマではなく、むしろ導入後の日本におけるその展開である。それも制度そのものの変貌ではなく、何らかの変貌をもたらした政治的・文化的・学術的要因であった。

両制度についておおまかな比較を行うとすれば次のようになる。

（1）政治的な動因は、学部制度においては、マクロな、そして間接的なかたちでしか作動しなかった。先ず「学部」というターム自体が曖昧なかたちでしか入ってこなかった。次いで帝国大学制度（そのモデル自体も問題だが）を基盤とする「分科大学」制度を介して大学教員集団の基盤が形成され、やがてそれが「学部」という名の自治集団に転化・転轍するという過程をたどった。もちろんその転化・転轍を促したのは大学の自治・自律に対する政治的・行政的インパクトであり、それへの拮抗を通じて教員集団がいわば自生的に形成されてきたということができよう。また、特に明治末から大正期にかけてのドイツの Fakultät 制度への志向も大きい。そして現在は、大学の教育機関性の拡大と社会的ニーズの変化のもとで、かつて自生性を支えた専門ディシプリンとの関係が変貌を免れない段階に達している。

（2）学位制度は、出発そのものは教育課程修了と密着した欧米モデルの「純粋な」導入というかたちでなされた。だが、体系的な制度創出は、憲法体制成立直前の時期に国家威信体系を創出するという強い政治的意図に支えられて行われた。それゆえに、大学院システムとの結合は希薄化されたまま、大博士制度の登場と消失や授与手続きの煩雑な拡大といった変化を含みつつも、授与権を大学には与えないまま最初の三〇年余が過ぎた。帝国大学だけでなくすべての大学の学部が教員集団としての教授会を法認された大正期の改革によって、授与権はようやく大学に移った。にもかかわらず国家威信に裏打ちされて創られた権威は、戦後も「学部」に象徴されるディシプリンの権威に支えられて、社会的威信を保持し続けた。それが揺らぎはじめたのは高度経済成長後のことであり、今回のインパクトは、大学が留学生獲得というグローバルな競争状況に直面してからである。

（3）以上の制度変容は、今後もやむことなく続くであろうと思われる。その間、続くのは、一八歳人口の減少にもかかわらず上昇を続けるであろう一八歳世代の大学進学率であり、また「知識基盤社会化」の進行に伴う大学院の拡大であろう。さまざまな問題を派生させつつ進むであろうこの動向が、学部制度や学位制度にどのような影響を与えるかはなお予測の範囲を超える。ただしこれまでの経緯を見れば、影響の如何にかかわらず、行政の柔軟さと大学の自律的判断が制度の未来を左右するに違いない。

幾度か触れたように、以上概観してきた学部と学位の両制度は、今日、ユニバーサル化時代の大学教育改革の焦点をなすポイントになっている。それだけでなく、近年中央教育審議会が進めている学士課程教育・大学院教育の改革審議を見ても明らかなように、大学政策の有力なツールとして位置づけられている。だからこそ大学当事者は正確な歴史理解を共有することが求められている。

二つの制度が導入された主舞台は、明治初期の東京大学すなわち後の帝国大学・東京帝国大学であった。その意味で、本章は東京大学一四〇年史の一側面であるとも言える。しかし両制度が今や大学一般に広がりを持っていることを考えると、本章は、「日本の世界大学参加過程に関する制度史的研究」ということもできよう。

（寺﨑　昌男）

参考文献

朝日新聞二〇〇七年一一月四日朝刊「学士号急増　五八〇種」
天野郁夫「近代日本高等教育研究」（一九八九年、玉川大学出版部）
海後宗臣・寺﨑昌男「大学教育」（戦後日本の教育改革九、一九六九、東京大学出版会）
海後宗臣（編）「井上毅の教育政策」（一九六七年、東京大学出版会）
国立教育研究所（編刊）「日本近代教育百年史」第三～六巻（一九七四年）
大学基準協会（編刊）「大学基準協会五十五年史」（二〇〇四年、通史編・資料編）
大学史研究会「大学史研究通信」第八号（二〇〇四年復刻版、日本図書センター）
舘昭「改めて大学制度とは何かを問う」（二〇〇七年、東信堂）
中央教育審議会「学士課程教育の構築」（二〇〇八年十二月）
寺﨑昌男（編）「大学院・学位問題に関する資料集」（広島大学大学教育研究センター、一九七五年）
寺﨑昌男「増補版　日本における大学自治制度の研究」（二〇〇〇年、評論社）
寺﨑昌男「東京大学の歴史」（二〇〇七年、講談社学芸文庫）
寺﨑昌男「大学自らの総合力」（二〇一〇年、東信堂）

文部省大臣官房企画室「資料　臨時教育会議」（第四集、一九七九年）

あとがき

この研究は、「大学・学部という考え方（概念）と、その現実的形態である制度（システム）が、どのように、何時、日本にはいってきて、どのように定着するに至ったのか、そのときイギリス、フランス、ドイツ、アメリカ、オスマン帝国の大学がどのような組織構造をしていたのか実証的に解明すること」という素朴な疑問からはじまった。言い換えると、現代において、われわれが何気なく使っている大学や学部というものが、日本にどのようにして入ってきて、いかなる過程をへて、定着したか、その時点で日本以外の国の大学はどのような形をしていたのかを知ることが、本研究の出発点であった。この問題は、あまた日本の大学に関する研究書はあるが、いまだ解明されていない。この問題を解明することこそ、日本における大学問題を考察するさいのルーツであると言っても過言ではないのではないか。

上記の問題意識の下に、アメリカ大学の担当者として立川明が、ドイツ大学の担当者として別府昭郎が、フランス大学の担当者としてフランス文学を専攻している玉井崇夫が、イタリアやパリの中世大学から発生した大学概念、学部概念、教授概念、団体（corporatio）概念など基本的概念の担当者として児玉善仁が、オスマン帝国の大学の担当者として永田雄三が、日本で大学が誕生する以前の担当者として吉村日出東が、東京大学誕生以後の担当者として寺﨑昌男が、一堂に会して、この問題を考えることになった。寺﨑、立川、別府、児玉、吉村は、「大学史研究会」のメンバーであり、大学および大学史にかんする知識は、国ごとではあるが、持っていることはごく当たり前のことと考えられた。なお、本研究をまとめる段階になって、歴史研究だから年表があったほうがいいという意見がメンバーのなかからあがり、神藤佳奈が年表の作成に当たった。また、神藤は、本書の索引（インデックス）作りにも携わった。

研究会は、各自が担当する国の大学について原稿を持ち寄り、発表し、質疑応答をして問題を深める形で実施された。史料収集のため、手分けして、イタリア、アメリカ、イスタンブールに行ったこともあった。檜原湖や湯河原で合宿をしたこともあった。考察の結果は、本書の如くである。読者各自が、この研究から現代の大学を考える際の歴史的教訓（知見）を、読み取っていただければ幸いである。

本書の題名「〈大学〉再考」について、一言しておきたい。

前述したように、「大学」や「学部」という言葉は、大学入試、大学教授、大学学長、○○大学の○○学部に入学、○○大学の○○学部を卒業など、われわれ国民もマスコミも、余り深く考えることなく頻繁に使っているが、本当にそれでいいのだろうかという問題関心がある。常日頃から大学史になじんでいる者から見ると、歴史的に形成されてきた「大学」や「学部」という概念と一般に人口に膾炙している概念とは非常な隔たりを感じざるをえない。やはり、大学とはそもそも何だろうか、どのような歴史的発展を経過してきたのであろうか、各国の大学はどのような特徴を持っているのだろうかという根源的な問題を、大学が日本に導入された時期の世界の大学を考える際に、考察しておかなければいけないのではなかろうかという理由で、付けられたものである。大学というものを、もう一度現代において根本的に考え直して見ようと言うわけである。そういう理由で、激論のすえ、全員一致で付けられた書名である。

本書『〈大学〉再考』のゲラを読んだある学生の感想を、参考までに掲げておこう（当然本人の諒解は取ってある）。

「通常、大学と言うと、一般的な「学校」を、ぼんやりと私はイメージしていた。しかしこの本を読んでわかったのは、大学を構成する（構成してきた）概念があり、その概念には各国の歴史的、文化的な背景があるのだということである。またそれが国によってかなり異なるし、私たちが一般的にイメージしている大学や学部、学位といったものとは、かなり異質な場合もあるのだ、ということである。大学が、歴史の中で練られ、生成してきたものなのだということを特に強く感じた。近代の日本やトルコのように、西洋中世的な「大学」が自生的に派生していない国において、大学をつくろうとすると、ある意味では当然ながら、そこにはかなり国家の意図が介入してくる。また、とくに近代科学の発達を受けて、大学のあり方に大きな変化が見られるように、大学は、学問を支えるとともに、支えられ、学問を育み、また大学自体も育まれてきたのであり、大学と学問や知のあいだには、相互作用のようなものがあるのだと感じた。今までは、大学が知識を生み出す土壌となっていたのかと思っていたが、大学とはあくまでも、知識とそれを生み出す人と、受け取る社会のあいだにあって、知を生成するメディア（間にあるもの）のひとつなのだと感じた。大学の背景には、歴史や文化、時代や国のさまざまな要求があり、あくまでも大学はそういったものの間にあって、知を生成しているのだと思った。さすれば当然、時代や国によって、その「大学」のあり方は変わってくる。そもそも、国によって概念も、システムも、意味も異なる「大学」というものを、ひとつにまとめて考察しようということ自体がなかなか難しいことなのではないか。しかし一方で、「大学」それ自体が社会の中でどのような意味を持ち、これからどうなるのかということが、ますます緊急な課題として考えられる現在において、「大学」がどのように変化し、生成されてきたかという歴史的な観点を踏まえることは、これからの「大学」を考える上で、非常に重要なことであると感じた。本書で語られるように、国や時代によって、概念も形態も、全く異なる「大学」の「違い」自体が、「大学」というものの性質、そのものを物語っているのではないか。その一見すると「まとまらない」もの、それ自体が、本書が言わんとしている「大学」なのではないだろうか。」

以上が、大学に関心を持つ学生の率直な感想である。こういう感想を抱かせることも、本書の効力と言っていいのではなかろうか。

さて、先に「読者各自が、この研究から現代の大学を考える際の歴史的教訓（知見）を読み取っていただければ幸いである。」と書いたが、われわれがこの研究を通じて感じた感想をひとこと述べることを許していただきたい。

序章で、大学のもつ「融通無碍性」という特徴を指摘しておいたが、この作業を通じてわれわれが強く感じたのは、各国大学の際だった特性である。一言で各国の大学の特徴を要約するのは乱暴なことであり、不遜なことであるが、それを承知でまとめてみよう。

「イタリアでは一二、一三世紀に大学が発生し、universitas や facultas のような概念や綴りを各国に輸出したものの一九世紀には停滞してしまった」、「フランスでも大学が一二、一三世紀に発生し、アルプス以北の国々の母体になったが、一九世紀には大学は解体させられてしまい、高度の専門学校が優勢になってきた」、「イギリスではカレッジ教育が優位となり、教える者と試験をする者とを区別するという考え方が重視され、大学は単なる学位授与機関となってしまった」、「ドイツでは、国家の手によって大学が創設されたがゆえに国家の力が強く、学部教育が重視され、そこでは正教授の力が優位になり、ハビリタツィオン（大学教授資格試験）や私講師が特徴的に見られる」、「アメリカ合衆国はヨーロッパの大学をモデルにしつつも、独自の委員会や呼称、組織を置き、必ずしもヨーロッパの大学と同じではない大学組織を発展させた」、「オスマン帝国では、独立国であったが故に国の政策として一九世紀半ばに大学の胚珠細胞と目される『諸学の館』を設置したが、継続的な教育をすることなく、本格的な大学の創設は二〇世紀に入ってからのことであった」、「日本も独立国として一九世紀の後半に大学を導入し、学部として工学や農学という実学を取り入れ、神学部は置かなかったが、日本独自の講座制度を発達させた」。このように、本書で取り扱った国々の大学ではそれぞれの特徴を持っている。

それら各国の大学のもつ特徴と融通無碍性とは如何なる関係があるのだろうか。両者の関係をどう考えたらいいのだろうか。一見すると融通無碍と各国の大学の特徴は、矛盾するように思えるかも知れない。結論的に言えば、矛盾とは捉えられない。すなわち、大学の持つ融通無碍という特性を公分母と考え、各国の大学の特性を分子と考えれば、説明がつくのである。大学はキリスト教文化圏で生まれたが、それはイスラム文化圏であろうが仏教文化圏であろうが、変幻自在に入っていく。しかし、人材養成および学位授与という機能は堅持する。これは、公分母とみなされる。他方、教育の仕方、置かれた学問領域、組織の構造や名称、意思決定のあり方、学位の取得の仕方などは、各国独自のものである。

このように、大学の持つ融通無碍性と各国の大学の特徴との関係は、公分母と分子との関係と考えれば、説明がつくと思う。

本書のような地味な研究書の出版を知泉書館の小山光夫社長は、出版事情が厳しいにもかかわらず、快く引き受けられた。小山社長と編者との付き合いは、『ドイツにおける大学教授の誕生』（創文社、一九九八年）以来であるが、つねづね「儲けなくてもいい。地味な研究書はぼちぼち売れていけばよい。研究というものは一朝一夕にできるものではない。学問の伝統を引き継げる出版社になればよい。」と言っておられる。普段から歴史学、宗教学、哲学、経済学などの研究者との交流があり、その方面の原稿も読んでおられるので、時々鋭い学問的指摘もある。こちらとしても油断が出来ない。うっかりしたことは書けない。ありがたい編集者である。かねがね編者は、サッカーになぞらえて言えば、「編集者は老練なコーチであり、書き手は選手である」と考えているが、選手の日頃の厳しい訓練とコーチの的確なアドバイスがあれば、試合には勝利することもあれば、勝てないまでもいい試合が出来るのである。小山氏は、厳しい老練なコーチと考えていい。そういう人の経営する出版社から公刊することを素直に喜びたいと思う。

なお、本研究の遂行および出版にあたっては、明治大学人文科学研究所のお世話になった。とくに記して、感謝の気持をあらわしたい。

二〇一一年三月六日

編者　別府昭郎

執筆者一覧

（執筆順）

児玉善仁（こだま・よしひと／第１章）
1949年生れ。広島大学大学院教育学研究科博士課程単位取得退学。1990-91年アニェッリ財団の招聘教授としてボローニャ大学留学。現在帝京大学理工学部教授。博士（教育学）。『イタリアの中世大学　その成立と変容』（名古屋大学出版会，2007年），『ヴェネツィアの放浪教師―中世都市と学校の誕生』（平凡社，1993年）。訳書にグイド・ザッカニーニ『中世イタリアの大学生活』（平凡社，1990年）。

玉井崇夫（たまい・たかお／第２章）
1945年生れ。明治大学大学院文学研究科博士課程単位取得退学。1987-88年フランス在外研究。現在明治大学文学部教授。『フリーウェイフランス語』（ナツメ社，2006年）。「安達峯一郎とパテルノストロの草稿―翻刻原文と邦訳」『明治大学史紀要』第11号（明治大学大学史料センター，2007年）。

別府昭郎（べっぷ・あきろう／第３章）〔編者〕
1945年生れ。広島大学大学院教育学研究科博士課程単位取得退学。1982-83年ミュンヘン大学にて在外研究。現在明治大学文学部教授，博士（教育学）。『ドイツにおける大学教授の誕生』（創文社，1998年），『大学教授の職業倫理』（東信堂，2005年）。『学校教師になる』（学文社，2005年）。

立川　明（たちかわ・あきら／第４章）
1947年生れ。ウィスコンシン大学大学院教育政策学科博士課程修了（Ph.D.）。国際基督教大学名誉教授。「初期植民地カレッジとランド・グラント・カレッジ」『大学史研究』第24号（2010年），“Japanese Student Soldiers on War and Peace.” In Macer and Saad-Zoy, eds. Asian-Arab Philosophical Dialogues on War and Peace. UNESCO, Bangkok, 2010. ドナルド・ケネディ『大学の責務』（共訳，東信堂，2008年）。

永田雄三（ながた・ゆうぞう／第５章）
1939年生れ。イスタンブル大学大学院文学研究科博士課程修了（Ph.D.）。東京外国語大学アジア・アフリカ言語文化研究所教授，明治大学文学部教授を経て，現在財団法人東洋文庫研究員。『成熟のイスラーム社会』（共著，中央公論社　世界の歴史15　1998年，2008年（文庫版）），『前近代トルコの地方名士―カラオスマンオウル家の研究』（刀水書房，2009年）。

吉村日出東（よしむら・ひでとう／第６章）
1962年生まれ。九州大学大学院比較社会文化研究科博士課程単位取得満期退学。現在川口短期大学准教授，明治大学非常勤講師。「東京帝国大学考古学講座の開設―国家政策と学問研究の視座から」『日本歴史』第608号（1999年）。『地域と文化の考古学Ⅱ』（共著，六一書房，2008年）。

寺﨑昌男（てらさき・まさお／第７章）
1932年生れ。東京大学大学院教育学研究科修了。立教学院本部調査役・同大学総長室調査役。東京大学・桜美林大学名誉教授，東京大学教育学博士。『日本における大学自治制度の成立』（増補版，評論社，2000年），『プロムナード東京大学史』（東京大学出版会，1992年）。『大学自らの総合力　理念とFDそしてSD』（東信堂，2010年）。

神藤佳奈（しんどう・かな／年表）
1983年生れ。明治大学大学院文学研究科博士後期課程在学中。「デューイの成長概念再考―デューイの1890年代の思想と活動に着目して」『明治大学文学研究論集』第33号（2010年）。

人名索引

事項索引

ア　行

カ　行

サ　行

タ　行

ナ 行

ハ 行

マ　行

ヤ～ワ　行

大学史に

11世紀～13世紀

イタリア諸邦
1088？イルネリウス，ボローニャでローマ法の講義を始める。またローマ法の再読を試みる ？　ボローニャにて学生を中心とした大学組織が自生的に成立。またサレルノ（医学校），モデナにおいて，12世紀に起源をもつ大学組織が自生 1142　「グフラティアヌス教令集」完成 1158？　フリードリヒⅠ世，ボローニャの学生に特許状（ハビタ）与える 1188　レッジョ大学公認。15世紀までに消滅
1204　ボローニャよりヴィチェンツァ大学成立 1209　フランチェスコ教団創設 1212-14　〔西〕バレンシア大学成立（国王） 〔西〕サラマンカ大学創立 1215　ボローニャよりアレッツォ大学設立 1219　教皇，ボローニャの司教座大聖堂の助祭長に教授免許授与権を付与 1222　ボローニャよりパドヴァ大学派生 1223　フランチェスコ教団成立 1224　皇帝，ボローニャに対抗してナポリ大学設立 1225　教皇，モデナ（以前より自生）の学徒保護 1226　皇帝，モデナ人に完全な大学の特権を授与 1228　パドヴァよりヴェルチェッリ大学派生 1231　皇帝，サレルノ大学（以前より自生）をシチリア王国の医科大学と位置付ける 1244-45　教皇，ローマ・カトリック大学創設 1246　ボローニャよりシエナ大学派生（1357皇，1408教） 1248　ピアチェンツァ大学，都市が設立教書を申請し教皇より教書を得て設立

関する年表

註） 教：教皇教書，皇：皇帝勅書，〔西〕：スペイン，〔葡〕：ポルトガル，〔ポ〕：ポーランド，〔墺〕：オーストリア

フランス王国	イングランド	オスマン帝国・日本
？ パリに教師を中心とした大学組織が自生的に成立 1109 シャンポウ，パリのシテに開校（パリ大学のもと）。この頃，アベラールがパリのサン・ジュヌヴィエーヴの丘の上の学校でスコラ哲学を講ずる 1180 仏王，パリの学徒保護 1181？ モンペリエ大学成立 1198 教皇，学徒保護令	1167-68？ オックスフォード大学成立	1177 ［安元三］京都大火で大学寮，勧学院，奨学院など焼亡
1200 パリ大学の大騒動起る 同 仏王，パリの学生保護 1207 教皇の学監職にパリの教師・学生の監督 1209 パリ大学，学監僧の権力行使是正を要求 1212 教皇，パリの学監僧の権力行使を是正 1213 パリ大学の団体規約（スタチュート） 1215 教皇使節パリの学則を定める。教師団体の団結権を承認 1216 教皇，ドミニクス教団設立許可 同 教皇インノケンティウスⅢ世の教育令 1219 教皇，パリ大学でのローマ法教育禁止令 1228 教皇，アリストテレス哲学による神学解釈の禁止 1229 パリ大学大離散。その間教会派のドミニクス教団の神学教師が開講 同？ トゥールーズ大学成立（33教） 1231 パリ騒動に教皇教書出る 1243 28年の法令，繰返し発布 1246-50の間？ アンジェー大学成立	1209 オックスフォードで大騒動 同？ ケンブリッジ大学成立 1214 教皇，法王使節令にて学生の保護を約束する一方，チャンセラーによる学生監督 1215 大憲章の制定 1249 ウィリアム・オブ・	＊本世紀後半，金沢北

イタリア諸邦
1250 〔西〕バリャドリード大学成立（1346教）
1254 〔葡〕セビリヤ大学設立（王，60教）
1273 トマス・アクィナス『神学大全』
1280 カルロⅠ世，サレルノ大学を studium generale として公認
1290 リスボン・コインブラ大学設立（教）
1292 教皇，ボローニャの学士に万国教授権を認める

14世紀

イタリア諸邦	フランス王国
1300 〔西〕レリダ大学成立（王）	1302 三部会の設立
1303 ローマ大学を創設（教）。37年に元老院がストゥディウム・ゲネラーレと制定	1303 アヴィニョン大学成立
1308 ペルージャ大学（13世紀末明より自生）成立（教）	
1318 トレヴィーゾ大学成立（皇）	
同 教皇，ペルージャ大学に学位授与権付与	
1321 ボローニャよりフィレンツェ大学成立（49年教皇により学位授与権を有し，64皇，1516年にはルオーネⅩ世によって付加的特権が授与された。後にピサ大学に吸収）	
同 ダンテ『神曲』	
1328 パルマ，都市が教皇に大学の特権を要求するも承認されず（1414年に都市による大学が創設）	1332 カオール大学設立（教）
1338 ボローニャ大学の移動によりピサ大学成立（43教）	
1339 ヴェローナ大学設立（皇）	1339 グルノーブル大学設立（教）
1343 ピサ大学設立（教）	
1355 皇帝ペルージャ大学に皇帝立大学としての全特権を認める	
1359 〔西〕ウエスカ大学設立（王）	
1361 以前より存在していた法学校に，ミラノのガレアッツォⅡ世が皇帝より勅書を得て創設。（89教）	1365 オランジュ大学設立（皇）
1387 教皇ウルバヌスⅣ世，通常の特権を授与し，教書を与え創設。14世紀に都市が大学を設立しようとした。皇帝カルルⅣ世は市民法と教会法，論理学，哲学，医学，天文学と公証術の学校をもつ大学を開く権限を共和国に与えた	
1391 フェラーラ大学成立（教）	

フランス王国	イングランド	オスマン帝国・日本
1253 ソルボン，パリにコレージュを創設 1270 アヴェロエス派のブラバンド迫害	ダーハム，オックスフォードにカレッジを遺贈 1253 オックスフォード大学の定款制定（翌54教皇の承認） 1263 オックスフォードにベルリオル・カレッジ創設	条氏，金沢文庫を設け，鎌倉末期まで隆盛 1280 ［弘安三］京都御所に学問所設立。北条時宗，高野山構内に勧学院を設置

イングランド	神聖ローマ帝国	オスマン帝国・日本
		c.a.1300 オスマン帝国建国
1314 エクゼターの司教，スタペルドン・ホール創設		
1341 牧師ロバート，クイーンズ・カレッジ創設 1350 ケンブリッジにトリニティ・ホール創立	1347 プラハ大学創設（教・皇）	
1362 カンタベリー大司教，カンタベリー・カレッジ創設 1379 ウィンチェスター司教，オックスフォードにニュー・カレッジ創設 同 オックスフォードでチューター制採用 1381 ウィクリフ，法王より異端宣告を受ける 1382 ウィクリフ，オックスフォード大学の教師の地位を放棄，同年，聖書の英訳を完成	1356 神聖ローマ皇帝カルルⅣ世，金印勅書発布 1364 〔ポ〕クラクフ大学創設 1365 ハプスブルク家ルドルフⅣ世，プラハ大学に対抗してヴィーン大学創設（教） 1385 ハイデルベルク大学創設（教） 1388 ケルン市，ドイツ最初の市立大学ケルン大学創設（教）	
1395 教皇，オックスフォード大学	1392 エルフルト市，エルフルト大	

イタリア諸邦	フランス王国
1398　ミラノ公爵，パヴィアのペスト被害のため，ピアチェンツァ大学に新たな講座を開講し強化	

15世紀

イタリア諸邦	フランス王国
1404　ヴェルジェーリョ「市民道徳と自由な学習について」	
1405　トリノ大学成立（教，12皇）	
	1409　エクス大学設立（教）
1412　パヴィア大学，再興されミラノ公国の大学として繁栄	
1414　パルマ大学（以前より自生）創設（都市）。短期間しか存続せず	
1416　クィンティリアヌス「雄弁家教育」発見	
1421　トリノ大学，キエーリに移動	1422　ドール大学設立（教）
1423　ヴィットリーノ，マントヴァに学校を開く	
1429　公爵アメデオがキエーリ大学の法的存在を承認し，キエーリ大学派生。フェラーラに宮廷学校開学	
1431　教皇，ローマ大学に人文主義研究を導入	1431　ポアティエ大学設立（教）
1434　キエーリ人の大学移転要求により，サヴィリアーノ大学成立（教）。２年しか存続せず	1432　カン大学設立（教）
1436　トリノ大学トリノへ帰還し，繁栄	1441　ボルドー大学設立（教）
1442　フェラーラの宮廷学校，皇帝勅書を得てフェラーラ大学に	
1444　カターニャ大学設立（教）	
1447　ミラノの元老院，ミラノ大学創設。短期間しか存在せず	
1450　〔西〕バルセローナ大学設立（教）	1452　ヴァランス大学設立（教）
1456　皇帝，アレッツォ大学に学位授与権を付与	1460　ナント大学設立（教）
	1464　ブルージュ大学設立（教）
	1466　パリ大学，ギリシア語講座を設置
ルネサンス文化全盛	1485　ブザンソン大学設立（教）
1498　〔西〕ヴァスコ＝ダ＝ガマ，インドのカリカット到着	
1499　〔西〕アルカラ大学設立（教）	

イングランド	神聖ローマ帝国	オスマン帝国・日本
を大司教，司教等の司法権外におく旨の教書を発布 1397 国王，オックスフォードの査察権はカンタベリー大司教に属する勅令を発布。オックスフォードのロラーズ（ウィクリフ派）を弾圧	学創設（教）	

イングランド	神聖ローマ帝国	オスマン帝国・日本
1400 ヘンリⅣ世，「異端焚殺令」発布 1406 ヘンリⅣ世，自由教育令，徒弟規則 1408 大司教，ウィクリフの著作発行・教授に統制 1411 教皇ヨハネス23世，1395年の教書撤回 同 国会にて大司教の大学査察権が決議される 1414 コンスタンス公会議でウィクリフ，フスの異端宣告 1417 S. アンドリューズ大学創設（教） 1422 オックスフォードの国民化 1444 ケンブリッジに図書館できる 1451 グラスゴー大学創設（教） 1494 アバティーン大学創設（教）	1402 ヴュルツブルク大学創設（教）。間もなく学長殺害や紛争のため閉鎖 1403 フス，プラハ大学から追放 1409 テューリンゲン伯，フス派紛擾のためプラハを退去したドイツ人教授および学生を迎えてライプツィヒ大学を創設（教） 同 プラハ大学のチェコ化 1419 ロストック大学創設（教） 同 フス戦争没発（1419-36） 1425 ルーヴァン大学（教）北方人文主義の拠点の一つとなる 1446 グライフスヴァルト大学創設（教）。このころ活版印刷が発明される 1455 フライブルク大学を創設（1456教） 1460 バーゼル市，市立大学バーゼル大学を開設（教） 1472 インゴルシュタット大学開学 1473 トリール市，市立トリール大学設立 1476 マインツ大学創設（教） 1477 テュービンゲン大学創設（教） 1478 〔デンマーク〕コペンハーゲン大学創設 1481 テュービンゲン大学，教授職と学問領域を結合 1495 ヴォルムスの帝国議会 1499 ヴィーン大学人文主義改革	1432 ［永亭四］上杉憲美，足利学校再興 1446 ［文安三］憲美，足利学校規三カ条を定める ［オスマン帝国］ 1453 コンスタンティノープル征服 ［日本］＊本世紀，「下学集」，「節用集」など日用辞書成り明治初期まで広く普及

16世紀

イタリア諸邦		フランス王国		イングランド	
1500	〔西〕バレンシア大学設立（教）				
		1509	エクス大学設立（教）	1509	オックスフォードにブレイズノーズ・カレッジ創立
				1511	エラスムス「愚神礼賛」
				1516	トマス・モア「ユートピア」
		1522	ドール大学設立（教）	1521	ロンドン宗教会議にてルターの著作の異端性が決議され，焚書に付される
		1526	王立印刷所設立	1523	国王ヘンリⅧ世，ルターに反する旨の宣言を発表
1530	教皇，イエズス会を公認	1530	フランス国王フランソワⅠ世，王立コレージュ（コレージュ・ド・フランスの前身）を設立し，ギリシア語・ヘブライ語・数学，33年にはラテン語の教授を任命	1530	二大学，ヘンリⅧ世の離婚を正当化
1532	マキャヴェリ「君主論」			同	カトリック派とルター派の教師の抗争が激化し，ヘンリⅧ世が仲裁に入る
				1534	ヘンリⅧ世，首長令
				1535	ヘンリⅧ世，ケンブリッジに対して指令書を発す。大学は国王の管理下におかれることに
		1531	ポアティエ大学設立（教）		
		1534	イエズス会結成	1536	オックスフォード大学「ロード学則」
1540	教皇，イエズス会公認	1540	イエズス会公認		
				1542	ケンブリッジにモードリン・カレッジ創立
				1546	オックスフォードにクライスト・チャーチ創立
1545	トリエント公会議			同	ケンブリッジにトリニティ・カレッジ創立
				1548	ケンブリッジにエマニュエル・カレッジ創立
				1549	エドワードⅥ世，欽定学則発布
1552	教皇，イエズス会に学校設立と学位授与を許可			1554	オックスフォードトリニティ・カレッジ創立
				1555	メアリ，反カトリック教師追放

神聖ローマ帝国	オスマン帝国・日本
1502　ヴィッテンベルク大学創設（皇） 1506　フランクフルト a.O. 大学創設（教） 1509　エラスムス『愚神礼賛』 1512　M. ルター，ヴィッテンベルク大学の神学教授に就任 1517　エルフルト大学，人文主義に基づいた改革実施 同　ルターの宗教改革が始まる 1518　ヴィッテンベルク大学人文主義講座拡充 同　ライプツィヒ大学の人文主義的改革 1519　エルフルト大学，人文主義的改革を実施 1520　ロストック大学，人文主義的思潮に基づいた改革 1521　グライフスヴァルト大学，人文主義的大学改革 同　ヴォルムス帝国議会にて，ルターの帝国追放が決定 1522　ニュルンベルクの帝国議会 1526　インゴルシュタット大学教養学部の新規則を作成 1527　ヘッセン方伯，マールブルク大学を創設（皇） 1529　バーゼル大学，宗教改革による混乱のため閉鎖	1529　第一次ウィーン包囲
1531　シュマカルデン同盟を結成 1532　バーゼル大学，福音主義的・人文主義的改革のち再開 1533　ヴィッテンベルク大学神学部規定を作成 同　ヴィーン大学，「第一改革令」 同　ルター，聖書のドイツ語訳，完訳 1535　テュービンゲン大学，福音主義大学に改革 1536　ヴィッテンベルク大学で新学則制定 1537　ヴィーン大学「第二の改革令」発布 1539　ライプツィヒ，グライスヴァルト両大学，改革を開始 1540　フランクフルト a.O. 大学，福音主義大学に改革	
1544　ケーニヒスベルク大学創設（61ポ王） 同　ハイデルベルク大学，福音主義的改革を実施 1546　M. ルター没，メランヒトンが死亡告知文を書く 同　シュマルカルデン戦争勃発（-47）	1543　［天文一三］ポルトガル船，種子島に漂着
1549　アウグスブルクの司教，宗教改革以後カトリック領内最初の新設大学になるディリンゲン大学創設 1554　ヴィーン大学，改革を実施 1555　アウグスブルクの宗教和議	1549　［天文一八］ザビエル，キリスト教を伝える。この頃，イエズス会の初等学校，全国で200校に及ぶ

イタリア諸邦	フランス王国	イングランド
		1555　聖ジョーンズカレッジ創設
1558　イエズス会，大学に浸透		1558　エリザベスⅠ世「王の指令」
1560　ナポリに自然科学アカデミー		
	1562　ユグノー戦争（-98）	1565　オックスフォードの入学登録規則
1564　オラトリオ会創設	1568　パリにイエズス会系学寮設立	1566　エリザベスⅠ世，オックスフォード行幸
		1570　エリザベスⅠ世，ケンブリッジの新定款裁可
		1571　議会にて「ユニヴァーシティ法人化令」決議
		同　ジーザス・カレッジ創設
	1580　モンテーニュ「随想録」	1581　入学登録規則が改正され，学生登録にはカレッジに籍を置くことを定める
		1582　エディンバラ大学創設
1590　シエナ大学の学生，教会権力からの解放を目指し，学生の中から学頭選出を要求し実現		
	1594　王室青年貴族アカデミー設立	1591　ダブリンにトリニティ・カレッジ創立
	1595　一時的にイエズス会追放	1596　ケンブリッジにシドニー・サセックス・カレッジ創立
	1598　ナントの勅令	
	1599　イエズス会の学事規則完成	

17世紀

イングランド	フランス王国
	1600　アンリⅣ世，パリ大学の改革
	1603　アンリⅣ世，イエズス会にコレージュの設立を許可
1612　オックスフォードにウォダム・カレッジ創立	1611　カトリック派の修道会，オラトリオ会組織される
	1614　オラトリオ派，コレージュ開設
1620　ベーコン「新機関」出版	

神聖ローマ帝国	オスマン帝国・日本
1558 厳格なルター派大学であるイエナ大学開設（皇） 1559 〔スイス〕ジュネーブ大学設立 1564 マールブルク大学学則改定。〔蘭〕ライデン大学創設 1578 ヘルムシュテット大学を創設（ルター派） 1581 オルミュッツ大学創設（カトリック派） 1582 ヴュルツブルク大学を創設（教・皇） 1586 グラーツ大学創設（ジュスイット会系） 1588 ハイデルベルク大学，学則発布	1584 ［天正一二］スペインの商船，平戸に来航 1594 ［文禄三］天草の天主教会，葡・羅・日の三国対訳辞書を活字出版 1599 ［慶長四］家康，足利学校の元佶に活字を与え，「孔子家語」等刊行

神聖ローマ帝国	イタリア諸邦	アメリカ合衆国
1607 ギーゼン大学開設 1614 バーダーボルン大学創設（カトリック派） 1618 三十年戦争勃発（-48） 〔プラハ〕プラハ大学イエズス会を追放 1621 リンテルン大学創設（ルター派）		

イングランド	フランス王国
1628　オックスフォード大学の新定款により，オクスフォードも法人化される	1629　パリ文学アカデミー設立
同　オックスフォードにペングローブ・カレッジ創立	1631　ストラスブール大学設立
1631　オックスフォード大学の改革により，ユニヴァーシティのカレッジ長化が決定的なものになる	
1636　ロード学則	1635　宰相リュシュリュー，アカデミー・フランセーズ創設
	1637　デカルト「方法序説」
1642　ピューリタン革命	
	1648　ウェスト
1662　ロンドン王立協会創立	
1663　ケンブリッジに数学講座設置	1663　ソルボンヌ，ローマ教皇無謬説，世俗事項に関するローマ教皇のフランス国への優位を否定
	1666　アカデミー・ロアイヤル・デ・シアンス設立
	1679　パリ大学法学部，ローマ法とフランス法受容
	1682　聖職者会議「四カ条の宣言」でフランス教会の独立（ガリカニスム）を宣言
	1684　ラ・サル，キリスト教学校同胞を組織
1687　ニュートン「プリンキピア」	1685　ナントの勅令廃止
1688　名誉革命	
1695　ベラーズ「産業カレッジを設立する提案」	1693　ロック「教育に関する若干の考察」
1697　ロック「労働学校法案」	
1698　キリスト教知識普及協会（SPCK）創立	

神聖ローマ帝国	イタリア諸邦	アメリカ合衆国
シュトラスブルクのギムナジウム，大学（市立）に昇格		
1622 アルトドルフ大学（市立）創設		
1623 ザルツブルク大学（カトリック派）		
1630 オスナブリュック大学創設（カトリック派）		
	1651 フィレンツェにアカデミア・デル・チメント設立	
	1657 科学者，「実験協会」を組織	1635 ボストン・ラテン・グラマー・スクール創設
1636 リンツ大学創設（カトリック派）		1636 ハーバード・カレッジ創設
1638 コメニウス「大教授学」ラテン語原稿完成		
1642 ゴータ公国教育令		1642 マサチューセッツ教育令。保護者の教育義務を定める
1648 バンベルク大学（ジェスイット会系）		1647 マサチューセッツ教育令。タウンの学校設置義務を定める
ファリア条約（独・仏・伊）		
		1650 コネチカット教育令
1655 キール大学創設。デュイスブルク大学創設。デュッセルドルフ大学（改革教会派）創設		1654 マサチューセッツ教育令
		1656 ヴァージニア徒弟制度に関する法令
1672 ハイデルベルク大学，カール・ルートヴィッヒの学則発布		
1694 ハレ大学創設（皇）		

18世紀

イタリア諸邦・日本	フランス王国	イギリス王国
	1701　ナポレオン即位。第一帝政	1701　エール・カレッジ設立
	1706　ナポレオン「帝国大学創設に関する法律」	
	1708　ナポレオン「大学組織に関する勅令」	
	1711　ナポレオン，コレージュに関する規定発布	
	1722　イエズス会の大学設立にフランスの全大学，同盟して反対	
1725　ヴィーコ「新科学の原理」	1724　宗務省・公教育省（文部省）を設置	
1729　ピエモンテ政府，学校への国家干渉を強化		
	1730　七月革命（七月王政）	
	1747　土木学校設立	
	1748　メジエール工兵学校設立	
	同　モンテスキュー「法の精神」	
	1751　ディドロ・タランベール編「百科全書」第一巻刊行（1772完）	
1753　ジェノヴェージ，民衆教育促進の必要を説く	1752　ナポレオンⅢ世即位	1753　大英博物館創立
	同　パリ士官学校設立	
	1758　ケネー「経済表」	1759　アダム・スミス「道徳感情論」
	1762　パリ高等法院，フランスにおけるイエズス会の活動を禁止	
	同　リヨンに世界最初の獣医大学設立。同　ルソー「社会契約論」，「エミール」	

神聖ローマ帝国		アメリカ合衆国		オスマン帝国	
1700	ベルリンにライプニッツ構想の「王立科学協会」創設	1701	イエール・カレッジ創設		
1701	プロイセン王国成立				
1702	イエズス会，ブレスラウ大学創設（皇）				
1707	ヴォルフ，ハレ大学の教授になる				
				1710	プルート戦役（-11）
1720	〔墺〕ヴィーンに芸術大学設立				
1723	ヴォルフ，ハレ大学から追放				
1724	プロイセン国王，ベルリンにコレギウム・メディコ・シルルギウム（当初は軍医学校）設立	1728	ハーバード・カレッジ，数学と自然哲学講座開講		
1734	フルダ大学設立（イエズス会系）			1734	技術学校設立
1737	ハノーヴァー選帝侯，ゲッティンゲン大学創設			1739	ベオグラード条約
1740	プロイセン国王，ヴォルフをハレ大学に復帰させる オーストリア継承戦争（-48　仏・墺・神聖ローマ帝国）				
1743	バイロイト伯，エルランゲン大学を設立（皇）	1742	フィラデルフィアに公開図書館開設		
1745	オーストリア女帝マリア・テレジアの大学改革				
同	インゴルシュタット大学，改革を実施	1746	プリンストン・カレッジ創設		
同	ブラウンシュヴァイクにカルル・ヴィルヘルム学院（1872工科大学）設立				
1748	ベルリン科学アカデミー改組				
1749	プロイセン国王「検閲令」制定				
		1750	ハーバード・カレッジにフランス語講座開講		
1751	英国王兼ハノーヴァー選帝侯，ゲッティンゲン王立「学識者協会」（ゲッティンゲン科学アカデミーの前身）を設立	1751	フランクリン，フィラデルフィアのアカデミー発足（1779ペンシルヴァニア大学となる）		
		1754	キングス・カレッジ（後のコロンビア大学）創設		
1759	バイエルン選帝侯，ミュンヘンに「選挙侯立バイエルン科学アカデミー」を設立				

イタリア諸邦・日本	フランス王国	イギリス王国
	1764 イエズス会，フランス全土からの追放の勅令	
	1765 海軍機関学校設立	
	1766 アグレカシオンの原型成立。王立無料製図学校成立	
1770 ゴッツィ「パドヴァの育改革」		1769 ワット蒸気機関改良
	1773 ル・アーヴル海軍兵学校設立	
	1774 ディドロ「ロシア大学案」	
	1775 ディドロの啓蒙主義的教育論「ロシア大学案」(-76)	
		1776 アダム・スミス「諸国民の富」
1780 フィランジエーリ「立法の科学」に着手（-85）		
1787 ヴオーリ「模範学校読方教授法」		
1788 ソアーヴェ「模範学校方式要論」		
	1789 フランス革命起こる	
	1790 コンドルセ「公教育に関する五つの覚書」	
	1791 タレーランの公教育法案。公教育委員会設置	
［日本］	1792 コンドルセ，「公教育の一般に関する報告と法案」をフランス立法議会に提出	
1760 ［宝暦一〇］神田に躋寿館建営	同 王制廃止。第一共和政	
1774 ［安永三］杉田玄白ら「解体新書」	1793 フランス国民公会，全共和国の学寮（コレージュ），ならびに神・法・医・教養学部（ファキュルテ）を廃止	
1793 ［寛政五］和学講談所開設。のち幕府直轄	1794 エコール・ポリティニク設立。フランス国民公会，医学校（パリ，ストラスブール，モンペリエ），中央土木専門学校（95以降理工科専門学校），高等師範学校（パリ間もなく一時閉鎖），東洋語専門学校，工芸学校，工芸院，国立研究所（数学・自然科学・道徳学・政治学・文学・芸術の三部門をもつ）を設立	1794 ランカスター，ロンドンに貧民学校を開き助教法実施
1797 ［寛政九］幕府，聖堂・林家塾を改組して（昌平坂）学問所とする		
1798 ［寛政一〇］本居宣長の「古事記伝」	1795 フランス公教育組織法（ドヌー法）成立	1798 マルサス「人口論」

神聖ローマ帝国		アメリカ合衆国		オスマン帝国	
1767	デュッセルドルフに芸術大学設立			1768	露土戦争（〜74）
1768	ライプツィヒに「王立ヤブロンスキー協会」（ザクセン王立科学協会の前身）設立				
1770	ベルリンに鉱業大学，デュッセルドルフに医科大学設立				
1773	大司教マクシミリアン・フリードリヒ，ミュンスター大学創設（開学は1780）			1773	海軍技術学校設立
同	イエズス会解散	1776	アメリカ独立宣言 ノースカロライナ州，ペンシルベニア州憲法に教育条項記載		
1775	クラウスタール・ツェラーフェルトに鉱業大学開設				
1776	ザクセンのフライブルクに鉱業大学設立	1777	ジョージア州，バーモント州憲法に教育条項記載		
同	カント，ケーニヒスベルク大学で教育学の講義担当				
1777	ボン大学設立	1779	ジェファソン，ヴァージニア州公教育計画案。また知識普及法案		
1778	ハノーヴァーに獣医大学設立される				
1780	ドレスデンに獣医大学設立される	1780	マサチューセッツ州憲法に教育条項記載		
同	カント『純粋理性批判』				
		1781	ジェファソン「ヴァージニア覚書」		
1784	カント『啓蒙とは何か』				
1787	プロイセンに高等学務局設置される				
1788	プロイセン国王，「宗教令」，「検閲令」を発布	1789	マサチューセッツ教育令	1789	第28代君主セリムⅢ世即位（-1807）
1789	シラー，イエナ大学教授に就任				
1790	ベルリンおよびミュンヘンに獣医大学設立			1793	「新秩序（ニザーム・ジュディード）」と名付けられた歩兵部隊創設
1792	第一回対仏同盟戦争（-97）				
1794	プロイセン「一般国法」制定				
同	カント「万物の終わり」			同	陸軍技術学校設立
1795	ベルリンに軍医養成のためのペピニュール設立 フランスとバーゼル和約			同	セリムⅢ世，ロンドン，パリ，ベルリン，ウィーンに駐在大使館を設置（-97）
1796	ベルリンに芸術大学設立				
1798	フィヒテ，無心論争を引き起こしイエナ大学追放				
1799	ベルリンに建築大学設立	1799	ノックス，自由教育制度論	1798	ナポレオンのエジプト侵攻
同	二回対仏同盟戦争（-1803）				

19世紀

イタリア	フランス	イギリス	ドイツ
1801 クオコ「ナポリ革命の歴史的考察」	1802 ナポレオン「公教育一般法」発布	1800 オックスフォードで優等試験制度実施	1800 インゴルシュタット大学，移転しランツフート大学となる
	1803 ナポレオン，国立アンスチチュを改組		
	1804 ナポレオン皇帝となる（第一帝政）		
			1806 フランス軍，ハレ大学封鎖を命ずる。メークイン農科大学設立
	1806 ナポレオン「帝国大学の構成に関する法律」発布		
		1807 フルトン，汽船つくる	
			1807 フィヒテ「ドイツ国民に告ぐ」
1809 クオコ「ナポリ王国における教育改革」	1808 ナポレオン「帝国大学の組織に関する勅令」発布。帝国大学開学		
		1808 オーエン『新社会』	1809 フンボルト，プロイセン初代教育局長就任
		1810 ネイプルトン，ノックスによる「エディンバラ・レヴュー」	1810 ベルリン大学開学
1811 ミュラ政府，「公教育組織令」を公布	1810 高等師範学校復活		1811 ヤーン，学生組合結成をはかる
			1814 ウィーン会議（-15）
	1815 ルイ18世，ナポレオン学生存続	同 リージェントパーク・カレッジ創立	
			1818 全ドイツ・ブルシェンシャフト結成
		1816 オーエン，ニュー・ラクーナに性格形成学院設立	1819 カールスバート決議
1820 サレンティーノ，ナポリ革命政府の教育改革案を策定	1821 パリに古文書学院できる		1821 ベルリン工業研究所，シュトゥットガルトに獣医大学設立
1822 ピエモンテ政府，学制を改革			1822 シュライスハイム農科大学設立
		1825 トーマス・カンベル，「大ロンドン大学」構想をタイムズに寄稿。ロンドン大学設立のための暫定委員会結成	
			1825 カルルスルーエ工業大学設立
			1826 ランツフート大学→ミュンヘン大学に
			1827 ミュンヘン工業大学設立
		1826 株式会社「ロンドン大学経営団」設立	
			1828 ドレスデン工業大学
		1828 ロンドン大学出立	1829 シュトゥットガルト工業大学，ターラント農科大学，ギーゼン獣医大学設立
		1829 キングス・カレッジ創立決定。カトリック教徒解放法成立	

アメリカ合衆国	オスマン帝国	日本
1800　オックスフォードの優等試験		1800　［寛政二］昌平坂学問所落成
1801　ジョージア州立大学創設		
1802　ペンシルベニア教育令（貧民児童の教育規定）		
	1804　セビリア蜂起（-13, 1815-17）	
1806　アメリカ連邦議会がカレッジにも土地下付		
	1807　セリムⅢ世廃位。新秩序軍解散，大使館閉鎖	
	1808　第30代君主マフムトⅢ世即位（～39）	
1809　ラテンアメリカ植民地の独立運動始まる		
1816　イェール・カレッジのオムステッド，教師養成所設立提案		
同　ダートマス・カレッジ事件		
1818　アカデミー，古典部門と英語部門の二コース制		
1819　ヴァージニア大学構想	1821　ギリシア独立戦争（-29）	
1821　ボストンにアメリカ最初のハイスクール設立		
		1823　［文政六］シーボルト来日
1825　ヴァージニア大学校設立	1826　イエニチェリ軍団撃滅。マフムトⅢ世，ヨーロッパ式軍隊「ムスリム常勝軍」創設	
	1827　軍医学校新設	
	同　はじめてヨーロッパ諸国へ留学生を派遣	
1828　「イェール・レポート」発表		

イタリア	フランス	イギリス	ドイツ
1835 リドルフィ，メレトに「模範農業学校」を開く 1836 ランブルシーニ，「教師の手引き」誌を発行 1839 科学会議発足（-47）	1830 パリの高等師範学校復活	1830 ホイッグ党成立 1831 ロンドン大学，国王に勅許状を申請するが却下 1832 ダラム大学設立 1833 オックスフォード運動 1836 学位試験審査・授与機関に特化した「ロンドン大学」が新設	1831 ハノーヴァー工業大学設立 1835 エルデナ農科大学設立 1837 ゲッティンゲン大学七教授事件 1838 ベルリン大学学則改正 1839 プログレス運動ゲッティンゲン大学で開始
1844 アポルティ，トリノ大学に招かれ，新設教授法講座を担当 1847 トスカーナ大公国の学制改革。ピエモンテ政府，公教育省を創設		1849 ベッドフォード女子カレッジ創立	1842 レーゲンヴァルデ農科大学設立 1848 全ドイツ学生大会 同 三月革命
1850 「カトリック文明」誌創刊。「教授・教育協会雑誌」創刊 1851 ドン・ボスコ，サレジオ会を創立 1855 教皇ヨゼフI世，ピウスIX世との間に宗教教授に関する協約を結ぶ 1857 ランツァ法 1859 カザーティ法	1850 パリュー法とファルー法（教育自由の法律）議会通過 1852 フォルトゥル法制定 1854 「1854年6月4日の法律」	1851 ロンドンにて第一回世界博覧会開催。マンチェスターにオーエンズ・カレッジ開設 同 王立鉱山レッジ創立 1853 オックスフォード，財学生向けの二段階の試験科目制を導入 1854 オックスフォード大学法 1856 ケンブリッジ大学法 1858 ロンドン大学の政府による認定制度，破棄。ロンドン大学，医学以外の試験を受験希望者全てに公開	1851 ゲッティンゲン近郊のヴェーデンに農科大学設立 1858 ケーニヒスベルグ近郊のヴァルダウに農科大学設立 1859 プロイセン文相「実科学校ならびに市民学校教授および試験規定」交

アメリカ合衆国	オスマン帝国	日本
	1831 エジプト＝トルコ戦争（-33，1839-40）	
	1834 陸軍士官学校新設	
	1836 外務省設置	
	1838 最高評議会設置	
	同 「オスマン―イギリス通商条約」締結	
1839 レキシントン師範学校開設	1839 タンズィマート期（-76）	
		1845 ［弘化二］京都に学習所設立
1847 イェール，「哲学・学芸科」を既存の学芸科と独立させて設置（61シェフィールド科学校に改称）	1847 文部省設立	1847 ［弘化四］京都に学習院創設
1848 ウィスコンシン大学創立		
	1851 学術審議会設置	
	1853 クリミア戦争（-56）	
		1855 ［安政二］幕府，洋学所を設置
		1856 ［安政三］幕府，洋学所を蕃書調所創設。吉田松陰，松下塾を開く
	1859 行政学校設立	1858 ［安政五］福沢諭吉，江戸に蘭学塾を開く（のちの慶応義塾）

イタリア	フランス	イギリス	ドイツ
		1859 ダーウィン『進化論』	付
		1860 ロンドン大学の自然科学学位	
	1865 大学制度改革の動き	1865 学校調査委員会結成	
		同 オックスフォード，一般教育と専門教育に教育内容を二分割	
	1868 高等研究実習学校設立	1867 大学教育法制定	1869 ベルリン音楽大学設立
		1870 ヨシア・メイソン実際的な科学のカレッジをバーミンガムに設立（1900バーミンガム大学に）	1870 アーヘン工業大学設立
			1872 シュトラスブルク大学再建
1871 教皇保障法	1871 エミール・ブートミィ私立政治学学校成立	1871 大学宗教審査法成立。同ニューカッスル大学創立	
同 イタリア統一		1872 クリーヴランドを議長とする勅定委員会結成	
	1875 高等教育自由法制定	1874 リーズにヨークシャー・カレッジ開設	
1877 コッピーノ法		1877 オックスフォード・ケンブリッジ大学法成立	
		1878 ブリストルにユニヴァーシティ・カレッジ設立（1909ブリストル大学に）	1878 ベルリンにフンボルト民衆大学開校
1879 アルファーニ「イタリア教育の現状と将来」。アッリ		1879 シェフィールドにファースカレッジ設立（1905シェフ	1879 ベルリン工科大学成立。ヴント，ライプツィヒ大学に心理学実験室を設

アメリカ合衆国	オスマン帝国	日本
1861　シェルドン，オスウィーゴーに師範学校設立 1862　第一次モリル法制定	1863　アルメニア＝プロテスタント教会による「ロバート・カレッジ」設立	1867　［慶応三］王政復古の大号令 1868　［明治元］旧医学所を医学校として，旧昌平坂学問所を昌平学校として，旧開成所を開成学校として設置 同　学習院，梶井宮へ移転し，大学寮代と改称。同年九月，大学寮代，皇・漢・兵学所として京師大学校となる 1869　［明治二］昌平学校（大学校）を大学本校，開成学校を大学南校，医学校を大学東校に改組 1870　［明治三］小幡勘三郎訳『西洋学校軌範』
1868　イリノイ産業大学開学 1869　エリオット，ハーヴァード大学学長に就任 1870　全米教育協会結成（NEA）	1868　ガラタ宮にて帝室学校（ガラタサライ校）設立 1869　一般教育令制定	1871　［明治四］文部省設置。太政官制改正。工学寮，明法寮創設 1872　［明治五］太政官による学制制定 同　東京に師範学校設置。東京に官立女学校設置（のちの東京女学校）。開拓使仮学校設置（のちの札幌農学校）。福沢諭吉『学問のすすめ』
1872　カラマズー判決 1874　公立ハイスクール問題，カラマズー訴訟判決 同　シャトーカ運動始まる		1873　［明治六］「学制二編追加」により，「博士」「学士」「得業士」を学位称号とする。開成学校（大学南校の後身），専門学校となる。文部省『佛国学制』初篇刊行（同年二篇，76三篇刊行） 1875　［明治八］開拓使仮学校を札幌農学校に改組。森有礼，東京に商法講習所創立。明法寮廃止
1876　ジョンズ・ホプキンズ大学創設 1879　ウッド・ワード・セントルイス手工学校開設	1876　憲法「基本法」公布 1877　露土戦争（-78） 1878　サン・ステファノ条約締結。ベルリン条約締結	1876　［明治九］札幌農学校設立 1877　［明治一〇］東京開成学校と東京医学校とを合併し，文部省所轄の東京大学創設。卒業生全員に学士号授与

イタリア	フランス	イギリス	ドイツ
エヴォ「カザーティ法と私立中等学校教育」		ィールド大学に）	置
1880 シチリアーニ「実証科学としての教育学」	1880 高等教育の自由に関する法律制定 1883 文省，大学改革アンケートをフランスの全学部に実施	1880 ヴィクトリア大学，試験機関として成立。メイソン・カレッジ創立 1881 リバプール・ユニヴァーシティ・カレッジ開設。ノッティンガム大学創立	
1886 宗教教授に関するコッピーノ通牒	1885 ７月25日の政令により大学自治に関する新しい概念が記される。12月28日の政令で学部に法人格を付与	1882 オックスフォード，七学部体制に 1887 マンチャスター，リバプール，ヨークシャーが連合してヴィクトリア・ユニヴァーシティ開学	1886 ゲッティンゲン大学に初めて図書館学講座設置 1889 イエナで大学拡張運動始まる
	1889 財政法改正で学部の予算を定める	1888 ロンドン大学改革のためセルボン伯を議長とする勅定委員会設置 1889 補助金委員会	
1892 アガッツィ姉妹，モンピアノに新方式の幼稚園を開く	1893 財政法改正で，学部の連合体に法人格を付与	1893 ウェールズ地方のユニヴァーシティ・カレッジが連合してウェールズ大学誕生	
1896 ジャントゥルコ法	1896 高等教育構成法によって，学部の集合体にウニヴェルシテの名称が与えられる 1897 政令にて大学評議会の組織が制定される	1894 ロンドン大学改革のためクーパー伯を議長とする勅定委員会設置 1895 ロンドン政治経済学校成立	1898 ライプツィヒおよびアーヘンに商科大学設立 1899 プロイセン学相，工業大学に学位授与権，教授資格授与権を付与し，総合大学と同格に昇格させる

アメリカ合衆国	オスマン帝国	日本
	同　法務省付属の法学校に関する法律制定。	1879　［明治一二］教育令発布 同　法理文学部と医学部の卒業証書授与式，「学位授与式」に変更 1880　［明治一三］専修学校設立（のち専修大学）。東京法学社設立（のち法政大学） 1881　［明治一四］東京大学諮詢会を設置。明治法律学校設立（のち明治大学）
1883　パーカー，クック・カウンティ師範学校長に就任		1882　［明治一五］大隈重信ら，東京専門学校を創立 1885　［明治一八］森有礼，初代文部大臣に就任 1886　［明治一九］帝国大学令，発布。東京大学を帝国大学令に改め，工部大学校を合併。高等中学校を七校設ける
1885　イリノイ産業大学，イリノイ大学へ改称		
1887　ハッチ法成立 1888　コロンビア大学，ティーチャーズ・カレッジ設置	1886　法学校，法務省から公教育省へ移管 1889　行政学校の講義科目から歴史，文学，憲法，経済地理，民俗学を除外しイスラーム諸学を導入	1887　［明治二〇］学位令発布。「文部省官制中改正」 1889　［明治二二］「大日本帝国憲法」発布
1890　第二次モリル法成立 1892　イリー，ターナー，ウィスコンシン大学に「経済・政治・歴史学科」設立		1890　［明治二三］東京職工学校を東京工業学校に改組
1893　ターナー「アメリカ史におけるフロンティアの意義」		1893　［明治二六］帝国大学に講座制・教授会・名誉教授制度を採用
1896　デューイ，シカゴ実験学校開始		1897　［明治三〇］京都帝国大学設置
1898　第二次モリル法補遺成立 1899　カレッジ入学資格委員会報告書		1898　［明治三一］学位令改正

20世紀

日本	フランス	イギリス	ドイツ
1903　［明治三六］専門学校令	1902　コレージュ・ド・ノルマンディ創設	1900　ロンドン大学新学則制定（ロンドンのユニヴァーシティ・カレッジ，キングス・カレッジ，ロンドンにある24の教育機関を八学部のそれぞれに含ませる）	1906　ベルリン商科大学設立
1905　［明治三八］戸水事件			
1907　［明治四〇］帝国大学特別会計法			1906　プロイセン私講師同盟結成
			1912　ドイツ非正教授連盟結成
1918　［大正七］「大学令」公布。北海道帝大設置	1917　ハノイにインドシナ大学設置		
			1913　ドイツ大学の女子入学許可
1919　［大正八］高等教育機関の拡張始まる			
			1919　ドイツ学生連盟結成
1920　［大正九］学位令制定		同　バーミンガム大学	
			1923　プロイセン，大学改革に着手
1928　［昭和三］大阪商大設立		1903　ヴィクトリア・ユニヴァーシティ解体（それぞれマンチャスター大学，リーズ大学，リバプール大学となる）	
			1926　ナチス学生連盟結成
1929　［昭和四］東京・広島に文理科大学設置			
			1927　プロイセン，学連支部解散命令
1935　［昭和一〇］天皇機関説問題	1932　大学統計局の設置		
			1929　ナチス学連，学生委員会を制す
1939　［昭和一四］大学でも軍事教練必修となる	1934　技術教育高等師範学校，発足		
		1919　UGC 成立	1933　ドイツ大学の全面的ナチ化
1941　［昭和一六］高等教育機関の修業年限を短縮			
	1935　教育総連合会発足		1934　ライヒ文部省設置
1943　［昭和一八］師範学校，専門学校程度に昇格			
	1939　専門教育学院設置		
1944　［昭和一九］学徒動員強化。学徒出陣			
1947　［昭和二二］学校教育法制定			
			1943　ミュンヘン大学白薔薇反戦運動
1974　［昭和四九］学位新規定			
1990　［平成二］大学審議会答申により文部省，学位規則改定	1979　高等教育基本法改正		

アメリカ合衆国		オスマン帝国・トルコ共和国		イタリア	
1906	アダムス法			1902	ナージ法
1907	第二次モリル法に対する「ネルソン修正」	1908	青年トルコ人革命	1904	オルランド法
		1922	オスマン帝国滅亡	1908	宗教教授に関するラーヴァ規則
同	カリフォルニア州，ジュニア・カレッジ法制定	1923	トルコ共和国成立		
		1925	アンカラ大学創設	1911	ダネオ＝クレダーロ法
1911	NEA「教育における時間経済委員会」報告書	同	アンカラに法律学校設立		
		1930	『トルコ史概要』出版されるも再検討に		
1912	NEA中等教育改造委員会設置。全米製造業者協会の産業教育委員会方向諸				
		1931	トルコ歴史学協会設立		
		1932	トルコ言語学協会設立		
		同	トルコ歴史学協会，第1回大会アンカラにて開催		
1913	職業教育国庫補助委員会設置				
		1933	ダーリュリュ・フヌーン(「諸学の館」)，イスタンブル大学に改組 イスタンブル大学創設		
1914	スミス・レーヴァー法				
1916	デューイ『民主主義と教育』				
1917	スミス・ヒューズ法	同	アンカラに高等農学校設立		
1918	進歩主義教育協会の結成(PEA)。大学拡張運				
		1934	ムスタファ・ケマル「アタテュルク」となる		
1919	イェール大学の改革。イェール大学，全ての学士課程卒業生に4年間の在籍を要求			1929	ラテラノ協定
		1935	159語の「純粋トルコ語」提示		
		同	アンカラ大学言語・歴史地理学部創設		
1927	同　騒擾法制定				
1925	テネシー州，進化論禁止令	1936	イスタンブルの「行政校」，アンカラに移転(1950アンカラ大学の政治学部に吸収)		
				1943	イタリア知識人・学生連盟結成
		1937	トルコ歴史学協会，第2回大会		
				1944	教育綱領，大学教員協会結成
		1946	アンカラ大学正式に発足	1946	リナシタ学寮会議

参考文献

青山吉信・石橋秀雄他編『世界史大年表』山川出版社，1993年
尾形裕康『新版　日本教育通史』早稲田大学出版部，1980年
梅根悟監修『世界教育史大系１・２・３　日本教育史』講談社，1975年
――――『　同　7・8　イギリス教育史』同，1974年
――――『　同　9・10　フランス教育史』同，1975年
――――『　同　11・12　ドイツ教育史』同，1976年
――――『　同　13　イタリア・スイス』同，1977年
――――『　同　17・18　アメリカ教育史』同，1975年
――――『　同　26・27　大学史Ⅰ・Ⅱ』同，1974年
紀平英作編『新版　世界各国史24　アメリカ史』山川出版社，1999年
V.H.H. グリーン『イギリスの大学　その歴史と生態』安原義仁・成定薫訳，法政大学出版局，1994年
児玉善仁『イタリアの中世大学　その成立と変容』名古屋大学出版会，2007年
H. シェルスキー『大学の孤独と自由：ドイツの大学ならびにその改革の理念と形態』田中昭徳・阿部謹也・中川勇治訳，未来社，1970年
寺﨑昌男『増補版　日本における大学時事制度の成立』評論社，2000年
――――『東京大学の歴史』講談社学術文庫，2007年
福井憲彦編『新版　世界各国史12　フランス史』山川出版社，2001年
別府昭郎『ドイツにおける大学教授の誕生』創文社，1998年
ラシュドール『大学の起源　上・中・下』横尾壮英訳，東洋館出版社，1966-68年
F. ルドルフ『アメリカ大学史』阿部美哉・阿部温子訳，玉川大学出版部，2003年
『グローバルワイド　最新　世界史図表』第一学習社，2000年

〈明治大学人文科学研究所叢書〉

〔〈大学〉再考〕　ISBN978-4-86285-105-5

2011年3月25日　第1刷印刷
2011年3月31日　第1刷発行

編　者　別府昭郎
発行者　小山光夫
印刷者　藤原愛子

発行所　〒113-0033 東京都文京区本郷1-13-2
電話03(3814)6161 振替00120-6-117170
http://www.chisen.co.jp
株式会社　知泉書館

Printed in Japan　印刷・製本／藤原印刷